그림과 함께 기억하는

Sophia Li 지음
Kerry Britt 감수

포켓
TOEIC
영단어

혜지원

1 독창적인 단어 암기법

단어 안을 자세히 들여다보면 중복되는 글자들이 보입니다. 이러한 단어들 사이의 유사성으로 최소 2~3개의 단어를 공부할 수 있습니다. 하나의 단어만 외우면 비슷한 파생단어들까지 외울수 있습니다.

2 이미지연상+유사발음으로 라임 맞추기

단어들은 비슷한 음들로 라임을 맞추었을 뿐만 아니라, 상황에 맞는 일러스트를 삽입하여 그림과 암기를 함께 할 수 있도록 하였습니다. 일반적으로 좌뇌는 글자를, 우뇌는 그림을 기억하게 한다고 합니다. 우리는 좌뇌, 우뇌를 모두 사용하여 배운 단어는 머릿속에서 서로 연상되어 기억될 것입니다.

3 NEW 토익 필수, 약 3,000개의 최다 출제빈도 단어

실제 시험과 컴퓨터 빅데이터 분석을 통해 1,500개의 주요 단어와 그 파생단어들을 엄선하였습니다. 본 교재는 약 3,000개의 단어로 독자들에게 매 토익 시험마다 순조로울 수 있도록 도와줄 것입니다.

4 각 Topic 당 얼마나 공부했는지 체크!

각 Topic 당 몇 번 공부했는지 체크할 수 있도록 하였습니다. 체크 리스트에 몇 번 봤는지 체크하면서 공부한다면 공부했다는 성취감도 생기고 그 단어들을 공부했는지 안 했는지 알 수도 있을 것입니다. 하나하나 체크 리스트 박스가 사라지는 즐거움도 느껴보세요!

　왜 우리는 외웠던 단어는 금방 잊어버리는 반면에 웃긴 이야기를 듣거나 재미있는 일들을 겪은 것은 오래 기억하는 것일까요?

　이는 우리의 뇌가 즐거운 일들을 기억하는 것을 좋아하기 때문입니다. 우리가 무언가에 흥미를 느끼기만 하면 뇌는 곧바로 그것을 기억저장고에 입력해버립니다.

　연구 결과에 따르면 좌뇌와 우뇌는 각각 다른 기억능력을 가지고 있다고 합니다. 좌뇌는 입력된 정보를 논리적인 순서에 따라 처리를 하며 그것을 언어로 변형하여 전달하는 이른바 '직렬식 처리'에 속하는 반면, 우뇌는 '병렬식 처리'로 정보를 빠르게 이미지로 전환하여 처리하는 대용량 기억능력을 가지고 있습니다.

　이 책은 좌뇌와 우뇌의 학습 잠재력을 활용해 우뇌의 이미지 사고능력과 좌뇌의 언어 종합능력을 결합하여 독자들로 하여금 모든 단어에 대한 인상을 깊이 남길 뿐만 아니라 장기 기억으로 저장될 수 있도록 하였습니다.

　많은 단어들이 얼핏 보기엔 관련이 없어 보입니다. 하지만 자세히 관찰해보면 그들은 특징과 공통점이 있습니다. 저자는 이것을 어렵게 찾아내 나름대로 엮어 보았습니다. 예를 들어 'add(더하다)'와 'odd(기이한)'라는 단어가 있다고 합시다. 자세히 보면 끝의 −dd가 있다는 공통점이 있습니다. 또 어떤 단어는 다른 단어 속에 숨어 있기도 하지요 'advance(발전)'에서 우리는 'van(화물차)'을 발견할 수 있을 것입니다.

　이렇게 이 책은 비슷하거나 유의한 단어들을 머릿속의 단어 저장고에 함께 저장하고, 재미있는 일러스트와 유사한 발음이 나는 단어들, 그리고 문장과 이미지의 결합 등을 통해 자연스럽게 암기될 수 있도록 하였습니다.

모든 단어들을 자신의 것으로 만들고 자신의 단어 저장고를 천천히 늘리며 3,000개부터 7,000개 심지어 15,000개에서 20,000개까지의 단어로 확장할 수 있을 것입니다. 기억의 비결을 잘 사용하면 아무리 많은 단어도 평생 잊지 않을 수 있습니다.

이 책 『포켓 TOEIC 영단어』는 근 15년간 구·신토익 시험에서 출제 빈도가 가장 높은 약 3,000개의 단어를 정리했습니다. 본 교재는 모든 수준의 독자들에게 적합하며 토익을 한 번도 본 적 없는 초보부터 이미 몇 번 봐 보신 분들, 더 높은 점수를 얻고자 하는 고수까지 모두 이 책을 가지고 단어 공부를 즐겁게 할 수 있을 것입니다.

영어를 배우는 것이 늘 고되기만 한 것은 아닙니다. 부디 이 책이 여러분들에게 쉽고 재미있는 학습법을 제공할 수 있기를 바랍니다. 효율적으로 토익 단어를 암기하고 이를 다른 시험 준비에도 활용하여 소기의 성과를 바라며 좋은 성적을 거두기를 희망합니다.

Sophia Li

李毓秋

목차   Contents

이용 가이드 | ·· 002

머리말 | ·· 004

Chapter 1   Aa
abandon ~ awkward ························· 010

Chapter 2   Bb
bachelor ~ burglar ························· 064

Chapter 3   Cc
cabinet ~ custom ··························· 078

Chapter 4   Dd
danger ~ dwell ···························· 144

Chapter 5   Ee
earn ~ extract ····························· 184

Chapter 6   Ff
fabricate ~ fury ··························· 216

Chapter 7   Gg
gadget ~ gym ····························· 240

Chapter 8   Hh
habit ~ hypnosis ·························· 252

Chapter 9   Ii
icy ~ item ································· 262

Chapter 10 Jj / Kk

jam ~ knuckle 292

Chapter 11 Ll

label ~ lyric 296

Chapter 12 Mm

mad ~ mutual 310

Chapter 13 Nn

napkin ~ nutrition 328

Chapter 14 Oo

obedient ~ overtime 334

Chapter 15 Pp / Qq

pack ~ quote 348

Chapter 16 Rr

racial ~ rust 396

Chapter 17 Ss

salary ~ symphony 434

목차 Contents

Chapter 18　Tt
tactic ~ tune ··· 482

Chapter 19　Uu
umpire ~ utility ··· 502

Chapter 20　Vv
vacant ~ voyage ·· 506

Chapter 21　Ww
wade ~ wrap ··· 518

Chapter 22　Xx / Yy
xerox ~ yield ·· 526

Chapter 1
Aa

n 명사
v 동사
a 형용사
ad 부사
art 관사
aux 조동사
int 감탄사
pron 대명사
prep 전치사
conj 접속사

Aa | abandon ~ awkward

Check List 1■ 2■ 3■ 4■ 5■

abandon ⓥ 버리다, 버리고 떠나다

abandon 버리다, 버리고 떠나다
band 악단(밴드)

She abandoned a band on an island.
그녀는 섬에 악단을 버리고 떠났다.

자주 출제되는 단어

▸ **abandoned** ⓐ 버림받은
an abandoned band
버림받은 악단(밴드)

abdomen ⓝ 복부, 배

abdomen 복부
men 남자

What did these men do to their abdomens?
이 남자들은 그들의 배에 어떤 짓을 했나요?

abide ⓥ 참다, 기다리다

abide 참다, 기다리다
bid 입찰하다

She could not abide not bidding on it.
그녀는 그것을 입찰하지 않을 수가 없었다.

자주 출제되는 단어

▸ **abide by** 지키다, 따르다
She didn't abide by her own promise.
그녀는 그녀 스스로 한 약속을 지키지 않았다.

aboard
ad (항공기, 자동차) 선상에서

aboard (항공기, 자동차) 선상에서
board 보드

He wants to carry a board aboard.
그는 선상에 보드를 가져가길 원한다.

abrupt **a** 갑작스러운

abrupt 갑작스러운
erupt 폭발하다

An abrupt idea led him to visit an erupted volcano.
갑작스러운 생각이 들어 그는 폭발한 화산을 방문했다.

자주 출제되는 단어

▶ **abruptly ad** 갑자기
The volcano erupted abruptly.
그 화산이 갑자기 폭발했다.

absent **a** 부재의, 결석한

absent 부재의, 결석한
present 참석한

To be present or absent is a difficult question.
참석 여부는 어려운 질문이다.

자주 출제되는 단어

▶ **absent-minded**
a 건망증이 심한, 멍한
Is the groom absent-minded?
신랑이 건망증이 있나요?

alopecia 탈모증

veil 면사포

priest 목사, 성직자

bride 신부

absorb 열중하게 하다

absorb 열중케 하다
sore 아픈

He is so absorbed in finding
money that his back is sore.
그는 돈을 찾는 것에 너무 열중해서 등이 아프다.

자주 출제되는 단어
▶ **absorbing** 열중하게 하는
Finding money is absorbing
to him.
돈을 찾는 것은 그를 열중하게 한다.

abstract 개요

abstract 개요
contract 계약

This is the abstract of this
contract.
이것은 이 계약의 개요이다.

absurd 말도 안 되는, 불합리한

absurd 말도 안 되는, 불합리한
murder 살인

This is a murder? It's absurd.
살인 사건인가요? 말도 안 되네요.

자주 출제되는 단어
▶ **absurdity** 부조리
What kind of absurdity
is this event?
이 사건은 어떤 종류의
부조리입니까?

내가 한 게 아니에요.

camouflage
위장

ridiculous
우스운

012

abundant ⓐ 풍부한

abundant 풍부한
redundant 여분의

Abundant rain has made redundant growth of apples.
풍부한 비는 여분의 사과가 자라도록 했다.

자주 출제되는 단어

▶ **abundance** ⓝ 다량의, 풍부
There is an abundance of apples here.
이곳에 과일이 많이 있다.

▶ **abundantly** ⓐⓓ 많이, 풍부하게
Apples grow abundantly.
사과가 많이 자랐다.

abuse ⓝ 악용, 남용

abuse 즐겁게 하다
amuse 악용, 남용

No one should be amused by animal abuse.
아무도 동물 학대로 즐거워해서는 안 된다.

accelerate ⓥ 가속하다

accelerate 가속하다
celebrate 축하하다

He accelerated the car in order to celebrate his birthday on time.
그는 그의 생일을 제때 축하하기 위해 차를 가속해서 운전했다.

자주 출제되는 단어

▶ **accelerator** ⓝ 엑셀, 가속장치
to step on the accelerator
액셀을 밟다

▶ **decelerate** ⓥ 감속하다
He should decelerate his speed.3
그는 그의 속도를 감속해야만 한다.

accept ⓥ 받아들이다, 수락하다

accept 받아들이다, 수락하다
except ~를 제외하고

He accepted every food except one.
그는 하나만 제외하고 모든 음식을 받아들였다.

자주 출제되는 단어

▶ **acceptable** ⓐ 받아들일만한
It is not acceptable to him.
그것은 그에게 있어서 받아들일 수 없다.

▶ **acceptance** ⓝ 수락
It doesn't meet with his acceptance.
그것은 그의 수락을 얻어내지 못했다.

sticky rice dumpling
중국의 찹쌀 경단

unacceptable
받아들이기 어려운

access ⓝ 접근

access 접근
success 성공

Getting the access to this gate was a success.
이 출입문에 접근하는 것은 성공적이었다.

자주 출제되는 단어

▶ **accessible** ⓐ 접근하기 쉬운
It is not accessible.
그것은 접근하기 쉽지 않다.

▶ **inaccessible**
ⓐ 접근하기 어려운
an inaccessible gate
접근하기 어려운 출입문

▶ **accessory** ⓝ 액세서리, 부속물
He has no accessory to help him.
그에겐 그를 도와줄 수 있는 부속물이 없다.

accessible
접근하기 쉬운

thief
도둑

accident n (우연한) 사고

accident (우연한) 사고
incident 사고

This incident is an accident.
이 사고는 우연히 일어난 것이다.

자주 출제되는 단어

▸ **accidental** a 우연한
an accidental incident
우연한 사고

circus
서커스
즐거운 서커스
poster
포스터
frightened
깜짝 놀란

accommodate v 수용하다

accommodate 수용하다
common 흔한

Accommodating more than fifty people a day is common at this hotel.
하루에 50명 이상의 사람을 수용하는 것은 이 호텔에서는 흔하다.

자주 출제되는 단어

▸ **accommodation** n 숙소
their overnight accommodation
그들의 하룻밤 숙소

luxurious
호화로운
HOTEL
도착했습니다.
Tour Bus
accommodation
숙소
visitors
관광객, 방문객

accomplish ⓥ 이루다, 달성하다

accomplish 이루다, 달성하다
accompany 동행하다

They accompanied **her to** accomplish **her goal.**
그들은 그녀의 목표를 이루기 위해 그녀와 동행했다.

자주 출제되는 단어

▶ **accomplished** ⓐ 성취된, 완성된
an accomplished **goal**
성취된 목표

▶ **accomplishment** ⓝ 업적
her accomplishment
그녀의 업적

marathon
마라톤

마 라 톤

runner
주자,
달리는 사람

do one's best
최선을 다하다

according ⓐ 따라서, ~에 의한

according 따라서, ~에 의한
order 주문

According to his order, **he must be hungry.**
그의 주문에 의하면, 그는 배가 고플 것임에 틀림없다.

자주 출제되는 단어

▶ **accord** ⓥ 일치하다, 부합하다
His order accords **with his hunger.**
그의 주문은 그의 배고픔과 부합한다.

flavorful
맛이 좋은

salad
샐러드

delicious
맛있는

diligent
근면한

account n (회계) 장부

account (회계) 장부
count (수를) 세다

He keeps the accounts after he counts the coconuts.
그는 코코넛 개수를 센 후에 장부에 기록한다.

자주 출제되는 단어

▸ **accounting** n 회계
He has never studied accounting.
그는 회계학을 공부한 적이 없다.

▸ **accountant** n 회계사
He doesn't need an accountant.
그에게는 회계사가 필요 없다.

▸ **accountable** a 책임이 있는
He is accountable for the accounts.
그는 그 계산에 있어서 책임이 있다.

accumulate v 모으다

accumulate 모으다
stimulate 자극하다, 촉진시키다

The fear of emptiness stimulated her to accumulate things.
공허함에 대한 두려움은 물건을 모으도록 그녀를 자극했다.

자주 출제되는 단어

▸ **accumulation** n 축적
the accumulation of things
물건의 축적

accumulate
모으다

storeroom
저장실

fear
공포, 두려움

accurate ⓐ 정확한

accurate 정확한
cure 치료하다

To say he is cured is accurate.
그가 치료되었다고 말하는 것은 정확하다.

자주 출제되는 단어

▶ **accuracy** ⓝ 정확(성)
Accuracy is important in medicine.
의학에 있어서 정확성은 중요하다.

▶ **inaccurate** ⓐ 부정확한
It is inaccurate to say that he is not cured.
그가 치료되지 않았다고 말하는 것은 부정확하다.

▶ **inaccuracy** ⓝ 부정확, 틀림
to avoid an inaccuracy
부정확성을 피하다

ache ⓝ 아프다

ache 아프다
acne 여드름

This one acne is giving him an ache.
이 여드름은 그를 아프게 한다.

achieve ⓥ 이루다, 성취하다

achieve 이루다, 성취하다
chief 장관

The chief has achieved his goal.
장관은 그의 목표를 이루었다.

자주 출제되는 단어

▶ **achievement** ⓝ 달성, 성취
the achievement of a goal
목표 달성

acknowledge Ⅴ 알다, 인정하다

acknowledge 알다, 인정하다
know 알다

I acknowledge that she knows the secret.
나는 그녀가 그 비밀을 안다는 것을 알고 있다.

자주 출제되는 단어

▶ **acknowledgement** n 확인, 인정
Her face shows the
acknowledgement that
she knows.
그녀의 얼굴은 그녀가 알고 있음을
인정하는 것을 보여준다.

acoustic a 청각의

acoustic 청각의
customer 고객

This customer needs
acoustic tiles.
이 고객에게는 방음 타일이 필요하다.

acquainted a 사귀게 된, 알고 있는

acquainted 사귀게 된, 알고 있는
acquire 얻다

He acquired a van to become acquainted with
people.
그는 사람들을 사귀기 위해서 밴을 얻었다.

자주 출제되는 단어

▶ **acquaintance** n 아는 사람
He has many acquaintances
on the street.
그는 길거리에 아는 사람들이 많다.

acquire ☑ 얻다

acquire 얻다
acquainted 사귀게 된, 알고 있는

He acquired a van to become acquainted with people.
그는 사람들을 사귀기 위해서 밴을 얻었다.

자주 출제되는 단어
▶ **acquisition** ⓝ 획득
the acquisition of a van
밴의 획득

acrophobia
ⓝ **고소공포증**

acrophobia 고소공포증
phobia 공포증

He suffers from many phobias, especially acrophobia.
그는 많은 공포증 중에서 특히 고소공포증을 겪고 있다.

active ⓐ 적극적인, 활동적인

active 적극적인, 활동적인
actor 배우

He is known as an active actor.
그는 활동적인 배우로 알려져 있다.

자주 출제되는 단어
▶ **activity** ⓝ 활동
There are many activities waiting for him.
그를 위한 많은 활동들이 준비되어 있다.

매우 열정적인 배우 입니다.

reporter
리포터, 기자

cameraman
카메라맨, 사진기자

020

add ⓥ 첨가하다, 더하다

add 첨가하다, 더하다
odd 이상한

It is odd to add pudding to instant noodles.
푸딩을 라면에 첨가하는 것은 이상하다.

addict ⓝ 중독자

addict 중독자
predict 예측하다

We can predict that he will be addicted one day.
우리는 그가 언젠간 중독될 것이라고 예측할 수 있다.

자주 출제되는 단어

▸ **addicted** ⓐ 중독된
His father is addicted to smoking.
그의 아버지는 담배에 중독되어 있다.

▸ **addiction** ⓝ 중독
an addiction to smoking 담배 중독

▸ **addictive** ⓐ 중독성의
Cigarettes are addictive.
담배는 중독성이 있다.

addition ⓝ 추가

addition 추가
tradition 전통

The addition of a real lion makes the tradition better.
진짜 사자를 추가하는 것은 그 전통을 더 좋게 만든다.

자주 출제되는 단어

▸ **additional** ⓐ 추가의
an additional lion 추가된 사자

▸ **additionally** ⓐⓓ 게다가, 또한
Additionally, they added a lion to the festival.
게다가 그들은 그 축제에 사자를 추가했다.

adhere 🅥 들러붙다, 달라붙다

adhere 들러붙다, 달라붙다
here 여기

He is adhered to the floor here.
그는 여기 바닥에 달라붙어 있다.

자주 출제되는 단어

▶ **adhesive** ⓐ 끈적거리는
This floor is adhesive.
이 바닥은 끈적거린다.

▶ **adhesion** ⓝ 접착력
the adhesion of the glue on the floor
바닥에 붙은 풀의 접착력

stagger
휘청거리다

adhesive
끈적거리는

floor
바닥

adjourn 🅥 연기하다

adjourn 연기하다
journey 여행

This journey has to adjourn until tomorrow.
이 여행은 내일까지 연기되어야 한다.

adjust 🅥 적응하다, 조정하다

adjust 적응하다, 조정하다
just 그저, 단지

He just has to adjust to the small car.
그는 그저 소형차에 적응해야만 한다.

administer ⓥ (의식을) 집행하다, 인도하다

administer (의식을) 집행하다, 인도하다
minister 목사

This minister **doesn't** administer **the service well.**
이 목사는 예배를 잘 인도하지 못한다.

자주 출제되는 단어

▸ **administrator** ⓝ 관리자
He is the administrator of the church.
그는 교회의 관리자이다.

▸ **administrative** ⓐ 관리의, 행정의
He holds an administrative position.
그는 관리직을 맡고 있다.

sleepy
졸린

splutter
더듬거리며
말하다

zzz...
zzzz...

distraction
주의 산만, 방심

admission ⓝ 입학

admission 입학
mission 계획, 임무

His mission **is to get** admission **to this college.**
그의 계획은 이 대학교에 입학하는 것이다.

admit ⓥ 인정하다, 허가하다

admit 인정하다, 허가하다
remit 송금하다

He admits **that he** remitted **money to another woman.**
그는 그가 다른 여성에게 돈을 송금한 것을 인정한다.

adolescent [n] 청소년

adolescent 청소년
adjacent 이웃의

There are many adolescents in the adjacent areas.
인접한 지역에 많은 청소년들이 있다.

자주 출제되는 단어

▶ **adolescence**
[n] 청소년기, 사춘기
They are in the period of adolescence.
그들은 청소년기에 있다.

urban
도시의

smoker
흡연자

adolescent
청소년

sedition
선동, 소란

adopt [v] 입양하다

adopt 입양하다
option 선택

To adopt this animal is his option.
이 동물을 입양하는 것은 그의 선택이다.

자주 출제되는 단어

▶ **adoption** [n] 입양, 채택
the adoption of this tiger
이 호랑이의 입양

▶ **adoptive** [a] 입양된
an adoptive tiger
입양된 호랑이

delightful
즐거운

빨리

empty
빈

dangerous
위험한

advance ⋒ 선불

advance 선불
van 밴

He pays for the van in the ad in advance.
그는 광고하고 있는 그 밴의 대금을 선불로 지급했다.

자주 출제되는 단어

▶ **advanced** ⓐ 선진의, 진보한
an advanced van
고급 밴

▶ **advancement** ⋒ 진보
advancement in life
with this van
이 밴과 함께 하는 삶의 진보

advertisement
광고

van
밴

joyful
기쁜

advantage ⋒ 장점

advantage 장점
disadvantage 손해

He isn't sure if this is an advantage or a
disadvantage.
그는 이것이 장점인지 손해인지 확신하지 못한다.

자주 출제되는 단어

▶ **advantageous** ⓐ 유익한
Is this dog advantageous to him?
이 개는 그에게 유익한가요?

finishing line
결승선

ferocious
사나운

anxious
두려운

adventure n 모험

adventure 모험
venture 감행하다

They ventured everything on an adventure to space.
그들은 우주로 모험하는 것에 모든 것을 걸었다.

자주 출제되는 단어

▶ **adventurous** a 모험적인
They are adventurous.
그들은 모험적이다.

▶ **adventurer** n 모험가
They are adventurers.
그들은 모험가이다.

adversary n 적, 상대

adversary 적, 상대
anniversary 기념일

Ann and her husband became adversaries on their anniversary.
앤과 그녀의 남편은 그들의 기념일에 적이 되었다.

advertise v 광고하다

advertise 광고하다
advise 조언하다

She advised him as to how to advertise his grapes.
그녀는 그에게 그의 포도를 어떻게 광고할지 조언해주었다.

자주 출제되는 단어

▶ **advertisement** n 광고
an advertisement on TV
TV에 나오는 광고

advise ⓥ 조언하다

advise 조언하다
advertise 광고하다

She advised him as to how to advertise his grapes.
그녀는 그에게 그의 포도를 어떻게 광고할지 조언해주었다.

자주 출제되는 단어

▶ **adviser** ⓝ 고문, 조언자
She is an adviser.
그녀는 조언자이다.

▶ **advice** ⓝ 조언
She gave him advice.
그녀는 그에게 조언을 했다.

이것은 대상 받은
포도입니다.

aerobics ⓝ 에어로빅

aerobic 에어로빅
bicycle 자전거

Riding a bicycle is one kind of aerobics.
자전거를 타는 것은 일종의 에어로빅이다.

aeronautical ⓐ 항공의

aeronautical 항공의
nautical 항해의

Cole likes both aeronautical and nautical activities.
Cole은 항공과 항해 활동을 모두 좋아한다.

affair ⓝ 일

affair 일
staff 직원

Two of our staff are in a love affair.
우리 직원 두 명은 연애 중이다.

affect ⓥ 영향을 주다

affect 영향을 주다
defect 결함

The defects of the product affected his pay check.
그 제품의 결함은 그의 봉급에 영향을 주었다.

자주 출제되는 단어

▸ **affection** ⓝ 애정
He has no affection for his boss.
그는 그의 상사에게 애정이 없다.

furious
격노한
OH MY GOD!
despondent
낙담한
defect
결함
product
제품

affiliate ⓥ 가입하다

affiliate 가입하다
humiliate 창피를 주다

To affiliate with this group humiliates him.
이 단체에 가입하는 것은 그를 창피하게 한다.

자주 출제되는 단어

▸ **affiliation** ⓝ 가입
the affiliation with a group
단체의 가입

association
조합
빛나는 협회
faithfulness
성실
able-bodied
건장한
treacherous
신뢰할 수 없는

A

affirm Ⅴ 단언하다

affirm 단언하다
firm 회사

He affirm**ed that this** firm **will close soon.**
그는 이 회사가 곧 닫을 것이라고 단언했다.

자주 출제되는 단어

▶ **affirmative** ⓐ 긍정적인
His words were
af**firm**ative.
그의 말은 긍정적이었다.

firm
회사

economic
downturn
경기 침체

fortuneteller
점쟁이

afford Ⅴ ~할 여유가 있다

afford ~할 여유가 있다
Ford 포드(자동차 회사)

He can afford **to buy a** Ford
T-shirt.
그는 포드 티셔츠를 살 여유가 있다.

agenda ⓝ 의제, 의사일정

agenda 의제, 의사일정
agent 대리인

This agent **has a busy**
agen**da.**
이 대리인은 바쁜 의사일정을 갖고 있다.

agent ⓝ 대리인

agent 대리인
urgent 긴급한

This agent can't deal with urgent situations.
이 대리인은 긴급한 상황을 다룰 수 없다.

자주 출제되는 단어

▶ **agency** ⓝ 대리점, 대행사
She works for an agency.
그녀는 대리점에서 일을 한다.

aggression ⓝ 공격

aggression 공격
agree 동의하다

The Congress agreed on this non-aggression pact.
의회는 이 불가침 조약에 동의했다.

자주 출제되는 단어

▶ **aggressive** ⓐ 침략적인, 공격적인
They are not aggressive countries.
그들은 침략적인 나라가 아니다.

▶ **aggressively** ⓐⓓ 공격적으로
They do not argue aggressively.
그들은 공격적으로 논쟁하지 않는다.

agile ⓐ 민첩한

agile 민첩한
fragile 깨지기 쉬운

This agile boy is carrying a fragile item.
이 민첩한 소년은 깨지기 쉬운 물건을 옮기고 있다.

agony 고통

agony 고통
ago 전, 지난

Tony was in agony five minutes ago.
Tony는 5분 전에 고통스러웠다.

aid Ⅴ 돕다

aid 돕다
said 말했다

He said he needed the aid five minutes ago.
그는 5분 전에 그가 도움이 필요하다고 말했다.

aircraft n 비행기

aircraft 비행기
craft 공예

She found a spacecraft and an aircraft when she was making a craft.
그녀가 공예품을 만들고 있을 때, 우주선과 비행기를 발견했다.

airline n 항공사

airline 항공사
line 선

He is a pilot for Three Lines Airlines.
그는 Three Line 항공사의 조종사이다.

alcohol ☐ 술, 알코올

alcohol 술, 알코올
cool 차가운

After drinking all the cool alcohol, he fell into a hole.
모든 차가운 술을 마시고 나서 그는 구덩이로 떨어졌다.

자주 출제되는 단어

▶ **alcoholic** ☐ 알코올 중독자
He said he is not
an alcoholic.
그는 자신이 알코올 중독자가
아니라고 말했다.

alcoholic
알코올
중독자

alcohol
술, 알코올

hole
구덩이

careless
부주의한

alert ☑ 경고하다, 주의하다

alert 경고하다, 주의하다
assert 주장하다

She asserts that she alerted him about the danger.
그녀는 그에게 위험에 대해 경고했다고 주장한다.

자주 출제되는 단어

▶ **alertness** ☐ 경계
She has a high level
alertness of the danger.
그녀는 위험에 대한 높은 수준의
경계심을 가지고 있다.

sign
표시, 간판

간전
조심

exhort
권고하다

electric shock
감전

electricity
전기

032

allergy ⋒ 알레르기

allergy 알레르기
energy 기력, 에너지

His allergy to dogs makes him lose all his energy.
그의 개 알레르기는 그의 기력을 소진하게 만든다.

자주 출제되는 단어

▶ **allergic** ⓐ 알레르기의
He is allergic to dogs.
그는 개 알레르기가 있다.

alleviate ⋎ 덜다, 완화하다

alleviate 덜다, 완화하다
deviate 벗어나다

He deviated his eyes from Ann to alleviate the boredom.
그는 지루함을 달래기 위해 앤으로부터 눈을 돌렸다.

자주 출제되는 단어

▶ **alleviation** ⋒ 경감, 완화
the alleviation of boredom
지루함의 완화

alligator ⋒ 악어

alligator 악어
delegate 대표로 세우다

He is delegated to speak for the alligators.
그는 악어를 대변하는 대표로 세워졌다.

allocate Ⅴ 할당하다

allocate 할당하다
all 모든

He allocated all the work to the person he disliked.
그는 자신이 싫어하는 사람에게 모든 일을 할당했다.

자주 출제되는 단어
▶ **allocation** ⓝ 할당
the allocation of the work
일의 할당

allowance ⓝ 용돈, 수당

allowance 용돈, 수당
allow 허락하다

He is not allowed to have an allowance.
그는 용돈 받는 것이 허락되지 않았다.

ally ⓝ 동맹, 연합

ally 동맹, 연합
alley 골목

She has an ally down this alley.
그녀는 이 골목에 동맹군이 있다.

자주 출제되는 단어
▶ **alliance** ⓝ 동맹
These two countries formed an alliance.
양국은 동맹 관계를 형성했다.

almond n 아몬드

almond 아몬드
diamond 다이아몬드

She found a diamond in a bowl of almonds.
그녀는 아몬드 그릇에서 다이아몬드를 찾았다.

alter vi 바꾸다, 변경하다

alter 바꾸다, 변경하다
later 나중에

She will alter her mind later.
그녀는 나중에 그녀의 생각을 바꿀 것이다.

자주 출제되는 단어

▶ **alteration** n 변화, 변경
An alteration needs to be made.
변화가 필요하다.

▶ **alternative** a 대신하는, 대체의
Is there an alternative?
대안이 있나요?

▶ **alternate** a 번갈아하는
They alternate between a car and a boat to go out.
그들은 자동차와 보트를 번갈아 타면서 밖으로 나간다.

altitude n 고도

altitude 고도
latitude 위도

Please give me your latitude, longitude and altitude.
당신의 위도, 경도 및 고도를 알려주세요.

amateur n 아마추어

amateur 아마추어
drama 드라마

He is an amateur drama player.
그는 아마추어 드라마 배우이다.

035

amaze ⓥ 깜짝 놀라게 하다

amaze 깜짝 놀라게 하다
blaze 눈부시게 빛나는

She was amazed by the blaze of light from that house.
그녀는 그 집으로부터 나오는 눈부신 빛으로 인해 깜짝 놀랐다.

자주 출제되는 단어

▶ **amazing** ⓐ 굉장한
It is an amazing house.
그것은 굉장한 집이다.

▶ **amazement** ⓝ 놀라움
She stared at the house in amazement.
그녀는 놀라움에 그 집을 바라보았다.

ambitious ⓐ 야심 있는

ambitious 야심 있는
am ~이다 / bit ~조금

I am a bit too ambitious about reaching the goal.
나는 목표를 달성하는 것에 다소 야심이 있다.

자주 출제되는 단어

▶ **ambition** ⓝ 야심
To reach the goal is my ambition.
목표를 달성하는 것은 나의 야심이다.

scared
겁먹은

stairs
계단

Goal

reach the goal
목표를
달성하다

step by step
단계별

amend V 수정하다

amend 수정하다
men 남성

A group of men amend this contract together.
한 무리의 남자들은 이 계약을 함께 수정했다.

자주 출제되는 단어

▶ **amendable** a 수정 가능한
an amendable contract
수정 가능한 계약

▶ **amendatory** a 개정의
an amendatory clause in
the contract.
계약의 개정 조항

contract
계약

argument
논쟁

ample a 충분한, 넓은

ample 충분한, 넓은
apple 사과

We have ample apples for one year.
우리에게는 한 해를 위한 사과가 충분히 있다.

surprised
놀란

stun
놀라게
하다

ample
충분한
넓은

너무 많다...

사과가 도착하였습니다.

amplify V 증폭시키다

amplify 증폭시키다
am ~이다

I am listening to the songs from the amplified speakers.
나는 증폭 스피커로 노래를 듣고 있는 중이다.

자주 출제되는 단어

▶ **amplifier** n 증폭기, 앰프
an amplifier for playing music
노래를 재생하기 위한 앰프

▶ **amplification** n 증폭, 확대
the amplification of the sound
소리의 증폭

amputate V (수술로) 절단하다, 자르다

amputate (수술로) 절단하다, 자르다
am ~이다 / put 놓다

I am not to be put on the table and amputated.
나는 탁자 위에 놓인 채 절단되지 않을 것이다.

자주 출제되는 단어

▶ **amputation** n 절단(수술)
proceed to an amputation
절단 수술을 받다

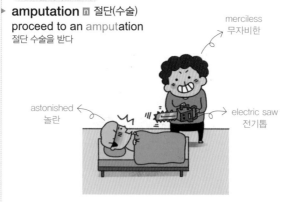

merciless
무자비한

astonished
놀란

electric saw
전기톱

amuse ⓥ 즐겁게 하다

amuse 즐겁게 하다
abuse 학대하다

No one should be amused by animal abuse.
아무도 동물 학대를 즐거워해서는 안 된다.

자주 출제되는 단어

▶ **amusing** ⓐ 즐거운
No one should find it amusing.
아무도 그것을 즐겁게 여겨서는 안 된다.

▶ **amusement** ⓝ 놀이, 즐거움
You should have other amusements.
너는 다른 놀이를 해야 한다.

analyze ⓥ 분석하다

analyze 분석하다
paralyze 마비시키다

We need to analyze why he is paralyzed.
우리는 왜 그가 마비되었는지 분석해야 한다.

자주 출제되는 단어

▶ **analysis** ⓝ 분석
to make an analysis
분석을 하다

▶ **analyst** ⓝ 분석가
We need an analyst.
우리는 분석가가 필요하다.

anger ⓝ 분노, 화

anger 분노, 화
danger 위험

A man in anger is a danger to others.
화가 나 있는 남자는 다른 사람들에게 위험하다.

animate Ⅴ ~에 생기를 주다

<u>animate</u> ~에 생기를 주다
<u>animal</u> 동물

This kid has animated this animal.
이 아이는 이 동물에게 생기를 주었다.

자주 출제되는 단어

▶ **animation** n 만화 영화
He draws animation.
그는 만화 영화를 그린다.

scrawl
낙서하다

dismissively
경멸적인

announce Ⅴ 알리다, 발표하다

<u>announce</u> 알리다, 발표하다
<u>ounce</u> 조금

Ann announces that she has lost an ounce of weight.
앤은 체중이 조금 빠졌다고 알린다.

자주 출제되는 단어

▶ **announcement** n 알림, 발표
make an announcement
발표하다

campaign
캠페인

다이어트 발표회

cheerful
쾌활한

chubby
살찐

040

annoy Ⓥ 짜증나게 하다

annoy 짜증나게 하다
toy 장난감

He is annoyed by this boy's toy.
그는 이 소년의 장난감 때문에 짜증이 난다.

자주 출제되는 단어

▸ **annoying** ⓐ 짜증나는
an annoying toy
짜증나는 장난감

▸ **annoyance** ⓝ 성가신 것
This toy is an annoyance.
이 장난감은 성가신 것이다.

annual ⓐ 연중의, 매년의

annual 연중의, 매년의
Joan Joan(사람 이름)

Joan's usual annual vacation is at the beach.
Joan의 연중 휴가는 늘 바닷가이다.

anonym ⓝ 익명자, 가명

anonym 익명자, 가명
anonymous 익명의

An anonym sent the anonymous letter.
익명자가 익명의 편지를 보냈다.

자주 출제되는 단어

▸ **anonymous** ⓐ 익명의
Receiving an anonymous
letter is annoying.
익명의 편지를 받는 것은 짜증 난다.

anti- `prep` ~에 반대하여

anti- ~에 반대하여
antique 골동품

He is anti-antique.
그는 골동품을 좋아하지 않는다.

anticipate `v` 예상하다

anticipate 예상하다
participate 참가하다

I anticipated that he will participate in the race.
나는 그가 이 경주에 참가할 것이라고 예상했다.

자주 출제되는 단어

▶ **anticipation** `n` 기대, 예상
high anticipation about
the race
그 경주에 대한 높은 기대

anxious `a` 걱정스러운

anxious 걱정스러운
an 하나

He became anxious when he saw an X on his test paper.
그는 자신의 시험지에서 X를 보았을 때 걱정스러워졌다.

자주 출제되는 단어

▶ **anxiously** `ad` 걱정스럽게
He checks his test anxiously.
그는 자신의 시험을 걱정스럽게 확인한다.

▶ **anxiety** `n` 걱정
He is in anxiety.
그는 걱정하고 있다.

apart ad 떨어진

apart 떨어진
depart 출발하다

The departed train has torn
these two lovers apart.
출발한 기차가 이 두 연인 사이를 떨어뜨려
놓았다.

apartment n 아파트

apartment 아파트
department 매장, 코너

She shops at the department
store next to her apartment.
그녀는 자신의 아파트 옆에 있는 백화점에서
쇼핑을 한다.

aperitif n 식전주

aperitif 식전주
per ~당 / it 그것 / if 만일

It is a good party, if you have
one aperitif per person.
식사 전에 한 사람당 한 병의 술을 제공한다면
좋은 파티가 될 것이다.

apologize v 사과하다

apologize 사과하다
polo 폴로

The man in the polo shirt is apologizing to the lady.
폴로 셔츠를 입은 그 남자는 그 여인에게 사과하고 있다.

자주 출제되는 단어

▶ apology n 사과
He owes her an apology.
그는 그녀에게 사과를 빚졌다.

append ⓥ 붙이다

append 붙이다
spend 보내다

She spends a lot of time appending notes for her report.
그녀는 자신의 보고서에 메모를 붙이는 데에 많은 시간을 보낸다.

자주 출제되는 단어

▶ **appendix** ⓝ 부록
an appendix to her report
그녀의 보고서의 부록

nervous
두려운

report
폴더

folder
보고서

appetite ⓝ 식욕

appetite 식욕
apple 사과

The apple pie gave her pet a good appetite.
그 사과 파이는 그녀의 애완동물에게 왕성한 식욕을 주었다.

자주 출제되는 단어

▶ **appetizer** ⓝ 식욕을 돋우는 음식
The apple pie is its appetizer.
그 사과 파이는 그것의 식욕을 돋우는 음식이다.

appetitive
식욕을
증진시키는

dinner knife
메인 코스용
나이프

apple pie
사과 파이

applaud Ⓥ 박수치다

applaud 박수치다
loudly 크게

They applauded him loudly.
그들은 그에게 크게 박수를 쳤다.

자주 출제되는 단어

▶ **applause** ⋒ 박수
He received a lot of applause.
그는 많은 박수를 받았다.

appliance ⋒ 가전제품

appliance 가전제품
reliance 의존

He has a heavy reliance on modern appliances.
그는 현대 가전제품에 대한 의존도가 높다.

apply Ⓥ 지원하다, 적용하다

apply 지원하다, 적용하다
apple 사과

He applied for a job at Apple Co.
그는 직업을 갖기 위해 애플사에 지원했다.

자주 출제되는 단어

▶ **applicable** ⓐ 적절한
That job will be applicable for him.
그 직업은 그에게 적절할 것이다.

▶ **applicant** ⋒ 응모자
a job applicant
구직자

▶ **application** ⋒ 신청
a job application
구직 신청

appoint Ⅴ 임명하다

appoint 임명하다
point 요점

My point is that someone appointed him as our new teacher.
내 요점은 누군가가 그를 우리의 새로운 선생님으로 임명했다는 것이다.

자주 출제되는 단어

▶ **appointed** ⓐ 지정된, 임명된
He is our appointed teacher.
그는 우리의 임명된 선생님이다.

▶ **appointment** ⓝ 약속, 임명
I have an appointment with our new teacher.
나는 우리의 새로운 선생님과 약속이 있다.

appreciate Ⅴ 진가를 알다

appreciate 진가를 알다
precious 귀중한

She appreciates the value of this precious thing.
그녀는 이 귀중한 것의 진가를 안다.

자주 출제되는 단어

▶ **appreciation** ⓝ 평가
her appreciation of the ring
반지에 대한 그녀의 평가

▶ **depreciate** Ⅴ 평가절하하다
The value of the ring will depreciate soon.
반지의 가치는 곧 평가절하될 것이다.

▶ **depreciation** ⓝ (가치의) 저하
depreciation of the ring
반지 가치의 저하

apprehensive ⓐ 걱정하는

apprehensive 걱정하는
comprehensive 포괄적인

She is apprehensive that her son can't get comprehensive care.
그녀는 아들이 포괄적인 보살핌을 받지 못하는 것을 걱정한다.

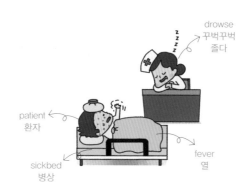

drowse
꾸벅꾸벅
졸다

patient
환자

fever
열

sickbed
병상

approach ⓥ 접근하다

approach 접근하다
roach 바퀴벌레

No one dares to approach the roach.
아무도 감히 바퀴벌레에게 접근하려 하지 않는다.

자주 출제되는 단어
▶ **approachable** ⓐ 가까이하기 쉬운
Roaches are not approachable insects.
바퀴벌레는 가까이하기 쉬운 곤충이 아니다.

dread
두려워하다

unapproachable
접근하기 어려운

cockroach
바퀴벌레

appropriate ⓐ 적당한

appropriate 적당한
pirate 해적

This is not a proper nor appropriate way to treat a pirate.
이것은 해적을 대하기에 적절하지도 적당하지도 않은 방법이다.

자주 출제되는 단어

▶ **appropriately** ⓐⓓ 적절하게
He needs to be treated appropriately.
그는 적절하게 대우받아야 한다.

▶ **inappropriate** ⓐ 부적절한
an inappropriate treatment
부적절한 대우

approximate ⓐ 대략적인

approximate 대략적인
estimate 추정하다

I estimate that their approximate arrival time is now.
나는 그들의 대략적인 도착 시간이 지금이라고 추정한다.

자주 출제되는 단어

▶ **approximately** ⓐⓓ 대략
It is approximately 5 o'clock now.
지금은 대략 5시이다.

brake
브레이크

smoke
연기

timer
타이머

architect ⓝ 건축가

architect 건축가
arch 아치

This arch**itect claimed that he built that** arch**.**
이 건축가는 그가 그 아치를 지었다고 주장했다.

자주 출제되는 단어

▶ **architecture** ⓝ 건축
an impressive style of arch**itecture.**
인상적인 건축 양식

arch
아치

architect
건축가

blueprint
청사진

area ⓝ 지역

area 지역
are ~이다

There are **many adolescents
in the adjacent** are**a.**
인근 지역에 많은 청소년들이 있다.

argue ⓥ 논쟁하다

argue 논쟁하다
are ~이다

Are **you** ar**guing with a dog?**
당신은 개와 논쟁하고 있습니까?

자주 출제되는 단어

▶ **argument** ⓝ 논쟁
What is the ar**gument about?**
무엇에 대한 논쟁인가요?

arrange Ⓥ 배열하다

arrange 배열하다
range 범위

He arranged books based on different age ranges.
그는 연령대에 따라 책을 배열했다.

자주 출제되는 단어

▶ **arrangement** Ⓝ 배열
arrangement of books
책의 배열

bookcase
책장

teenager
십대

adult
어른

elder
연장자

arrive Ⓥ 도착하다

arrive 도착하다
river 강

The ship arrives at the other side of the river.
그 배는 강 반대편에 도착한다.

자주 출제되는 단어

▶ **arrival** Ⓝ 도착
the arrival of the ship
배의 도착

liner
정기선

Titanic
타이타닉 호

arrogant a 거만한

<u>arrog</u>ant 거만한
<u>arrow</u> 화살

An arrow shot an arrogant frog.
화살로 거만한 개구리를 쏘았다.

자주 출제되는 단어

▶ **arrogantly** ad 거만하게
It jumps arrogantly.
그것은 거만하게 점프한다.

▶ **arrogance** n 거만
This frog is full of arrogance.
이 개구리는 거만함으로 가득 차있다.

articulate v 또렷이 발음하다

<u>articulate</u> 또렷이 발음하다
<u>circulate</u> 순환하다

He can't articulate words, when his blood circulates fast.
그는 혈액 순환이 빠를 때 말을 또렷하게 발음할 수가 없다.

자주 출제되는 단어

▶ **articulation** n 또렷한 발음
articulation of words
단어의 또렷한 발음

gibberish
영문 모를 말

#$@&*@
&%%#@...

confused
혼란스러운

falter
말을 더듬다

artificial [a] 인위적인

artificial 인위적인
official 관계자

This official hates any artificial things.
이 관계자는 어떠한 인위적인 것도 싫어한다.

> 자주 출제되는 단어

▶ **artificially** [ad] 인위적으로
She acts artificially.
그녀는 인위적으로 행동한다.

ASAP= as soon as possible
가능한 빨리

I need assistance ASAP!
나는 가능한 빨리 도움이 필요하다!

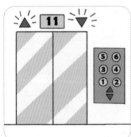

ascend [v] 올라가다

ascend 올라가다
descend 내려가다

Is the elevator ascending or descending?
엘리베이터가 올라가고 있나요, 내려가고 있나요?

ascertain [v] 확인하다

ascertain 확인하다
certainly 물론이지

Can you ascertain what it is?
Certainly!
당신은 그것이 무엇인지 확인할 수 있습니까?
물론입니다!

aspect ◻ 방면, 모습

aspect 방면, 모습
prospect 전망

He has good prospects in
many aspects.
그는 여러 방면에서 유망하다.

assault ◼ 공격하다

assault 공격하다
fault 잘못

It is not my fault that he was
assaulted.
그가 공격당한 것은 내 잘못이 아니다.

assemble ◼ 조립하다, 모으다

assemble 조립하다, 모으다
resemble 유사한

They assembled something resembling a food
maker.
그들은 식품 제조기와 유사한 것을 조립했다.

자주 출제되는 단어

▶ **assembly** ◻ 집회, 국회
To call an assembly to
make a machine.
기계를 만들기 위해 집회를 소집하다.

productive
생산적인

machine
기계

dress neatly
단정하게
차려입다

tray
쟁반

assert Ⅴ 주장하다

assert 주장하다
alert 경고하다

She asserts that she alerted him about the danger.
그녀는 그에게 위험에 대해 경고했다고 주장한다.

자주 출제되는 단어
▶ **assertion** n 주장
the assertion of her own view
그녀 자신의 견해의 주장

asset n 재산

asset 재산
assess 평가하다

He is unable to assess his assets.
그는 자신의 재산을 평가할 수 없다.

assiduous a 근면한

assiduous 근면한
assistant 조수

He and his assiduous assistant formed a duo.
그와 그의 근면한 조수는 2인조를 결성했다.

자주 출제되는 단어
▶ **assiduously** ad 열심히
They sing assiduously.
그들은 열심히 노래를 부른다.

assign ⓥ 부여하다

assign 부여하다
design 설계하다

He has been assigned to design a building.
그는 빌딩을 설계하도록 부여받았다.

자주 출제되는 단어

▶ **assignment** ⓝ 업무
His assignment is to design a building.
그의 업무는 빌딩을 설계하는 것이다.

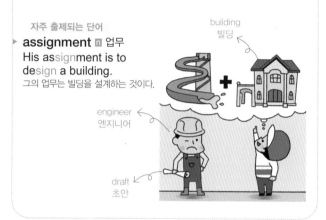

building
빌딩

engineer
엔지니어

draft
초안

assist ⓥ 돕다

assist 돕다
insist 고집하다

He insists on assisting other people.
그는 다른 사람들을 돕겠다고 고집한다.

자주 출제되는 단어

▶ **assistant** ⓝ 조수
He is not a helpful assistant.
그는 도움이 되는 조수가 아니다.

▶ **assistance** ⓝ 도움
to offer assistance
도움을 제공하다

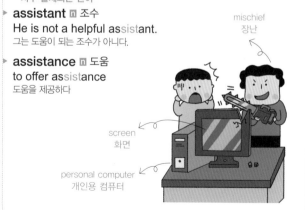

mischief
장난

screen
화면

personal computer
개인용 컴퓨터

associate 🅝 동료

associates 동료
assistant 조수

His assistant likes to help his associates.
그의 조수는 동료들을 돕는 것을 좋아한다.

자주 출제되는 단어

▶ **association** 🅝 연합
He joined the assistants'
association.
그는 조수 연합에 가입했다.

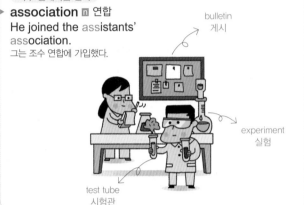

bulletin
게시

experiment
실험

test tube
시험관

assume 🆅 가정하다

assume 가정하다
consume 먹어치우다

We can assume that this bear consumed a lot of
food.
우리는 이 곰이 많은 음식을 먹어치웠다고 가정할 수 있다.

자주 출제되는 단어

▶ **assumption** 🅝 추측, 가정
a correct assumption
올바른 추측

refrigerator
냉장고

kitchen waste
부엌의
쓰레기

satiate
(식욕을) 만족시키다

assure ⓥ 보장하다

assure 보장하다
insure 보험에 가입하다

I can assure you that he is insured.
나는 그가 보험에 가입되어 있다는 것을 보장할 수 있다.

자주 출제되는 단어

▶ **assured** ⓐ 확신이 있는, 보증된
I am not assured of his ability.
나는 그의 능력을 확신하지 못한다.

▶ **assurance** ⓝ 확신, 보장
lacking assurance
부족한 확신

asthma ⓝ 천식

asthma 천식
as ~하므로 / this 이것 / man 남성

As we know, this man has asthma.
우리가 알다시피 이 남성은 천식을 앓고 있다.

atom ⓝ 원자

atom 원자
Tom Tom(사람 이름)

Tom is studying atoms in the lab.
Tom은 실험실에서 원자를 공부하고 있다.

자주 출제되는 단어

▶ **atomic** ⓐ 원자의
Atomic energy is well-known in the modern world.
원자 에너지는 현대 세계에서 잘 알려져 있다.

attach v 붙이다

attach 붙이다
coach 코치

The coach attached a big peach to the yacht.
코치가 요트에 큰 복숭아를 붙였다.

자주 출제되는 단어

- **attachment** n 부속품, 부착
  There is an attachment on the yacht.
  요트에 부속품이 있다.

attain v 달성하다

attain 달성하다
obtain 얻다

It has attained its goal, and obtains the reward.
그것은 목표를 달성하고 보상을 얻었다.

자주 출제되는 단어

- **attainable** a 달성할 수 있는
  Its goal is attainable.
  그것의 목표는 달성할 수 있다.
- **attainment** n 달성
  the attainment of a goal
  목표의 달성

attempt v 시도하다

attempt 시도하다
tempt 유혹하다

He attempted to tempt him with money.
그는 돈으로 그를 유혹하려 했다.

attend Ⓥ 참가하다, 출석하다

attend 참가하다, 출석하다
contend 주장하다

They contended for the right to attend this meeting.
그들은 이 모임에 참가할 권리를 주장했다.

자주 출제되는 단어

▶ **attendant** Ⓝ 종업원
four attendants
네 명의 종업원

▶ **attendance** Ⓝ 참석(자)
a small attendance
at this meeting
이 회의의 소규모 참석자들

physicist
물리학자

mathematician
수학자

talented
재능 있는

attention Ⓝ 주의, 집중

attention 의도
intent 주의, 집중

He is intent on getting her attention.
그는 그녀의 관심을 끌려고 작정하고 있다.

attorney Ⓝ 변호사

attorney 변호사
torn 찢어지다

The attorney wears a pair of torn pants.
변호사는 찢어진 바지를 입고 있다.

attract ⓥ 끌다, 유인하다

attract 끌다, 유인하다
distract 주의를 빼앗다

He is distracted from his work and attracted to the bug.
그는 일로부터 주의를 빼앗겨 벌레에 몰두하고 있다.

자주 출제되는 단어

▶ **attraction** ⓝ 눈길, 매력
The bug holds attraction for him.
그 벌레가 그의 눈길을 잡는다.

▶ **attractive** ⓐ 사람의 마음을 끄는
It is an attractive bug.
그것은 사람의 마음을 끄는 벌레이다.

attribute ⓝ 특성

attribute 특성
contributes 제공하다, 기여하다

He contributes money to the poor. Kindness is one of his attributes.
그는 가난한 사람들에게 돈을 기부한다. 친절함은 그의 특성 중 하나이다.

auction ⓝ 경매

auction 경매
action 행동

A quick action is necessary in an auction.
경매에는 신속한 행동이 필요하다.

audience ⓝ 청중

audience 청중
auditions 오디션

He is the audience for the auditions.
그는 오디션의 청중이다.

audio ⓐ 음향의

audio 음향의
audit 회계 감사하다

He is auditing an audio tech company.
그는 음향기기 회사를 회계 감사하고 있다.

슈퍼맨 효과 회사

audit ⓥ 회계 감사하다

audit 회계 감사하다
audio 음향의

He is auditing an audio tech company.
그는 음향기기 회사를 회계 감사하고 있다.

authentic
ⓐ 진짜의, 믿을만한

authentic 진짜의, 믿을만한
author 저자

This was this author's authentic signature then.
이것이 바로 저자의 진짜 서명이었다.

author ⓝ 저자

author 저자
authentic 진짜의, 믿을만한

This was this author's authentic signature then.
이것이 바로 저자의 진짜 서명이었다.

authority ⓝ 권위

authority 권위
priority 우선권

The person with authority has the priority.
권위 있는 사람은 우선권을 갖는다.

automatic a 자동의

automatic 자동의
auto 자동차

This auto is made by an automatic robot.
이 자동차는 자동 로봇에 의해 만들어졌다.

aviation n 비행

aviation 비행
association 협회

He is a member of the aviation association.
그는 비행 협회의 일원이다.

aware a 알고 있는

aware 알고 있는
warehouse 창고

They are aware that something hides in the warehouse.
그들은 창고 안에 무언가가 숨어있다는 것을 알고 있다.

awkward a 곤란한, 난처한

awkward 곤란한, 난처한
hawk 매

This hawk is awkward.
이 매는 난처하다.

Chapter 2
Bb

n 명사
v 동사
a 형용사
ad 부사
art 관사
aux 조동사
int 감탄사
pron 대명사
prep 전치사
conj 접속사

bachelor 🅝 미혼 남자

ba<u>chel</u>or 미혼 남자
<u>he</u> 그
<u>or</u> 또는, 혹은

Is he a bachelor or not?
그는 미혼인가요 아닌가요 ?

bacon 🅝 베이컨

ba<u>con</u> 베이컨
<u>back</u> 등

There is a piece of bacon on your back.
너의 등에 베이컨 조각이 있다.

bacteria 🅝 박테리아

bac<u>teria</u> 박테리아
cafe<u>teria</u> 구내식당
<u>back</u> 뒤

There are many bacteria in the back of this cafeteria.
구내식당 뒤편에 많은 박테리아가 있다.

balance 🅝 균형

bal<u>ance</u> 균형
<u>glance</u> 힐끗 보다

He glanced at her, and lost his balance.
그는 그녀를 힐끗 보더니 균형을 잃었다.

balcony n 발코니

balcony 발코니
ball 공

He was hit by a ball from the balcony.
그는 발코니에서 날아온 공에 맞았다.

ballad n 발라드

ballad 발라드
ballet 발레

This ballad singer was once a ballet dancer.
이 발라드 가수는 한때 발레 무용가였다.

ban v 금지하다

ban 금지하다
urban 도시의

Smoking is banned in urban areas.
도시에서는 흡연이 금지되어 있다.

band n 밴드, 악단

band 밴드, 악단
bandage 붕대

Everyone in this band is wrapping bandages.
이 밴드의 모든 사람들은 붕대를 감고 있다.

자주 출제되는 단어

▶ bandage v 붕대를 감다
bandage the wound
상처를 붕대로 감다.

bankrupt ⓐ 파산 선고를 받은

bankrupt 파산 선고를 받은
corrupt 타락한

He went bankrupt due to his corrupt life.
그는 타락한 삶으로 인해 파산 선고를 받았다.

자주 출제되는 단어

▶ **bankruptcy** ⓝ 파산
He will declare bankruptcy soon.
그는 곧 파산 선고를 할 것이다.

bankrupt
파산 선고를
받은

corrupt
타락한

banner ⓝ 현수막

banner 현수막
manner 예절

The banner is to remind them of their manners.
그 현수막은 그들의 태도를 되돌아보게 하기 위한 것이다.

bar ⓝ 술집

bar 술집
war 전쟁

She ran a bar during the war time.
그녀는 전쟁 기간 동안 술집을 운영했다.

자주 출제되는 단어

▶ **bartender** ⓝ 바텐더
She was a bartender.
그녀는 바텐더였다.

bargain ▼ 흥정하다

bargain 흥정하다
gain 이득

No bargain no gain.
흥정 없는 이득은 없다.

barrier ⓝ 장애물, 울타리

barrier 장애물, 울타리
carrier 운반인

The carrier encountered a barrier on the road.
그 운반인은 길에서 장애물에 부딪혔다.

barter ▼ 물물교환하다

barter 물물교환하다
water 물

Mr. Carter bartered his car for water.
Carter씨는 그의 자동차와 물을 물물교환했다.

bear ▼ 나르다

bear 나르다
pear 배

This pear is too heavy to bear.
이 배는 나르기에 너무 무겁다.

자주 출제되는 단어

▶ **bearable** ⓐ 견딜 수 있는
Heavy work is bearable to them.
그들에게 힘든 일은 견딜 수 있는 것이다.

▶ **unbearable** ⓐ 견딜 수 없는
Failure is unbearable to them.
그들에게 실패는 견딜 수 없는 것이다.

beat Ⅴ 이기다

beat 이기다
eat 먹다

He beat everyone at the
eating contest.
그는 먹기 대회에서 모든 사람들을 이겼다.

beneficial a 유익한

beneficial 유익한
facial 얼굴 마사지

A facial is beneficial.
얼굴 마사지는 유익하다.

자주 출제되는 단어

▸ **benefit** n 이익, 이점
A facial has good benefits.
얼굴 마사지에는 좋은 이점들이 있다.

▸ **beneficiary** n 수혜자
She is the beneficiary
of the facials.
그녀는 얼굴 마사지의 수혜자이다.

cosmetic mask
미용 마스크

spaghetti
스파게티

beverage n 음료

beverage 음료
average 평균

I drink an average of five
kinds of beverages every
day.
나는 매일 평균 다섯 종류의 음료를 마신다.

068

B

bid ⓥ 입찰하다

<u>bid</u> 입찰하다
<u>abide</u> 참다, 지키다

She cannot abide not bidding for it.
그녀는 그것을 입찰하지 않을 수가 없었다.

자주 출제되는 단어
▶ **bidder** ⓝ 입찰자
She is the highest bidder.
그녀는 최고 입찰자이다.

billionaire ⓝ 억만장자

<u>billionaire</u> 억만장자
<u>billiards</u> 당구

Billy plays billiards with a
billionaire every night.
빌리는 매일 밤 억만장자와 당구를 친다.

bind ⓥ 묶다

<u>bind</u> 묶다
<u>mind</u> 꺼리다

Do you mind helping me bind that dog to the pole?
저 개를 기둥에 묶는 것을 도와주시겠어요?

자주 출제되는 단어
▶ **binder** ⓝ 바인더
He dropped his binder.
그는 그의 바인더를 떨어뜨렸다.

fall down
떨어지다

pole
기둥

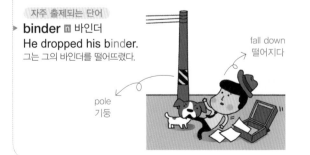

blend ▣ 섞다, 혼합하다

blend 섞다, 혼합하다
bland 아무 맛이 안 나는

It is bland to eat blended food.
섞인 음식을 먹는 것은 아무 맛도 나지 않는다.

자주 출제되는 단어
▶ **blender ▣ 믹서**
He uses a blender to
blend all his food.
그는 그의 모든 음식을 섞기 위해 믹서를 사용한다.

blockbuster
▣ 대작, 블록버스터
blockbuster 대작, 블록버스터
block 블록

**The movie, "The New Kid on
the Block," is a blockbuster.**
"The New Kid on the Block"이라는 영화는
대작이다.

boast ▣ 뽐내다, 자랑하다

boast 뽐내다, 자랑하다
toast (~을 위해) 건배하다

**He toasts the man who
boasts.**
그는 뽐내는 사람에게 건배한다.

boil ▣ 끓다

boil 끓다
oil 기름

**People said that she boils oil
every day.**
사람들은 그녀가 매일 기름을 끓인다고 말했다.

bond n 채권

<u>bond</u> 채권
<u>bon</u>us 보너스

Our boss gave us bonds as an extra bonus.
우리 사장님은 우리에게 보너스로 채권을 주셨다.

bone n 뼈

<u>bone</u> 뼈
<u>one</u> 하나의

He gave her one big bone.
그는 그녀에게 하나의 큰 뼈를 주었다.

boom n 인기

<u>boo</u>m 인기
<u>boo</u>k 책

The sale of her book is booming.
그녀의 책 판매는 인기가 있다.

borrow v 빌리다

b<u>orrow</u> 빌리다
tom<u>orrow</u> 내일

I need to borrow your new car, tomorrow.
내일 당신의 새 차를 빌려야 해요.

bouquet n 부케

<u>bouquet</u> 부케
<u>banquet</u> 연회

She held a bouquet at a banquet.
그녀는 연회에서 부케를 들었다.

071

brace ⓝ 치열 교정기

brace 치열 교정기
embrace (기회를) 포착하다, 받아들이다

She embraces the chance to have braces on her teeth.
그녀는 치아 교정을 할 수 있는 기회를 잡았다.

brag ⓥ 자랑하다

brag 자랑하다
brave 용감한

He braged about his brave actions.
그는 자신의 용감한 행동에 대해 자랑했다.

brainstorm ⓝ 묘안, 영감

brainstorm 묘안, 영감
storm 폭풍

He had a brainstorm after the storm hit the village.
폭풍이 마을을 강타한 후, 그는 묘안이 떠올랐다.

braise ⓥ 푹 삶다

braise 푹 삶다
raise 기르다

She braisesd a chicken she raised.
그녀는 자신이 길렀던 닭을 푹 삶았다.

branch ⓝ 지사

branch 지사
brand 브랜드

This new brand was designed by our branch office.
이 새로운 브랜드는 우리 지사에 의해 디자인 되었다.

brave @ 용감한

brave 용감한
have ~했다

We have met a brave woman.
우리는 용감한 여성을 만났다.

자주 출제되는 단어

▶ **bravery** n 용기
a woman of great bravery
대단히 용감한 여성

beat
이기다

bravery
용기

dizzy
어지러운

breakthrough
n 돌파구

breakthrough 돌파구
break 깨뜨리다

After breaking up, they made a breakthrough in their relationship.
헤어진 후, 그들은 자신들의 관계에 돌파구를 마련했다.

brief @ 간결한

brief 간결한
grief 슬픔

His brief report gave her grief.
그의 간결한 보고는 그녀에게 슬픔을 주었다.

자주 출제되는 단어

▶ **briefing** n 간결한 보고
brief briefing
간결한 보고

▶ **briefcase** n 서류 가방
She went home with her briefcase.
그녀는 서류 가방과 함께 집으로 갔다.

broadcast Ⅴ 방송하다

broadcast 방송하다
broad 넓은

He was broadcasting, when a broad board fell on him.
그에게 넓은 판자가 떨어졌을 때, 그는 방송하고 있었다.

자주 출제되는 단어
▶ **broadcasting** n 방송
He works for a broadcasting station.
그는 방송사에서 일한다.

broadcast
방송하다

disk jockey(DJ)
디스크 자키, 디제이

brochure n 소책자

brochure 소책자
brooch 브로치

This is a brochure for brooches.
이것은 브로치에 관한 소책자이다.

browse Ⅴ 대강 훑어보다

browse 대강 훑어보다
frown 얼굴을 찡그리다

It frowns when it browses books.
그것은 책을 대강 훑어볼 때 얼굴을 찡그린다.

자주 출제되는 단어
▶ **browser** n 브라우저
It knows how to use the browser.
그것은 브라우저를 어떻게 사용하는지 안다.

buckle Ⅴ 조이다

buckle 조이다
knuckle 주먹

He can't buckle the seat
belt when his knuckles are
swollen.
그는 주먹이 부어서 안전벨트를 맬 수가 없다.

budget ⋒ 예산

budget 예산
target 목표

Once we reach the target, we
can have a bigger budget.
일단 목표에 도달하면, 더 큰 예산을 확보할 수
있다.

buffet ⋒ 뷔페

buffet 뷔페
buffalo 버팔로

I heard that you may find
buffalo meat in this buffet.
이 뷔페에서 버팔로 고기를 찾을 수 있다고
들었습니다.

build Ⅴ 건축하다

build 건축하다
child 아이

This child likes to build
things.
이 아이는 건축하는 것을 좋아한다.

bulletin ⋒ 공고

bulletin 공고
bullet 총알

Our bulletin board has the
shape of a bullet.
우리의 게시판은 총알 모양이다.

bump Ⓥ 부딪히다

bump 부딪히다
lump 혹

He bumped into a pole, and has a lump on his head.
그는 기둥에 부딪혀서 머리에 혹이 생겼다.

bumper Ⓝ 범퍼

bumper 범퍼
jumper 뛰는 동물(사람)

The bumper of his car hit a jumper.
그의 차 범퍼가 뛰는 동물을 들이받았다.

bureau Ⓝ 사무소

bureau 사무소
beauty 미인, 아름다움

She is a beauty in this bureau.
그녀는 이 사무소의 미인이다.

burglar Ⓝ 절도범

burglar 절도범
burger 버거

A burglar went to her house and ate a burger.
절도범이 그녀의 집에 와서 버거를 먹었다.

Chapter 3
Cc

n 명사

v 동사

a 형용사

ad 부사

art 관사

aux 조동사

int 감탄사

pron 대명사

prep 전치사

conj 접속사

Cc | cabinet ~ custom

cabinet n 보관함

cabinet 보관함
cabin 오두막

One cabinet in my uncle's cabin terrifies me.
내 삼촌의 오두막에 있는 보관함은 나를 무섭게 만든다.

자주 출제되는 단어
▶ **cabin** n 오두막
a cabin in the woods
숲속의 오두막

cabin
오두막

terrify
무섭게 하다

blood-curding
살벌한

cable n 케이블

cable 케이블
able ~할 수 있는

He is not able to hook up a cable on his own.
그는 스스로 케이블을 연결할 수 없다.

자주 출제되는 단어
▶ **cable TV** 유선 방송
He is unable to watch cable TV.
그는 유선 방송을 볼 줄 모른다.

plug
플러그

indignation
분노

calculate Ⅴ 계산하다

calculate 계산하다
circulate 순환하다

When calculating the money,
his blood circulates fast.
돈을 계산할 때, 그의 피는 빠르게 순환한다.

자주 출제되는 단어

▶ **calculator** ⓝ 계산기
He doesn't need a calculator.
그는 계산기가 필요 없다.

high blood pressure
고혈압

tonometer
입력계

C

calendar ⓝ 달력

calendar 달력
lend 빌려주다

She lends me an incorrect
calendar.
그녀는 정확하지 않은 달력을 나에게 빌려준다.

campaign ⓝ 선거운동

campaign 선거운동
camper 캠핑용 자동차

He lives in a camper during
his campaign.
그는 자신의 선거운동 동안 캠핑용 자동차에서
산다.

cancel Ⓥ 취소하다

cancel 취소하다
cancer 암

She wants to cancel her cancer exam.
그녀는 암 검사를 취소하고 싶어 한다.

자주 출제되는 단어

▶ **cancellation** Ⓝ 취소
the cancellation of an exam
검사 취소

examination
검사, 시험

resistant
저항

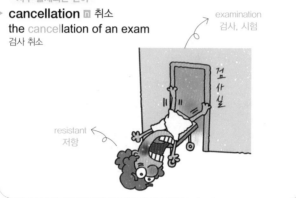

candidate Ⓝ 후보자

candidate 후보자
intimidate 겁을 주다

This candidate feels intimidated.
이 후보자는 무서움을 느낀다.

canoe Ⓝ 카누

canoe 카누
can ~할 수 있다
toe 발가락

Can you see toes on the canoe?
카누에 발가락이 보이시나요?

capable a 유능한

capable 유능한
cap 모자

He is capable of making a cap.
그는 모자 만드는 것에 유능하다.

자주 출제되는 단어

▶ **capability** n 능력
the capability of making a cap
모자 만드는 능력

▶ **incapable** a 무능한
He is incapable of making socks.
그는 양말 만드는 것에 무능하다.

capacity n 수용력, 용량

capacity 수용력, 용량
cap 모자

This cap has the capacity of two cats.
이 모자는 두 마리 고양이를 수용할 능력을 갖고 있다.

capital n 자금

capital 자금
hospital 병원

You need a lot of capital to build a hospital.
병원을 짓기 위해서는 많은 자금이 필요하다.

자주 출제되는 단어

▶ **capitalism** n 자본주의
Capitalism is a popular system.
자본주의는 대중적인 체제이다.

capsule 🅝 캡슐

capsule 캡슐
cap 모자

This cap is full of capsules.
이 모자는 캡슐로 가득하다.

captain 🅝 선장

captain 선장
sustain 지탱하다. 견디다

The captain is the only one sustaining the pole from falling.
선장은 기둥이 넘어지는 것을 지탱하고 있는 유일한 사람이다.

career 🅝 경력

career 경력
care 신경 쓰다

He cares about his career.
그는 자신의 경력에 신경을 쓴다.

cargo 🅝 화물

cargo 화물
car 차

The sport cars are the main item of this cargo.
스포츠카는 화물의 주요 물품이다.

carnival 🅝 카니발

carnival 카니발
festival 축제

The carnival is the most famous festival here.
카니발은 이곳에서 가장 유명한 축제이다.

cartoon ⓝ 만화

cartoon 만화
moon 달

The moon is annoying in this cartoon.
이 만화에서는 달이 성가시다.

자주 출제되는 단어

▶ **cartoonist** ⓝ 만화가
This cartoonist is
not romantic.
이 만화가는 로맨틱하지 않다.

cash ⓝ 돈, 현금

cash 돈, 현금
wash 세탁하다

This woman's cash was washed by accident.
이 여성의 현금이 실수로 세탁되었다.

자주 출제되는 단어

▶ **cashier** ⓝ 출납원
The cashier can't take
his cash.
출납원은 그의 현금을 가져갈 수 없다.

▶ **cash register** 금전 등록기
The cashier is standing
behind the cash register.
그 출납원은 금전 등록기 뒤에 서있다.

catalogue ⓝ 목록

catalogue 목록
cat 고양이 / a 하나의 / log 통나무

He tries to buy his cat a log
from the catalogue.
그는 자신의 고양이에게 상품 목록에서 통나무
를 사주려고 한다.

category 🄝 범주

category 범주
cat 고양이

There are different categories of logs for cats.
고양이를 위한 다양한 종류의 통나무가 있다.

자주 출제되는 단어

▶ **categorize** 🅥 분류하다
Categorize logs for
different purposes.
다양한 용도로 통나무를 분류하다.

encyclopaedia
백과사전

arrogant
거만한

cause 🄝 원인

cause 원인
pause 중단

What is the cause of the
pause?
중단한 원인은 무엇인가요?

cavity 🄝 충치

cavity 충치
cave 동굴

The man by the cave has a
cavity in his tooth.
동굴 옆에 있는 남자는 충치가 있다.

cease ⓥ 끝나다, 중단하다

cease 끝나다, 중단하다
lease 임대 계약

At least this lease will cease soon.
이 임대 계약은 곧 끝날 것이다.

자주 출제되는 단어

▶ **ceaseless** ⓐ 끊임없는
This house is having
ceaseless noise.
이 집은 끊임없는 소음이 일어나고 있다.

celebrate ⓥ 축하하다

celebrate 축하하다
accelerate 가속하다

He accelerated in order to celebrate his birthday on time.
그는 그의 생일을 제시간에 축하하기 위해 가속했다.

자주 출제되는 단어

▶ **celebration** ⓝ 축하
a birthday celebration
생일 축하

celebrity ⓝ 유명인

celebrity 유명인
celebrate 축하하다

A celebrity is celebrating her birthday.
유명인이 그녀의 생일을 축하하고 있다.

cello n 첼로

cello 첼로
cell phone 핸드폰

Someone's cell phone rang, when
he was playing the cello.
그가 첼로를 연주하고 있을 때, 누군가의 핸드폰이 울렸다.

▶ **cellist** n 첼리스트
He is an angry cellist.
그는 화가 난 첼리스트이다.

Celsius a 섭씨의

Celsius 섭씨의
cell 전지
us 우리

His cell phone tells us that it
is -10 Celsius now.
그의 핸드폰이 우리에게 지금 섭씨 -10도라고
알려준다.

census n 인구조사

census 인구조사
consensus 일치

The census is in consensus
with my previous guess.
인구조사는 나의 이전 추측과 일치한다.

ceremony n 의식

ceremony 의식
harmony 조화

The ceremony is in harmony.
의식이 조화롭다.

certainly [ad] 분명히

certainly 분명히
certify 보증하다

She is certainly a certified nurse.
그녀는 분명히 보증된 간호사이다.

자주 출제되는 단어

▶ **certain** [a] 확신하는
Are you certain that she is a nurse?
당신은 그녀가 간호사라는 것을 확신합니까?

responsible
책임이 있는

flustered
당황한

certify [v] 보증하다

certify 보증하다
certainly 분명히

She is certainly a certified nurse.
그녀는 분명히 보증된 간호사이다.

자주 출제되는 단어

▶ **certificate** [n] 증명서
The certificate is still valid.
그 증명서는 여전히 유효하다.

ceremony
의식

host
진행자

award-winning
수상

challenge ⓝ 도전

challenge 도전
revenge 복수

This challenge has become revenge.
이 도전은 복수가 되었다.

자주 출제되는 단어
▶ **challenging** ⓐ 도전적인
a challenging game
도전적인 경기

revenge
복수

massif
대산괴

champion ⓝ 우승자

champion 우승자
champagne 샴페인

The champagne is prepared for the champion.
샴페인은 우승자를 위해 준비되었다.

자주 출제되는 단어
▶ **Championship** ⓝ 선수권 대회

**He won the championship
in the contest.**
그는 선수권 대회에서 우승했다.

competition
경기

reward
보상

drunk
취한

audience
관중

와인 대회
이겼다!

character n 캐릭터

character 캐릭터
actor 배우

This actor often becomes the character he plays.
이 배우는 종종 그가 연기하는 캐릭터가 된다.

자주 출제되는 단어

▶ **characteristic** a 특유의 n 특성
He has special characteristics.
그에게는 특별한 특성이 있다.

murmur
중얼거림

skeleton
해골

pajamas
잠옷

charge n 담당자

charge 담당자
large 큰

She is in charge of a large store.
그녀는 큰 상점의 담당자이다.

chase v 뒤쫓다

chase 뒤쫓다
purchase 구매하다

She chases through the store to purchase her dream bag.
그녀는 자신의 꿈의 가방을 구매하기 위해 상점을 추적 중이다.

check ⓝ 검사

check 검사
cheek 볼

I need someone to check my cheeks.
나는 내 볼을 검사해줄 누군가가 필요하다.

자주 출제되는 단어

▶ **check in** 체크인
**Do you want to check in
or check out?**
체크인하거나 체크아웃하시겠어요?

▶ **check out** 체크아웃
**Do you want to check in
or check out?**
체크인하거나 체크아웃하시겠어요?

cheer ⓥ 응원하다

cheers 응원하다
cheese 치즈

She cheers for the good cheese.
그녀는 좋은 치즈를 위해 응원한다.

자주 출제되는 단어

▶ **cheerful** ⓐ 활기찬
She is a cheerful girl.
그녀는 활기찬 소녀이다.

chef ⓝ 주방장

chef 주방장
cheek 볼

**He is checking the chef's
cheek.**
그는 주방장의 볼을 검사하고 있다.

chopsticks 🅝 젓가락

chopsticks 젓가락
chop 자르다

He chops sticks, because he needs a pair of chopsticks.
그는 한 쌍의 젓가락이 필요하기 때문에 막대기를 자른다.

chore 🅝 집안일

chore 집안일
chose 선택하다

He chose not to do any chores.
그는 어떠한 집안일도 하지 않기로 했다.

choreography 🅝 안무

choreography 안무
chore 집안일

She is doing chores, and choreography at the same time.
그녀는 집안일을 하면서 동시에 안무도 하고 있다.

cinnamon 🅝 계피

cinnamon 계피
cinema 영화관

This cinema's film is about his story under a cinnamon tree.
이 영화는 계피나무 아래 있는 그의 이야기에 관한 것이다.

circle 🆅 둘러싸다

circle 둘러싸다
circus 서커스

The waiting line circles around the circus.
대기 줄이 서커스 주변을 둘러싸고 있다.

circuit [n] 회로

circuit 회로
circus 서커스

He is fixing the circuit in the circus.
그는 서커스에서 회로를 고치고 있다.

circulate [v] 순환하다

circulate 순환하다
calculate 계산하다

When calculating the money, his blood circulates fast.
돈을 계산할 때, 그의 피는 빠르게 순환한다.

자주 출제되는 단어

▶ **circulation** [n] 순환
the circulation of blood
혈액의 순환

▶ **circulatory system**
순환계

His circulatory system is working well.
그의 순환계는 잘 움직이고 있다.

blood pressure
혈압

circumstance [n] 환경

circumstance 환경
instance 예시

Your need to run in some circumstances, for instance, now.
너가 뛰어야 할 상황들이 있는데, 예를 들자면 지금이다.

claim ⓥ 주장하다, 요구하다

claim 주장하다, 요구하다
clam 조개

He claimed that this clam is his.
그는 이 조개가 그의 것이라고 주장했다.

자주 출제되는 단어

▶ **baggage claim** 수하물 찾는 곳
To claim your baggage
at the baggage claim.
수하물 찾는 곳에서 짐을 찾다.

pearl
진주

luggage
수하물

consign
맡기다

내 진주!

class ⓝ 등급

class 등급
mass 덩어리

This mass is a high-class secret of the nation.
이 덩어리는 국가의 고급 기밀이다.

자주 출제되는 단어

▶ **classify** ⓥ 분류하다
classified as top secret
고급 기밀로 분류하다

▶ **classification** ⓝ 분류
the classification of secrets
기밀의 분류

classic ⓐ 고전의

classic 고전의
class 수업

They read a lot of classic books in this class.
그들은 이 수업에서 많은 고전 책을 읽는다.

자주 출제되는 단어
▶ **classical** ⓐ 고전적인
This is a classical play.
이것은 고전적인 연극이다.

legend
전설

concentrated
집중한

audience
관중

clause ⓝ 조항

clause 조항
pause 멈추다

They have to pause while drafting this clause.
그들은 이 조항을 구상하는 동안 멈추어야 했다.

clear ⓐ 분명한

clear 분명한
clearance 재고 정리

It is very clear that they are having a clearance sale.
그들이 재고 정리 세일을 하고 있다는 것은 매우 분명하다.

자주 출제되는 단어
▶ **clearance** ⓝ 재고 정리
a clearance sale
재고 정리 세일

clerk ⓝ 직원

clerk 직원
clock 시계

These two clerks are staring at the clock.
두 명의 직원이 시계를 쳐다보고 있다.

client ⓝ 고객

client 고객
alien 외계인

One of his clients is an alien.
그의 고객 중 하나는 외계인이다.

climax ⓝ 절정

climax 절정
climate 기후

The extreme climate has reached its climax.
극한 기후가 절정에 달했다.

close ⓥ (간격을) 좁히다

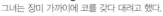

close (간격을) 좁히다
rose 장미

She tries to get her nose close to the roses.
그녀는 장미 가까이에 코를 갖다 대려고 했다.

자주 출제되는 단어

▶ **closed** ⓐ 비공개의
Her secret is a closed file.
그녀의 비밀은 비공개이다.

bouquet
부케

coach ⓝ 코치
coach 코치
couch 소파

There is a snake on the coach's couch.
코치의 소파 위에 뱀이 있다.

code ⓝ 암호
code 암호
come 오다

He comes to break the secret code.
그는 비밀 암호를 풀기 위해 온다.

cogitate ⓥ 생각하다
cogitate 생각하다
meditate 명상하다

He meditates when he needs to cogitate.
그는 생각이 필요할 때 명상한다.

뭘 선택할래요?

cohere ⓥ 밀착하다

cohere 밀착하다
here 여기

His pants cohere with the floor here.
그의 바지가 여기 바닥에 붙었다.

자주 출제되는 단어

▶ **cohesive** ⓐ 점착성이 있는
The floor is cohesive.
이 바닥은 점착성이 있다.

▶ **cohesion** ⓝ 점착, 결합
the cohesion between his shoes and the floor.
그의 신발과 바닥 사이의 점착

collaborate v 협력하다

collaborate 협력하다
elaborate 정성 들여 만들어내다

They have to collaborate in order to elaborate a lie.
그들은 거짓말을 만들어내기 위해 협력해야만 한다.

자주 출제되는 단어

▸ **collaboration** n 협력
the collaboration of two people
두 사람의 협력

collateral n 담보물

collateral 담보물
later 후에

A year later, the bank came to collect the collateral.
일 년 후에 은행이 담보물을 징수하기 위해 왔다.

자주 출제되는 단어

▸ **collateralize** v 담보로 보증하다
The house was collateralized
그 집은 담보로 잡혀 있었다.

colleague n 동료

colleague 동료
league 연맹

My colleagues and I form a league.
동료들과 나는 연맹을 형성한다.

collect ☑ 수집하다

collect 수집하다
correct 올바른

It is not correct for anyone to collect stamps this way.
이 방법으로 우표를 수집하는 것은 누구에게나 올바르지 않다.

자주 출제되는 단어
▶ collection ⋒ 수집
He has a good collection of stamps.
그는 우표 수집을 잘한다.

저기, 우편은요?

호

post officer
집배원

postcard
엽서

collide ☑ (의견이) 충돌하다

collide (의견이) 충돌하다
college 대학

These two colleges collide over an issue.
이 두 대학은 쟁점을 두고 의견이 충돌한다.

자주 출제되는 단어
▶ collision ⋒ 충돌
the collision between two colleges
두 대학 사이의 충돌

머인대학

합병반대

protest
반대하다

merge
합병하다

combat 🄝 전투

combat 전투
bat 박쥐

They have a combat with bats.
그들은 박쥐와 전투를 한다.

자주 출제되는 단어

▶ **combative** 🄐 전투적인
They are combative people.
그들은 전투적인 사람들이다.

angry
화난

primitive
원시의

combine 🅥 결합하다, 합치다

combine 결합하다, 합치다
comb 빗

This thing combines a comb and shampoo.
이것은 빗과 샴푸를 결합한 것이다.

자주 출제되는 단어

▶ **combination** 🄝 결합
It is a combination of a comb and shampoo.
이것은 빗과 샴푸의 결합이다.

shower
샤워

bubble
거품

comedian n 코미디언

comedian 코미디언
income 수입

The comedian makes a good income.
코미디언은 수입이 좋다.

자주 출제되는 단어
▶ **comedy** n 코미디
He plays in many comedies.
그는 많은 코미디에 출연한다.

ardently
열렬히

performer
공연자

comfort n 편안함

comfort 편안함
come 오다

He comes here to look for some comfort.
그는 편안함을 찾기 위해 이곳에 온다.

자주 출제되는 단어
▶ **comfortable** a 편안한
It is so comfortable.
그것은 정말 편안하다.

doze
졸다

저것 좀 봐.

classmates
반 친구

commend ⓥ 맡기다

commend 맡기다
recommend 추천하다

They recommend**ed that I** commend **my son to her care.**
그들은 내 아들을 그녀의 보살핌에 맡길 것을 추천했다.

자주 출제되는 단어

▶ **commendable** ⓐ 추천할만한
Is she a commend**able person?**
그녀는 추천할만한 사람인가요?

babysitter
베이비 시터

nanny
유모

commerce ⓝ 상업

commerce 상업, 무역
commercial 광고

Our commerce **has increased due to the** commercial**.**
광고 덕분에 우리의 무역이 증가했다.

commission ⓝ 수수료

commission 수수료
mission 임무

He earns a commission **on every** mission**.**
그는 모든 임무에 수수료를 받는다.

commit Ⓥ 저지르다

commit 저지르다
vomit 토하다

He has committed a crime by vomiting on president's shoes.
그는 대통령의 신발에 토를 하는 죄를 저질렀다.

자주 출제되는 단어
▶ **commitment** Ⓝ 저지름, 범행
the commitment of a crime
범죄를 저지름

irate
격노한

vomit
토하다

committee Ⓝ 위원회

committee 위원회
commit 저지르다

The crime he committed has been discussed in this committee.
그가 저지른 죄는 위원회에서 논의되었다.

communicate Ⓥ 의사소통하다

communicate 의사소통하다
community 단체

No one communicates in this community.
아무도 이 단체와 의사소통하지 않는다.

자주 출제되는 단어
▶ **communication** Ⓝ 소통
no communication
between people
사람 간의 소통이 없음.

commute ⓥ 통학하다

commute 통학하다
mute 말을 못 하는

She commutes with her mute friend every day.
그녀는 매일 말을 못 하는 친구와 함께 통학한다.

자주 출제되는 단어

▶ **commuter** ⓝ 통근자
They are commuters.
그들은 통근자이다.

commuter
통근자

companion ⓝ 친구

companion 친구
company 회사

My companion and I work for the same company.
내 친구와 나는 같은 회사에서 일한다.

자주 출제되는 단어

▶ **companionship** ⓝ 교제
a companionship of two years
2년의 교제

pet
애완동물

compatible
ⓐ 양립할 수 있는

compatible 양립할 수 있는(맞는)
pat 쓰다듬다

Patting a cat is not compatible
with his personality.
고양이를 쓰다듬는 것은 그의 성격과 맞지 않는다.

compensate ☑ 보상하다

compensate 보상하다
pen 펜

I will compensate you for this pen.
나는 이 펜에 대해서 너에게 보상하겠다.

자주 출제되는 단어

▶ **compensation** ⋒ 보상
the compensation for the pen
펜에 대한 보상

▶ **compensatory** ⓐ 보상의
compensatory system
보상 시스템

compete ☑ 경쟁하다

compete 경쟁하다
complete 완전한

They have completed competing with each other.
그들은 서로 경쟁하는 것을 끝냈다.

자주 출제되는 단어

▶ **competitor** ⋒ 경쟁자
Peter is her competitor.
피터는 그녀의 경쟁자이다.

▶ **competition** ⋒ 경쟁
They like competitions.
그들은 경쟁을 좋아한다.

▶ **competitive** ⓐ 경쟁적인
He is a competitive person.
그는 경쟁적인 사람이다.

race
경주

hurdle
허들

competent ⓐ 유능한

competent 유능한
patent 특허

To hold a patent shows that he is a competent person.
특허를 갖고 있다는 것은 그가 유능한 사람이라는 것을 보여준다.

자주 출제되는 단어

▶ **competence** ⓝ 능력
to show his competence
그의 능력을 보여주다.

▶ **incompetent** ⓐ 무능한
He used to be an incompetent person.
그는 무능한 사람이었다.

▶ **incompetence** ⓝ 무능력
to overcome his incompetence.
그의 무능력을 극복하다.

compile ⓥ 편집하다

compile 편집하다
pile 더미

He is compiling piles of data.
그는 자료 더미를 편집하고 있다.

complain ⓥ 불평하다

complain 불평하다
explain 설명하다

Can someone explain what he is complaining about?
그가 불평하고 있는 것에 대해 누군가가 설명할 수 있나요?

complement n 보완물

complement 보완물
implement 수행하다

He needs some complement to implement his work.
그는 자신의 작업을 수행하기 위해 약간의 보완물이 필요하다.

자주 출제되는 단어
▶ **complementary** a 보완적인

complementary equipment
보완적인 장비

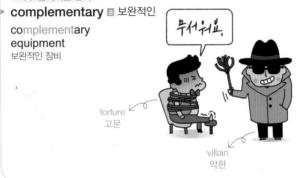

torture
고문

villain
악한

complete v 끝내다, 완성하다

complete 끝내다, 완성하다
compete 경쟁하다

They have completed competing with each other.
그들은 서로 경쟁하는 것을 끝냈다.

자주 출제되는 단어
▶ **completely** ad 완전히
The game is completely over.
그 게임은 완전히 끝났다.

rival
경쟁자

strive
노력하다

compete
경쟁하다

complicate ⓥ 복잡하게 하다

complicate 복잡하게 하다
delicate 섬세한, 민감한

Handling such a delicate thing is complicated.
그런 섬세한 것을 다루는 일은 복잡하다.

자주 출제되는 단어

▶ **complicated** ⓐ 복잡한
a complicated situation
복잡한 상황

▶ **complication**
ⓝ 복잡한 것, 복잡
This adds a complication.
이것은 복잡한 문제를 가중시킨다.

compliment ⓝ 칭찬

compliment 칭찬
comply 지키다

He gave us a compliment for complying with the rules.
그는 우리에게 규칙을 지키는 것에 대해 칭찬했다.

comply ⓥ 지키다

comply 지키다
imply 암시하다, 함축하다

He implies that we need to comply with the rules.
그는 우리가 규칙을 지켜야 할 필요가 있다고 암시한다.

자주 출제되는 단어

▶ **compliance** ⓝ 준수, 따르기
to be in compliance
with the rules
규칙을 준수하다

component n 부품, 성분

component 부품, 성분
opponent 경쟁자

His opponent stole a
component of his robot.
그의 경쟁자가 그의 로봇의 부품을 훔쳤다.

compose v 작곡하다

compose 작곡하다
propose 청혼하다

He composed a song in order to propose to her.
그는 그녀에게 청혼하기 위해 노래를 작곡했다.

자주 출제되는 단어

▶ **composer** n 작곡가
He wants to be a composer.
그는 작곡가가 되고 싶어 한다.

▶ **composition** n 작곡
a musical composition
음악 작곡

comprehend v 이해하다

comprehend 이해하다
compress 꽉 누르다, 압축하다

When she compresses her lips, I can't
comprehend her.
그녀가 입술을 꼭 다물고 있을 때, 나는 그녀를 이해할 수 없다.

자주 출제되는 단어

▶ **comprehensive** a 종합적인
a comprehensive understanding
종합적인 이해

▶ **comprehension** n 이해
Her words are beyond my
comprehension.
그녀의 말은 이해할 수 없다.

comprehensive [a] 포괄적인

comprehensive 포괄적인
apprehensive 걱정하는

She is apprehensive **that her son can't get**
comprehensive **care.**
그녀는 아들이 포괄적인 보살핌을 받지 못하는 것을 걱정한다.

자주 출제되는 단어

▶ **comprehend** [v] 이해하다
Her fear is easy to comprehend.
그녀의 두려움은 이해하기 쉽다.

▶ **comprehension** [m] 이해

the comprehen**sion of her fear**
그녀의 두려움에 대한 이해

compress [v] 꾹 누르다

compress 꾹 누르다
comprehend 이해하다

When she compre**sses her lips, I can't**
compre**hend her.**
그녀가 입술을 꾹 다물고 있을 때, 나는 그녀를 이해할 수 없다.

자주 출제되는 단어

▶ **compression** [m] 억제, 압축
compre**ssion of emotions**
감정의 억제

comprise
[v] ~으로 구성되다

comprise ~으로 구성되다
surprise 놀라게 하다

I am surprise**d that this**
enter**prise com**prise**s many**
doctors.
나는 이 기업이 많은 의사들로 구성되어 있다는
것에 놀랐다.

109

compromise ⓝ 타협

compromise 타협
promise 약속하다

He promised to make a compromise with her.
그는 그녀와 타협하기로 약속했다.

자주 출제되는 단어

▶ compromising ⓐ 평판을 떨어뜨리는
compromising oneself
자신의 평판을 떨어뜨리다.

coax
달래다

business woman
여성 사업가

househusband
가사를 전업으로 하는 남편

concede
ⓥ 허용하다, 인정하다

concede 허용하다. 인정하다
proceed 진행하다

The boss conceded them the right to proceed with the strike.
사장은 그들에게 파업을 진행할 권리를 허용했다.

conceive ⓥ 임신하다

conceive 임신하다
receive 받다

The test she received shows that she conceived a baby.
그녀가 받은 검사는 그녀가 임신했다는 것을 보여준다.

concentrate v 집중하다

concentrate 집중하다
frustrate 짜증나는

He is frustrated that he can't concentrate on his work.
그는 일에 집중할 수 없어서 짜증났다.

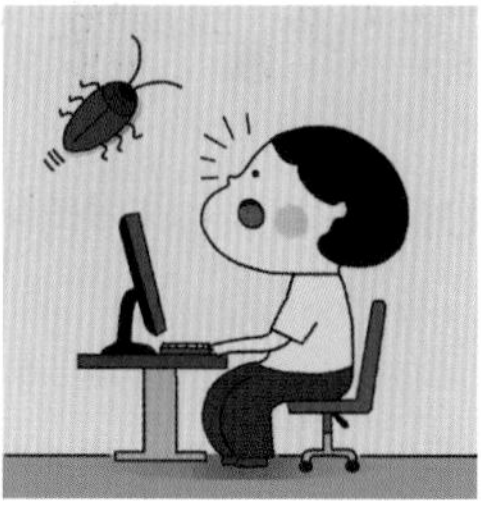

자주 출제되는 단어

▸ **concentration** n 집중

His work requires concentration.
그의 일은 집중을 요한다.

concept n 개념

concept 개념
reception 환영회

The concept of a reception is to welcome people.
환영회의 개념은 사람들을 맞이하는 것이다.

자주 출제되는 단어

▸ **conception** n 개념

the conception of the reception
환영회의 개념

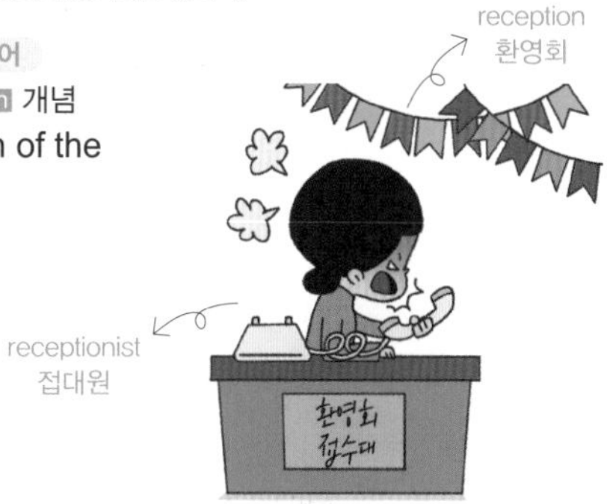

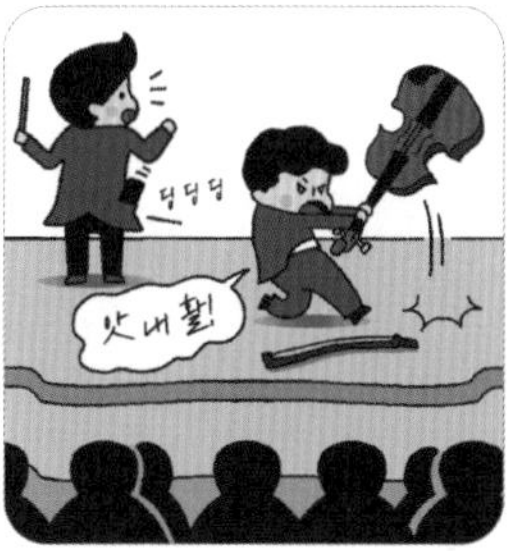

concern v 걱정하다

concern 걱정하다
concert 콘서트

I am concern about this concert.
나는 이 콘서트에 대해 걱정한다.

concise ⓐ 간결한

concise 간결한
concierge 관리인

The concierge gave everyone a concise response.
관리인은 모두에게 간결한 대답을 주었다.

conclude ⓥ 결론짓다

conclude 결론짓다
exclude 배제하다, 쫓아내다

We concluded that he was excluded from this company.
우리는 그가 이 회사로부터 쫓겨났다고 결론지었다.

자주 출제되는 단어

▶ **conclusion** ⓝ 결론
We have made a conclusion.
우리는 결론을 지었다.

lay off
일시 해고

pack
보따리, 짐

employee
고용인

condense ⓥ 농축하다

condense 농축하다
dense 밀집한

He passes a dense crowd to buy condensed milk.
그는 연유를 사기 위해 밀집한 사람들을 통과한다.

condition n 상황

condition 상황
expedition 탐험

The condition of this expedition is not good.
이 탐험의 상황은 좋지 않다.

자주 출제되는 단어

▸ **conditional** a ~에 달려있는
The expedition is conditional on good weather.
그 탐험은 좋은 날씨에 달려있다.

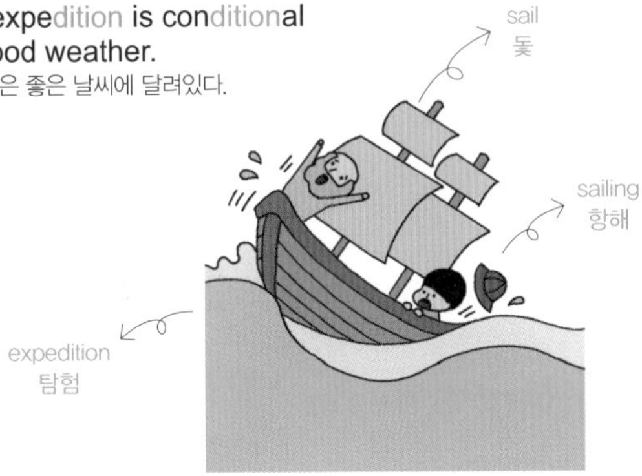
sail
돛
sailing
항해
expedition
탐험

conduct v 담당하다

conduct 담당하다
product 제품

He conducts the production of the product.
그는 그 제품의 생산을 담당한다.

자주 출제되는 단어

▸ **conductor** n 지휘자
He is also a conductor.
그는 또한 지휘자이다.

▸ **conductive** a 전도성의
Copper wire is electrically conductive.
구리선은 전기 전도성이 있다.

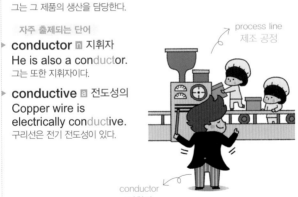

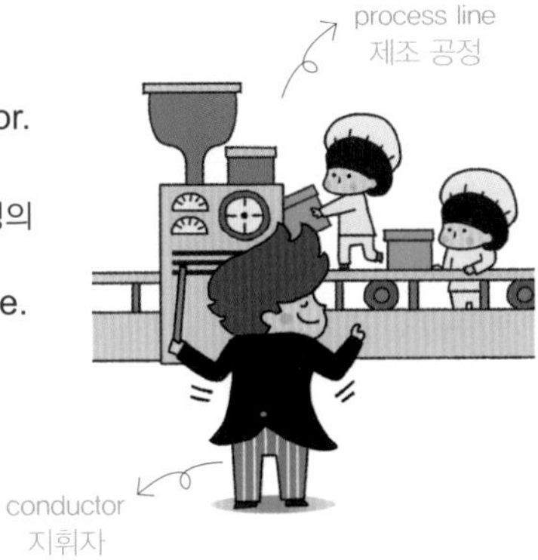
process line
제조 공정
conductor
지휘자

confer ⓥ 상의하다

confer 상의하다
prefer 바라다, 선호하다

I prefer that we don't confer with him about our problem.
나는 우리가 우리의 문제에 대해 그와 상의하지 않기를 바란다.

자주 출제되는 단어

▸ **conference** ⓝ 회의
He is waiting for us at the conference room.
그는 우리를 회의실에서 기다리고 있다.

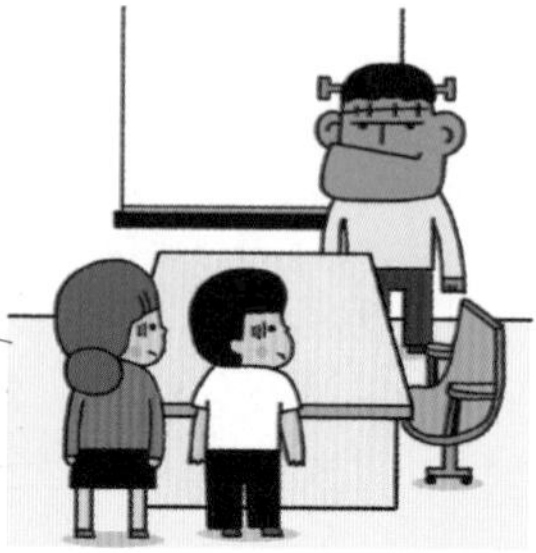
conference room
회의룸

confident ⓐ 자신 있는

confident 자신 있는
fiddle (구어) 바이올린

He is confident in playing the fiddle.
그는 바이올린 연주에 자신이 있다.

자주 출제되는 단어

▸ **confidence** ⓝ 자신감
He has confidence in playing fiddle.
그는 바이올린 연주하는 것에 자신감이 있다.

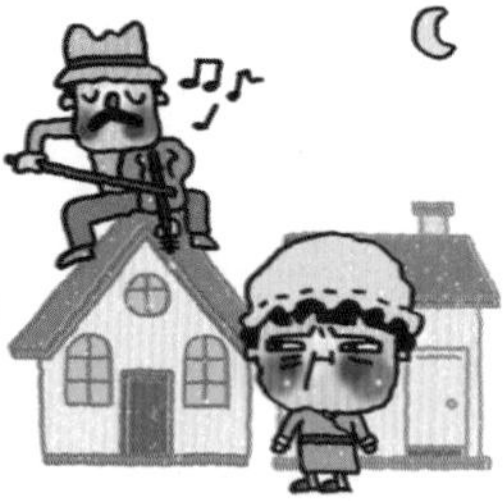
nightmare
악몽

▸ **confidential** ⓐ 비밀의
Where he got that fiddle is confidential.
그가 그 바이올린을 어디서 갖게 된 것인지는 비밀이다.

▸ **confidentiality** ⓝ 비밀성
Sign the confidentiality agreement.
비밀 협정에 서명하십시오.

confirm ⓥ 확인하다

confirm 확인하다
firm 농장

It is confirmed that this firm will close soon.
이 농장은 곧 문을 닫는다는 것이 확인되었다.

자주 출제되는 단어

▸ **confirmation** ⓝ 확인
confirmation from the boss
사장으로부터의 확인

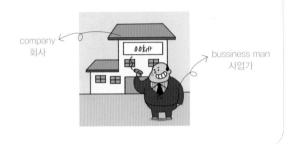

company
회사

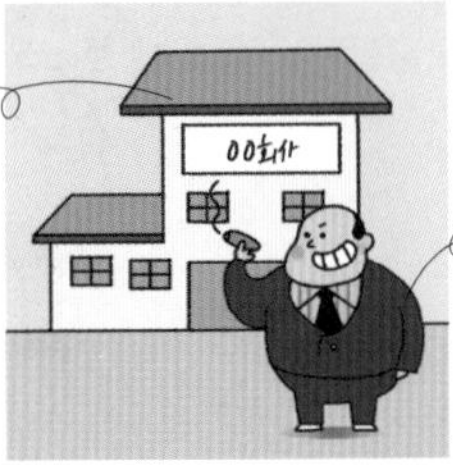

bussiness man
사업가

C

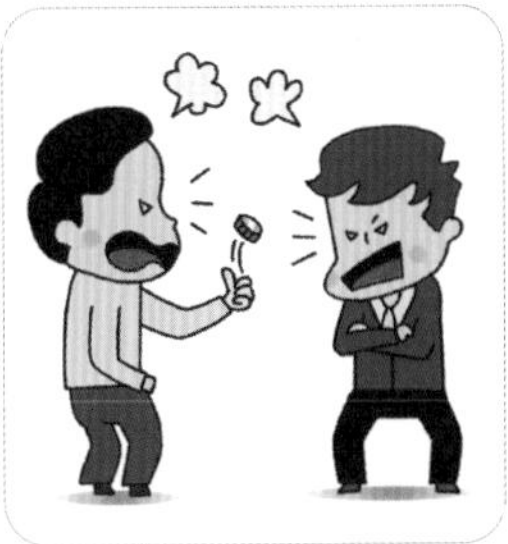

conflict ⓝ 다툼

conflict 다툼
flip 동전을 던지다

He flips a coin every time he has a conflict with others.
그는 다른 사람과 다툼을 할 때마다 매번 동전을 던진다.

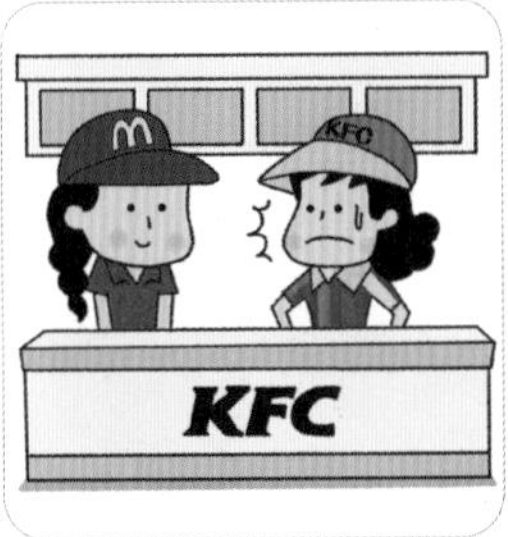

conform ⓥ 일치하다

conform 일치하다
uniform 유니폼

This uniform conforms to the one from her former job.
이 유니폼은 그녀의 이전 직장의 것과 일치한다.

congest ⓥ 가득 차다

congest 가득 차다
digest 소화하다

He was congested with food, therefore he digested slowly.
그는 음식으로 (배가) 가득 찼고, 천천히 소화되었다.

자주 출제되는 단어

▶ **congested** ⓐ 가득한
It is congested.
그것은 가득 찼다.

▶ **congestion** ⓝ 밀집
congestion with food.
음식으로 가득 참

배불러

digest
소화하다

congratulate ⓥ 축하하다

congratulate 축하하다
graduate 졸업하다

I would like to congratulate you on your graduation!
나는 너의 졸업을 축하하고 싶어!

자주 출제되는 단어

▶ **congratulation** ⓝ 축하
Congratulations on your graduation!
졸업을 축하해!

축 졸업

kindergarten
유치원

connect v 연결하다

connect 연결하다
correct 옳은, 맞는

This is not correct to connect these two things.
이 두 가지를 연결하는 것은 옳지 않다.

자주 출제되는 단어

- **connection** n 연결
  the connection between them
  그들 간의 연결

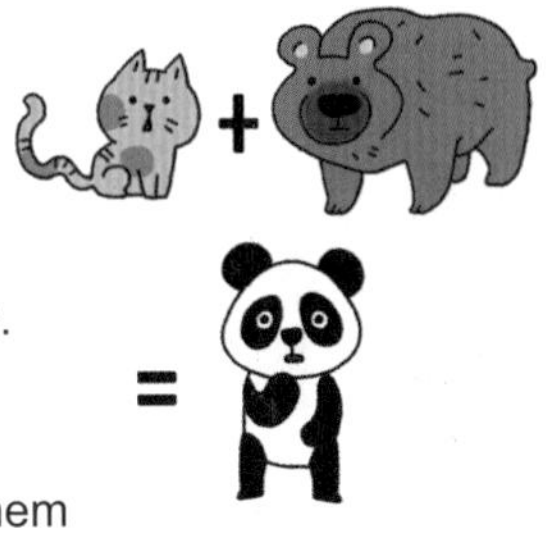

- **disconnect** v 연락을 끊다
  You need to disconnect them.
  너는 그들과 연락을 끊을 필요가 있다.
- **disconnection** n 단절
  the disconnection between them
  그들 사이의 단절

conquer v 극복하다, 정복하다

conquer 극복하다, 정복하다
liquor 술

Mr. Li conquered his fear of liquors.
Li 씨는 그의 술에 대한 두려움을 극복했다.

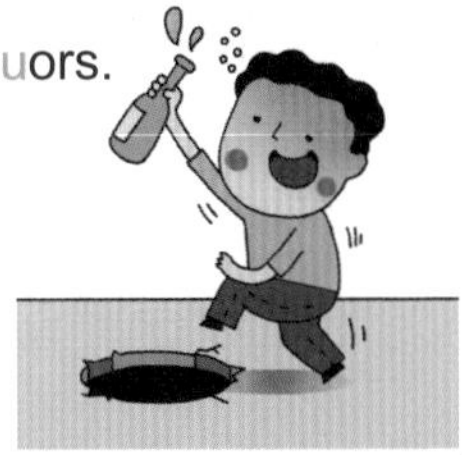

자주 출제되는 단어

- **conqueror** n 정복자
  He is a conqueror.
  그는 정복자이다.

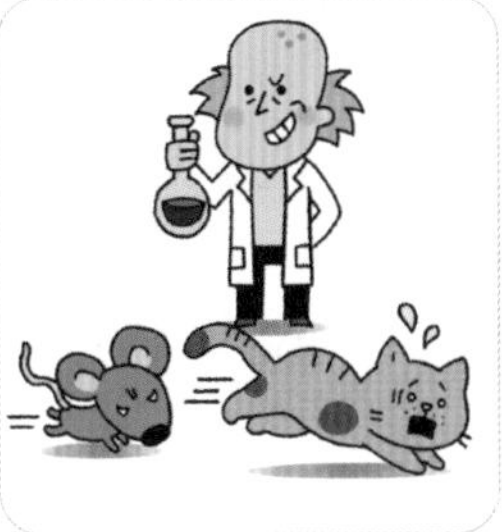

conscience n 양심

conscience 양심
science 과학

It is hard to conduct this science experiment with a good conscience.
선한 양심을 갖고 이 과학 실험을 수행하는 것은 어렵다.

consecutive a 연속적인

consecutive 연속적인
executive 임원

This executive is absent for
five consecutive days.
이 임원은 연속 5일간 결석하고 있다.

consensus n 일치

consensus 일치
census 인구조사

The census is in consensus
with my previous guess.
그 인구조사는 나의 이전 추측과 일치한다.

conservative a 보수적인

conservative 보수적인
preservative 방부제

He is conservative regarding
using preservatives.
그는 방부제를 사용하는 것에 보수적이다.

conserve v 보존하다

conserve 보존하다
deserve ~할 가치가 있다

It deserved to be well conserved.
그것은 충분히 보존될 만한 가치가 있다.

자주 출제되는 단어

▶ **conservation** n 보호
the conservation of her dog
그녀의 강아지 보호

consider Ⓥ 간주하다, 숙고하다

consider 간주하다, 숙고하다
outsider 외부인

He is being considered as an outsider.
그는 외부인으로 간주되고 있다.

자주 출제되는 단어

▶ **considerable** ⓐ 적지 않은, 상당한
He lived here for a considerable time.
그는 적지 않은 시간 동안 이곳에 살았다.

▶ **consideration** ⓝ 고려
Moving away is under his consideration.
이사 가는 것은 그의 고려 중에 있다.

consign Ⓥ 맡기다

consign 맡기다
sign 서명하다

This thing was consigned to you, please sign.
이것은 당신에게 맡겨진 것이니 서명해주시기 바랍니다.

자주 출제되는 단어

▶ **consignee** ⓝ 수탁자
You are the consignee.
당신은 수탁자이다.

consignee
수탁자

scream
비명을
지르다

consolidate V 합병하다, 결합하다

consolidate 합병하다, 결합하다
solid 견고한

We consolidated two solid companies.
우리는 견고한 두 회사를 합병했다.

자주 출제되는 단어

- **consolidation** n 합병
  the consolidation of two companies
  두 회사의 합병

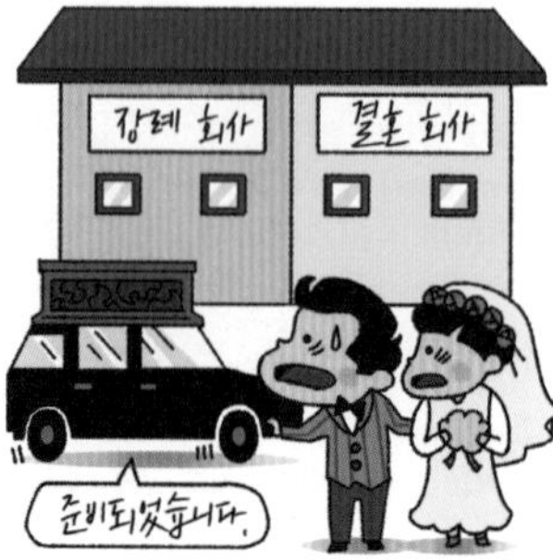

mistake
실수

conspire V 음모를 꾸미다

conspire 음모를 꾸미다
spy 스파이

I feel these two spies conspired against me.
나는 이 두 스파이가 나에게 음모를 꾸몄다고 느낀다.

자주 출제되는 단어

- **conspiracy** n 음모
  They are working on a conspiracy.
  그들은 음모를 꾸미고 있다.
- **conspirator** n 음모자
  They are conspirators.
  그들은 음모자이다.

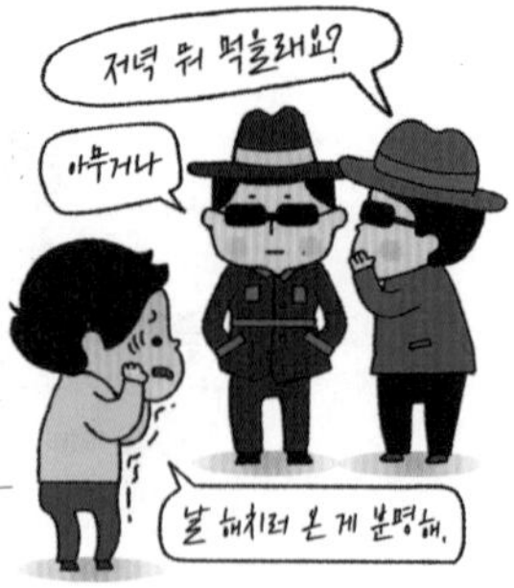

plot
음모

constant @ 끊임없는

constant 끊임없는
instant 즉각적인

He is tired of the constant noise,
and asks for instant help.
그는 끊임없는 소음에 지쳐서 즉각적인 도움을 요청한다.

자주 출제되는 단어
▶ **constantly** ad 끊임없이
He is constantly asking for help.
그는 끊임없이 도움을 요청한다.

annoyed
짜증난

mosquito
모기

buzz
윙윙거리다

constitute ⓥ 제정하다, 구성하다

constitute 제정하다, 구성하다
substitute 대리인

The substitute for the president constitutes new
laws.
대통령의 대리인은 새로운 법률을 제정한다.

자주 출제되는 단어
▶ **constitution** ⓝ 헌법
The new constitution
was adopted.
새로운 헌법이 채택되었다.

constrain Ⅴ 제지하다

constrain 제지하다
restrain 억제하다

Restrain yourself or I'll have you constrained.
진정하세요. 그렇지 않으면 내가 당신을 제지할 것입니다.

자주 출제되는 단어

▶ **constraint** ⋒ 압박
It is under constraint.
그것은 압박을 받고 있다.

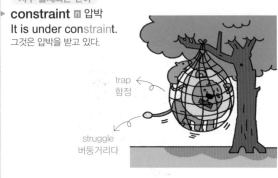

trap
함정

struggle
버둥거리다

construct Ⅴ 건설하다

construct 건설하다
instruct 알려주다

He instructed him on how to construct a pyramid.
그는 그에게 피라미드를 건설하는 법을 가르쳐주었다.

자주 출제되는 단어

▶ **constructor** ⋒ 건설자
He is a constructor.
그는 건설자이다.

▶ **construction** ⋒ 공사
It is under construction.
그것은 공사 중에 있다.

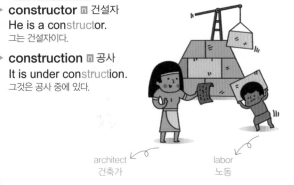

architect
건축가

labor
노동

consult ☑ 상담하다

consult 상담하다
insult 모욕하다

He consults with him because he is being insulted.
그는 모욕을 당한 것 때문에 그와 상담한다.

자주 출제되는 단어

▶ **consultant** ⬛ 상담가
He is his consultant.
그는 그의 상담가이다.

▶ **consultation** ⬛ 상담
He is in consultation.
그는 상담 중이다.

consume ☑ 먹어치우다, 소비하다

consume 먹어치우다, 소비하다
assume 가정하다

We can assume that this bear consumed a lot of food.
우리는 이 곰이 많은 음식을 먹어치웠다고 가정할 수 있다.

자주 출제되는 단어

▶ **consumer** ⬛ 소비자
It is a big consumer.
그것은 거대한 소비자이다.

▶ **consumption** ⬛ 소비량
the consumption of food for a bear
곰의 먹이 소비량

contagious ⓐ 전염성의

contagious 전염성의
tag 꼬리표

The patients with tags have contagious diseases.
꼬리표 붙은 그 환자는 전염병을 가지고 있다.

contain ⓥ 포함하다

contain 포함하다
obtain 얻다

He believes the rock he obtained contains a diamond.
그는 자신이 얻은 바위가 다이아몬드를 포함하고 있다고 믿는다.

자주 출제되는 단어

▶ **container** ⓝ 컨테이너
He put the rock in a container.
그는 컨테이너에 바위를 넣었다.

diamond
다이아몬드

rock
바위

container
컨테이너

contaminate ⓥ 오염하다

contaminate 오염하다
eliminate 제거하다

Rats contaminated this cake, so we must eliminate it.
쥐들이 이 케이크를 오염시켰기 때문에 우리는 그것을 제거해야만 한다.

자주 출제되는 단어

▶ **contamination** ⓝ 오염
to eliminate any contamination
오염을 제거하다.

candle
양초

rat
쥐

cupcake
컵케이크

contemplate v 생각하다

contemplate 생각하다
contempt 경멸

He contemplated on why others treat him with contempt.
그는 왜 다른 사람들이 그를 경멸하는지에 대해 생각했다.

자주 출제되는 단어

▸ **contemplation** n 심사숙고
He is in contemplation.
그는 심사숙고 중에 있다.

▸ **contemplative** a 사색하는
a contemplative look
사색하는 표정

contempt n 모욕

contempt 모욕
contemplate 생각하다

He contemplated on why others treat him with contempt.
그는 왜 다른 사람들이 그를 경멸하는지에 대해 생각했다.

자주 출제되는 단어

▸ **contemptuous** a 경멸적인
He is not a contemptuous person.
그는 경멸할만한 사람이 아니다.

wound
상처
contempt
모욕
resentful
분개한

contend ☑ 주장하다

contend 주장하다
attend 참석하다

They contended for the right to attend this meeting.
그들은 이 모임에 참가할 권리를 주장했다.

자주 출제되는 단어

▶ **contender** ⋒ 도전자
four contenders
네 명의 도전자들

scientist
과학자

expert
전문가

genius
천재

content ⋒ 내용

content 내용
extent 범위

To an extent, he is happy with the content of this contract.
어느 정도 그는 이 계약의 내용에 만족하고 있다.

이의 제기

contest ⋒ 대회

contest 대회
protest 항의하다

He protests the unfairness of this contest.
그는 이 대회의 불공정함에 대해 항의한다.

continue Ⅴ 계속하다

continue 계속하다
continent 대륙

They continue to travel to the next continent.
그들은 계속해서 다음 대륙으로 여행을 간다.

자주 출제되는 단어

▶ **continual** ⓐ 연속적인, 계속적인
Their trip is in continual
need of breaks.
그들의 여행은 계속해서 휴식이 필요하다.

contract ⓝ 계약

contract 계약
abstract 개요

This is the abstract of this contract.
이것은 이 계약의 개요이다.

자주 출제되는 단어

▶ **contractor** ⓝ 계약자
He is one of the contractors.
그는 계약자들 중 한 명이다.

accountant
회계사

contrast ⓝ 대비, 차이

contrast 대비, 차이
contact lens 콘택트렌즈

The contrast between
these two contact lenses is
amazing.
두 콘택트렌즈의 차이는 놀랍다.

contribute ⓥ 기부하다

contribute 기부하다
distribute 나눠주다

He contributes money and
distributes it to the poor.
그는 돈을 기부하여 가난한 사람들에게 나누어
준다.

controversy ⓝ 논쟁

controversy 논쟁
control 통제

This controversy is beyond control.
이 논쟁은 통제할 수 없다.

자주 출제되는 단어

▶ **controversial** ⓐ 논란의
This is a controversial issue.
이 문제는 논란의 소지가 있다.

convenient ⓐ 편리한

convenient 편리한
convertible 컨버터블

The convertible is not convenient.
그 컨버터블은 편리하지 않다.

자주 출제되는 단어

▶ **convenience** ⓝ 편리
For the sake of convenience,
we should take another car.
편리를 위해 우리는 다른 차를 타야 한다.

▶ **inconvenient** ⓐ 불편한
Without a car is inconvenient.
차가 없이는 불편하다.

convention n 박람회

convention 박람회
invention 발명품

This is a convention for inventions.
이것은 발명품을 위한 박람회이다.

자주 출제되는 단어

▶ **conventional** a 전통적인
This is a conventional meeting.
이것은 전통적인 회의이다.

▶ **convene** v 소집하다
They convene every year.
그들은 매년 모인다.

convertible n 컨버터블

convertible 컨버터블
convenient 편리한

The convertible is not convenient.
그 컨버터블은 편리하지 않다.

convey v 전하다

convey 전하다
survey 설문조사

The survey is conveying some messages.
그 설문조사는 몇 가지 메시지를 전달하고 있다.

자주 출제되는 단어

▶ **conveyance** n 전달
the conveyance of message
메시지의 전달

survey
설문조사

speechless
말을 못 하는

당신의 지지도는 1%입니다.

popularity
인기

convict ⅴ 유죄를 선고하다

convict 유죄를 선고하다
victim 피해자

He was convicted for causing the victim's injury.
그는 피해자의 부상을 초래한 혐의로 유죄를 선고받았다.

자주 출제되는 단어
▸ **conviction** ⅲ 유죄 판결
the conviction of one's crime
범행의 유죄 판결

crocodile
악어

convict
유죄를 선고하다

주인

wheelchair
휠체어

convince ⅴ 설득하다

convince 설득하다
province 지방

He convinced me to move to this province.
그는 이 지방으로 이사하도록 나를 설득했다.

자주 출제되는 단어
▸ **convinced** ⓐ 확신하는
I was convinced that I made the right decision.
나는 내가 옳은 결정을 했다고 확신했다.

▸ **convincing** ⓐ 설득력 있는
a convincing reason
설득력 있는 이유

trunk
트럭

surburb
교외

cooperate ⓥ 협력하다

cooperate 협력하다
operate 수술하다

In order to operate on this patient, we need to cooperate.
이 환자를 수술하기 위해서 우리는 협력해야 한다.

자주 출제되는 단어

▶ **cooperation** ⓝ 협력
Your cooperation is required.
당신의 협력이 요구된다.

▶ **cooperative** ⓐ 협력적인
He is very cooperative.
그는 매우 협력적이다.

operation
수술

patient
환자

coordinate ⓥ 조화를 이루다

coordinate 조화를 이루다
ordinary 보통의

He can't coordinate with ordinary people.
그는 보통 사람들과 조화를 이루지 못한다.

자주 출제되는 단어

▶ **coordination** ⓝ 협동
the coordination between two people
두 사람 간의 협동

crane
크레인

도착했습니다.

strong
강한

쾅

coordinate Ⓥ 조정하다

coordinate 조정하다
subordinate 부하의

You need to coordinate the work of your subordinates.
당신은 부하들의 일을 조정해야 할 필요가 있다.

자주 출제되는 단어

▶ **coordination** Ⓝ 협동
the coordination
between workers
노동자 간의 협동

copyright Ⓝ 저작권

copyright 저작권
copy 복사하다

Do I need the copyright in order to copy this?
이것을 복사하기 위해서는 저작권이 필요합니까?

corner Ⓝ 모퉁이

corner 모퉁이
corn 옥수수

Someone left corn on the corner of the street.
누군가가 길모퉁이에 옥수수를 두고 갔다.

corporation Ⓝ 회사

corporation 회사
corpse 시체

This corporation handles corpses.
이 회사는 시체를 다룬다.

correct ⓐ 옳은

correct 옳은
collect 모으다

It is not correct for anyone to collect stamps this way.
이러한 방법으로 우표를 수집하는 것은 옳지 않다.

자주 출제되는 단어

▶ **correction** ⓝ 교정
His behavior requires some corrections.
그의 행동은 약간의 교정이 필요하다.

postman
우편집배원

correspondent ⓐ 일치하는

Our responses were correspondent.
우리의 반응은 일치했다.

자주 출제되는 단어

▶ **correspondence** ⓝ 일치
There is correspondence between our responses.
우리의 반응 사이에 일치하는 점이 있다.

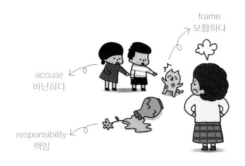

frame
모함하다

accuse
비난하다

responsibility
책임

corrupt a 타락한

corrupt 타락한
bankrupt 파산

He went bankrupt due to his corrupt life.
그는 타락한 생활 때문에 파산했다.

자주 출제되는 단어

▶ **corruption** n 타락
He went bankrupt due to corruption.
그는 타락으로 인해 파산했다.

count v 세다

count 세다
account 계좌

He keeps the account after he counts the coconuts.
그는 코코넛을 센 후에 장부에 기록한다.

counter n 계산대

counter 계산대
encounter 마주치다

While working behind the counter, he encounters an alien.
계산대 뒤에서 일하는 동안, 그는 외계인을 마주친다.

counterfeit a 가짜의

counterfeit 가짜의
counter 계산대

The ID he laid on the counter, we believe is a counterfeit one.
그가 계산대에 놔둔 신분증을 우리는 위조된 것이라고 믿는다.

coupon n 쿠폰

coupon 쿠폰
couple 커플

This couple collects many coupons.
이 커플은 많은 쿠폰을 모은다.

courage n 용기

courage 용기
courteous 예의 바른

It takes courage to remain courteous in this situation.
이 상황에서 예의를 지키는 것은 용기가 필요하다.

자주 출제되는 단어

▶ **courageous** a 용기 있는
a courageous person
용기 있는 사람

▶ **discourage** v 낙담시키다
Nothing discourages him.
아무것도 그를 낙담시키지 않는다.

▶ **discouraged** a 낙담한
He is not discouraged.
그는 낙담하지 않는다.

courier n 배달원

courier 배달원
course 코스

These couriers need to run the full course.
이 배달원들은 전체 코스를 뛰어야 한다.

course n 과정

course 과정
curse 재앙

It is a curse for her to take a nursing course.
간호사 과정을 밟는 것은 그녀에게 재앙이다.

135

courteous @ 예의 바른

courteous 예의 바른
courage 용기

It takes courage to remain courteous in this situation.
이 상황에서 예의를 지키는 것은 용기가 필요하다.

자주 출제되는 단어
▶ **courtesy** n 예의 바름
It takes courage to act with courtesy in this situation.
이 상황에서 예의 바르게 행동하는 것은 용기가 필요하다.

cover ⓥ 가리다, 덮다

cover 가리다, 덮다
recover 되찾다

She recovered her necklace, which the cat covered.
그녀는 고양이가 가리고 있던 목걸이를 되찾았다.

자주 출제되는 단어
▶ **coverage** n 범위
the insurance coverage
보험 범위

indolent
게으른

necklace
목걸이

craft n 공예품

craft 공예품
spacecraft 우주선

She found a spacecraft and an aircraft when she was making a craft.
그녀가 공예품을 만들고 있을 때, 그녀는 우주선과 비행기를 발견했다.

136

crane ■ 크레인

crane 기중기
sane 제정신의

A sane person does not use a crane to move a toy.
제정신인 사람은 장난감을 옮기는 데에 기중기를 사용하지 않는다.

crave ▼ 갈망하다

crave 갈망하다
cave 동굴

The man by the cave is craving for a friend.
동굴에 사는 그 남자는 친구를 갈망하고 있다.

create ▼ 만들다

create 만들다
cream 크림

He created a magic cream.
그는 마법 크림을 만들었다.

자주 출제되는 단어

▶ **creation** ■ 창조(물)
This is his newest creation.
이것은 그의 새로운 창조물이다.

▶ **creativity** ■ 창의성
the creativity of new things
새로운 것들의 창의성

magic
마법의

make-up
화장품

rejuvenate
젊어지다

137

credit ⓝ 명성, 신용

credit 명성, 신용
edit 편집하다

Whoever edited this book gets all the credit.
이 책을 편집한 사람은 누구든지 명성을 얻는다.

crew ⓝ 승무원

crew 승무원
recruit 채용하다

This cruise ship needs to recruit a new crew.
이 유람선은 새로운 승무원을 채용할 필요가 있다.

crime ⓝ 범죄

crime 범죄
prime 주요한

He is the prime suspect in this crime.
그는 이 범죄에 있어서 주요한 용의자이다.

자주 출제되는 단어

▶ **criminal** ⓝ 범죄자
He is a dangerous criminal.
그는 위험한 범죄자이다.

crisis ⓝ 위기

crises 위기(crisis의 복수형)
critic 비평가

This critic comments on many crises.
이 비평가는 많은 위기들을 비평한다.

critic 🔲 비평가

critic 비평가
crises 위기(crisis의 복수형)

This critic comments on many crises.
이 비평가는 많은 위기들을 비평한다.

자주 출제되는 단어

▶ **critique** 🔲 평론
a critique about the crisis
위기에 대한 평론

▶ **criticism** 🔲 비평
His criticisms were
accepted
by many people.
그의 비평은 많은 사람들에게 받아들여졌다.

▶ **criticize** 🔳 비판하다
He likes to criticize the
president.
그는 대통령을 비판하는 것을 좋아한다.

▶ **critical** 🔳 중요한
This crisis is critical.
이 위기는 중요하다.

screen
화면

또 다시 개가 사람을
무는 사건이 보내겠습니다.

live broadcast
생방송

announcer
아나운서

crucial 🔳 중대한

crucial 중대한
crude 거친

**To clean up this crude man is
crucial to us.**
이 거친 남자를 깨끗하게 하는 것은 우리에게
중요하다.

crude @ 거친

crude 거친
rude 무례한

He is crude and rude.
그는 거칠고 무례하다.

> **자주 출제되는 단어**

▶ **cruel @ 잔인한**
He is cruel to his pets.
그는 자신의 애완동물들에게
잔인하다.

crude
거친

disagree
동의하지 않다

pitiful
불쌍한

cruise 순항하다

cruise 순항하다
recruit 채용하다

This cruise ship needs to recruit a new crew.
이 유람선은 새로운 승무원을 채용할 필요가 있다.

> **자주 출제되는 단어**

▶ **cruiser @ 순양함**
The cruise ship is next to the cruiser.
그 유람선은 순양함 옆에 있다.

cue @ 신호

cue 신호
cute 귀여운

She gave me a cue on how cute he is.
그녀는 그가 얼마나 귀여운지 나에게 귀띔해주
었다.

cuisine n 요리

cuisine 요리
cousin 사촌

Her cousin loves Chinese cuisine.
그녀의 사촌은 중국 요리를 사랑한다.

cure v 치료하다

cure 치료하다
accurate 정확한

To say he is cured is accurate.
그가 치료되었다고 말하는 것은 정확하다.

자주 출제되는 단어

▶ **curable** a 치료할 수 있는
His illness is curable.
그의 병은 치료할 수 있다.

needle
주사

patient
환자

current a 현재의

current 현재의
occurrence 발생

It is a current trend to find the occurrence of oil in one's backyard.
뒤뜰에서 석유 출현을 발견하는 것이 현재 추세이다.

자주 출제되는 단어

▶ **currently** ad 현재
He is currently busy.
그는 현재 바쁘다.

▶ **currency** n 화폐, 통화
He wants to sell oil and buy the strongest currency.
그는 석유를 팔고 가장 강력한 통화를 사고 싶어 한다.

cursor ⓝ 커서

cursor 커서
precursor 선구자, 전조

The invention of the cursor is a precursor of the computer.
커서의 발명은 컴퓨터의 전조이다.

curtain ⓝ 커튼

curtain 커튼
certain 특정한

She likes a certain kind of curtain the most.
그녀는 특정한 종류의 커튼을 가장 좋아한다.

custard ⓝ 커스터드

custard 커스터드
mustard 겨자

It makes me sick to see him eat custard with mustard.
나는 그가 겨자와 함께 커스터드를 먹는 모습을 보는 것이 괴롭다.

custom ⓝ 관습

custom 관습
customer 손님

It is a custom to treat customers with respect.
손님을 존중하는 것은 관습이다.

Chapter 4
Dd

n 명사
v 동사
a 형용사
ad 부사
art 관사
aux 조동사
int 감탄사
pron 대명사
prep 전치사
conj 접속사

Dd | danger ~ dwell

Check List 1■ 2■ 3■ 4■ 5■

danger n 위험

danger 위험
anger 분노

A man in anger is a danger to others.
화가 난 남자는 다른 이들에게 위험하다.

자주 출제되는 단어

- **dangerous** a 위험한
  He became a dangerous man.
  그는 위험한 남자가 되었다.
- **endanger** v 위험에 빠뜨리다
  He will endanger the others.
  그는 다른 이들을 위험에 빠뜨릴 것이다.

database n 데이터베이스

database 데이터베이스
data 자료

You need a database system to manage all this data.
너는 이 모든 자료를 관리하기 위해 데이터베이스 시스템이 필요하다.

dazzle v 눈부시게 하다

dazzle 눈부시게 하다
jazz 재즈

His jazz dazzles me.
그의 재즈는 나를 눈부시게 한다.

deadline ⓝ 마감일

deadline 마감일
dead 죽은

I'll be dead, if I miss the deadline.
만일 내가 마감일을 놓친다면 나는 죽을 것이다.

deal ⓥ 다루다

deal 다루다
seal 물개

He deals with seals.
그는 물개를 다룬다.

자주 출제되는 단어

▶ dealer ⓝ 상인
He is a seal dealer.
그는 물개를 파는 상인이다.

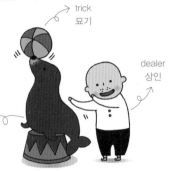

trick 묘기
dealer 상인
seal 물개

debate ⓝ 논쟁

debate 논쟁
debt 빚

They are having a debate over his debt.
그들은 그의 빚에 대해 논쟁을 벌이고 있다.

debility ⓝ 쇠약

debility 쇠약
ability 능력

Despite of his debility, he still has the ability to shop.
몸이 쇠약함에도 불구하고, 그는 여전히 쇼핑할 능력이 있다.

debt n 빚

debt 빚
debate 논쟁하다

They are having a debate over his debt.
그들은 그의 빚에 대해 논쟁을 벌이고 있다.

자주 출제되는 단어

▶ **debit** n 인출하다
Debit 1,000 dollars against his account.
그의 통장에서 천 달러를 인출하라.

▶ **debtor** n 채무자
He is the debtor.
그는 채무자이다.

bankrupt
파산한

debtor
채무자

discuss
논의하다

decay v 썩다

decay 썩다
decade 10년간

This decayed pole has been standing there for decades.
이 썩은 막대기는 수십 년간 그곳에 세워져 있었다.

deceive v 속이다

deceive 속이다
perceive 인지하다

He just perceived that he is being deceived.
그는 방금 그가 속고 있다는 것을 인지했다.

declare ☑ 쇠퇴하다, 선언하다

declare 쇠퇴하다, 선언하다
decline 감소하다

They declare that the economy has declined rapidly.
그들은 경제가 급속히 쇠퇴하고 있음을 선언한다.

자주 출제되는 단어

▶ **declaration** ⋒ 선언
a declaration about the economy
경제에 대한 선언

chart
도표

devastated
큰 타격을 받은

recession
불황

decorate ☑ 꾸미다

decorate 꾸미다
deteriorate 악화되다

He wants to decorate the deteriorated house.
그는 악화된 집을 꾸미고 싶어 한다.

자주 출제되는 단어

▶ **decoration** ⋒ 장식
This house needs more than decoration.
이 집은 장식보다 더 많은 것이 필요하다.

rebuild
재건하다

ruin
망치다

dedicate Ⓥ 바치다

dedicate 바치다
indicate 나타내다

The trophy indicated the hours he dedicated to his work.
그 트로피는 그가 그의 일에 바친 시간들을 나타냈다.

자주 출제되는 단어

▶ **dedicated** ⓐ 헌신적인
He is dedicated to his work.
그는 그의 일에 헌신적이다.

▶ **dedication** ⓝ 헌신
dedication to work
일에 대한 헌신

overwork
과로하다

dedicate
헌신하다

award
상

deduct Ⓥ 공제하다

deduct 공제
product 상품

I'll deduct your salary to pay for these bad products.
나는 이 나쁜 상품의 대가를 지불하기 위해 너의 월급을 공제할 것이다.

자주 출제되는 단어

▶ **deduction** ⓝ 공제
deductions from pay
봉급에서 공제되는 금액

▶ **deductible** ⓐ 공제할 수 있는
It is not a deductible expense.
그것은 공제 비용이 아니다.

OH MY GOD!

defect n 결점

defect 결점
affect 영향을 미치다

The defects of the product affected his pay check.
그 상품의 결점은 그의 봉급에 영향을 미쳤다.

D

자주 출제되는 단어
▶ **defective** a 결함이 있는
a defective product
결함이 있는 상품

defend v 방어하다

defend 방어하다
defeat 패배

Defend yourself. Don't accept defeat!
너 자신을 방어하라. 패배를 인정하지 마라!

defense n 방어

defense 방어
offense 공격

The offense is a kind of defense.
공격은 일종의 방어이다.

defer v 연기하다, 늦추다

defer 연기하다, 늦추다
prefer 선호하다

She preferred to defer the journey.
그녀는 그 여정을 연기하는 것을 선호했다.

deficit ⓝ 적자

deficit 적자
implicit 암묵적인

It is implicit that this company is in deficit.
이 회사가 적자라는 것은 암묵적이다.

degree ⓝ 온도

degree 온도
agree 동의하다

He agreed to drive in zero degree.
그는 0도에 운전하는 것을 동의했다.

delay ⓥ 미루다

delay 미루다
lay 낳다

The egg laying of this hen is delayed.
이 암탉의 산란이 미뤄졌다.

delegate ⓥ 위임하다

delegate 위임하다
gate 문

He delegated the guard to watch this gate.
그는 경비원에게 이 문을 지키는 것을 위임했다.

자주 출제되는 단어

▶ delegation ⓝ 사절단
The king's delegation arrived at the gate.
왕의 사절단이 문에 도착했다.

delete V 삭제하다

<u>delete</u> 삭제하다
comp<u>lete</u> 전체의

He tries to delete the complete file.
그는 전체 파일을 삭제하려고 한다.

자주 출제되는 단어

▸ **deletion** n 삭제
The deletion came to completion.
삭제가 완료되었다.

deliberate V 심사숙고하다

de<u>liberate</u> 심사숙고하다
<u>liberate</u> 자유롭게 해주다

They deliberate on whether or not to liberate the panda.
그들은 판다를 자유롭게 해줄지 말지 여부를 심사숙고한다.

자주 출제되는 단어

▸ **deliberately** ad 신중히
They are deliberately thinking about it.
그들은 그것에 대해 신중히 생각하고 있다.

▸ **deliberation** n 심의
After long deliberation, they decided to do it.
오랜 심의 끝에, 그들은 그것을 하기로 결정했다.

D

delicacy ⓝ 맛있는 것

delicacy 맛있는 것
deliver 배달하다

She will deliver some delicacies here.
그녀는 몇 가지 맛있는 음식을 여기로 배달할 것이다.

자주 출제되는 단어

▶ **delicious** ⓐ 맛있는
The food is delicious.
그 음식은 맛있다.

delicate ⓐ 섬세한

delicate 섬세한
complicate 복잡하게 하다

Handling such a delicate thing is complicated.
그런 섬세한 것을 다루는 것은 복잡하다.

deliver ⓥ 전달하다

deliver 전달하다
liver 간

The doctor delivered a liver for him.
그 의사는 그에게 간을 전달했다.

자주 출제되는 단어

▶ **deliverer** ⓝ 배달원
The doctor is a deliverer.
그 의사는 배달원이다.

▶ **delivery** ⓝ 배달
The delivery of the liver was rough.
간의 배달은 거칠었다.

deluxe @ 호화로운

deluxe 호화로운
luxury 사치스러운

It is a luxury to have such a deluxe house.
이렇게 호화로운 집을 가지는 것은 사치스럽다.

demand ⓥ 요구하다

demand 요구하다
command 명령하다

I do not demand, but command. Go clean my car.
나는 요구하는 것이 아니라 명령하는 것이다.
가서 내 자동차를 청소해라.

demonstrate ⓥ 보여주다

demonstrate 보여주다
administrate 관리하다

He is demonstrating how to administrate a company.
그는 회사를 관리하는 법을 보여주고 있다.

자주 출제되는 단어

▶ **demonstration** ⓝ 시연
He is giving a demonstration.
그는 시연을 보이고 있다.

dense @ 밀집한

dense 밀집한
condense 응축하다

He passes a dense crowd to buy condensed milk.
그는 연유를 사기 위해 밀집한 사람들을 통과한다.

153

dentist n 치과의사

<u>dentist</u> 치과의사
<u>deny</u> 부인하다

He can't deny that he needs to see a dentist.
그는 그가 치과의사를 만나야 한다는 것을 부인할 수 없다.

자주 출제되는 단어

▶ **dental** a 치과의
He needs a dental operation.
그는 치과 수술이 필요하다.

deny v 부인하다

<u>deny</u> 부인하다
<u>dentist</u> 치과의사

He can't deny that he needs to see a dentist.
그는 그가 치과의사를 만나야 한다는 것을 부인할 수 없다.

자주 출제되는 단어

▶ **denial** n 거부
the denial of dental care
치과 진료의 거부

▶ **deniable** a 거부할 수 있는
It is not deniable that he
has bad teeth.
그가 충치가 있다는 것을 거부할 수 없다.

decayed tooth
충치

severe
극심한

toothache
치통

depart Ⓥ 출발하다

depart 출발하다
apart 떨어진

The departed train has torn these two lovers apart.
출발한 기차가 이 두 연인 사이를 떨어뜨려 놓았다.

자주 출제되는 단어

▶ **departure** Ⓝ 출발
His departure breaks
her heart.
그의 출발은 그녀의 마음을 아프게 한다.

department
Ⓝ 매장, 코너

department 매장, 코너
apartment 아파트

She shops at the department store next to her apartment.
그녀는 자신의 아파트 옆에 있는 백화점에서 쇼핑을 한다.

depend Ⓥ (~에게) 달려있다

depending (~에게) 달려있다
pending 남아있는

The pending journey is depending on her.
남아있는 여행은 그녀에게 달려있다.

자주 출제되는 단어

▶ **dependable** Ⓐ 신뢰할 수 있는
She is not a dependable
person.
그녀는 신뢰할 수 없는 사람이다.

deploy Ⅴ 배치하다

deploy 배치하다
employ 고용하다

We employed a guard and deployed him to guard this bird.
우리는 이 새를 보호하기 위해 경비원을 고용하여 배치했다.

자주 출제되는 단어

► **deployment** n 배치
a simple deployment
단순한 배치

deposit Ⅴ 예금하다

deposit 예금하다
position 위치

In his position, there is no bank to deposit his money.
그의 위치에서는 돈을 예금할 은행이 없다.

depress Ⅴ 우울하게 하다

depress 우울하게 하다
oppress 억압하다

When you feel depressed, do not oppress it.
우울함을 느낄 때, 그것을 억압하지 마라.

자주 출제되는 단어

► **depressing** a 우울한
Everything is depressing to him.
모든 것이 그를 우울하게 하고 있다.

► **depression** n 우울증
suffering from depression
우울증을 앓고 있는

deprive ⅴ 박탈하다

deprive 박탈하다
derive 기인하다

She was deprived of the joy she derived from raising ox.
그녀는 소를 기르는 데에서 오는 기쁨을 빼앗겼다.

자주 출제되는 단어
▶ **deprivation** ⓝ 박탈
the deprivation of joy
기쁨의 박탈

descend ⅴ 내려가다

descend 내려가다
ascend 올라가다

Is the elevator ascending or descending?
엘리베이터가 올라가고 있나요, 내려가고 있나요?

describe ⅴ 묘사하다

describe 묘사하다
subscribe 구독하다

He described the magazine that he subscribed to.
그는 자신이 구독한 잡지를 묘사했다.

자주 출제되는 단어
▶ **descriptive** ⓐ 기술적인
a descriptive account
기술적 설명

▶ **description** ⓝ 서술
He gave a description of the magazine.
그는 그 잡지에 대해 서술했다.

157

design 🆅 설계하다

design 설계하다
desi<u>gn</u>ate 지명하다

She was de<u>sign</u>ated to de<u>sign</u> a house.
그녀는 집을 설계하도록 지명되었다.

자주 출제되는 단어

▶ **designer** 🔟 디자이너
She is the de<u>sign</u>er.
그녀는 디자이너이다.

building
빌딩

imagine
상상하다

castle
성

designate 🆅 지명하다

desi<u>gn</u>ate 지명하다
de<u>sign</u> 설계하다

He was de<u>sign</u>ated to de<u>sign</u> a house.
그는 집을 설계하도록 지명되었다.

자주 출제되는 단어

▶ **designation** 🔟 임명
the de<u>sign</u>ation to
de<u>sign</u> a house
집의 설계를 위한 임명

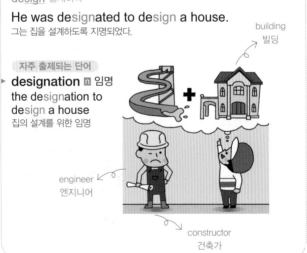

building
빌딩

engineer
엔지니어

constructor
건축가

desire n 요구

desire 요구
design 설계하다

He designed the house based on the owner's desire.
그는 주인의 요구를 바탕으로 집을 설계했다.

자주 출제되는 단어

▶ **desirable** a 바람직한, 원하는
It is a desirable house.
그것은 바라는 집이다.

water slide
물 미끄럼틀

resort
리조트

desktop n 데스크톱

desktop 데스크톱
desk 책상

You should put the desktop computer on the desk.
너는 책상 위에 데스크톱 컴퓨터를 두어야만 한다.

dessert n 디저트

dessert 디저트
desert 사막

They dropped the last dessert on the desert.
그들은 마지막 디저트를 사막 위에 떨어뜨렸다.

destine v 예정해두다

destine 예정해두다
routine 일상적인

It was destined that he chose not to take his routine route today.
그가 오늘 그의 일상적인 경로를 선택하지 않은 것은 운명이었다.

자주 출제되는 단어

▸ **destination** n 목적지
Where is his destination today?
오늘 그의 목적지는 어디니?

detail n 세부 사항

detail 세부 사항
cocktail 칵테일

I would like the details on what is in this cocktail.
나는 이 칵테일에 무엇이 들어 있는지 자세히 알고 싶다.

detain v 지체하게 하다

detain 지체하게 하다
entertain 즐겁게 하다

The party entertained him so much that it detained his schedule.
그 파티는 그를 매우 즐겁게 해서 그의 일정을 지체시켰다.

자주 출제되는 단어

▸ **detention** n 저지
the detention of his intention to leave
그의 떠나려던 의도의 저지

detect Ⓥ 탐지하다

detect 탐지하다
protect 보호하다

We detected the danger, but the guard didn't protect it.
우리는 위험을 탐지했지만 경비원은 보호하지 않았다.

disappear
사라지다

자주 출제되는 단어

▸ **detective** Ⓝ 형사
A detective is working on this case.
형사가 이 사건을 수사하고 있다.

▸ **detection** Ⓝ 탐지
the detection of a burglary
주거 침입의 탐지

detective
형사

footprint
발자국

detergent Ⓝ 세제

detergent 세제
mine 내 것
determine 결심하다

He is determined not to use the detergent of mine.
그는 내 세제를 사용하지 않기로 결심했다.

deteriorate Ⓥ 악화되다

deteriorate 악화되다
decorate 꾸미다

He wants to decorate the deteriorated house.
그는 악화된 집을 꾸미고 싶어 한다.

determine ⓥ 결정하다

deter<u>mine</u> 결정하다
exa<u>mine</u> 시험

He is determined not to be examined in math.
그는 이 수학 시험을 치르지 않기로 결정했다.

자주 출제되는 단어

▸ **determination** ⓝ 결단력
He is a student of determination.
그는 결단력 있는 학생이다.

campus
대학
도망가자!
skip the calss
수업을 빼먹다

detour ⓝ 우회로

de<u>tour</u> 우회로
<u>tour</u> 여행

They took many detours in this tour.
그들은 이 여행에서 많이 우회하였다.

devalue ⓥ 평가 절하하다

de<u>value</u> 평가 절하하다
<u>value</u> 가치

The value of an apple varies. It devalues when overgrown.
사과의 가치는 다양하다. 그것은 너무 자라면 가치가 떨어진다.

자주 출제되는 단어

▸ **devaluation** ⓝ 평가 절하
devaluation of apples
사과의 평가 절하

올해는
사과 풍년이에요!

develop ☑ 개발하다

develop 개발하다
envelope 봉투

He developed a new way to open an envelope.
그는 봉투를 여는 새로운 방법을 개발했다.

▶ **developed** ⓐ 개발된
It is not a developed method.
그것은 개발된 방법이 아니다.

▶ **development** ⓝ 개발
development of a new method
새로운 방법의 개발

command
명령하다

squirrel
다람쥐

deviate ☑ 벗어나다

deviate 벗어나다
alleviate 덜다. 완화하다

He deviated his eyes from Ann to alleviate the bordom.
그는 지루함을 달래기 위해 앤으로부터 눈을 돌렸다.

device ⓝ 장치

device 장치
advice 조언

He needs advice on how to set up this device.
그는 이 장치를 어떻게 설치하는지에 대한 조언이 필요하다.

devise ▼ 고안하다

de<u>vise</u> 고안하다
super<u>vise</u> 감독하다

He super<u>vise</u>d me as we de<u>vise</u>d the new machine.
그는 우리가 새 기계를 고안해낼 때 나를 감독했다.

> 자주 출제되는 단어
▸ **device** ▣ 장치
He put together many devices.
그는 많은 장치들을 함께 넣었다.

fabricate
조립하다

diagnose ▼ 진단하다

<u>diagnose</u> 진단하다
<u>diagram</u> 도표

This **diagram** can help doctors to **diagnose** disease.
이 도표는 의사가 질병을 진단하는 것을 도와줄 수 있다.

> 자주 출제되는 단어
▸ **diagnosis** ▣ 진단
the diagnosis of his problem
그의 문제의 진단

아몬드

diamond ▣ 다이아몬드

<u>diamond</u> 다이아몬드
al<u>mond</u> 아몬드

She found a **diamond** in a bowl of al**mond**s.
그녀는 아몬드 그릇에서 다이아몬드를 찾았다.

164

dictate ☑ 명령하다

<u>dictate</u> 명령하다
ad<u>dict</u> 중독되다

He is addicted to dictating people.
그는 사람들에게 명령하는 것에 중독되었다.

자주 출제되는 단어
▶ **dictator** ⬛ 독재자
He is a dictator.
그는 독재자이다.

polish
광택

dictate
명령하다

diet ⬛ 식이 요법

<u>diet</u> 식이 요법
<u>die</u> 죽다

She would rather die, than live on such a diet.
그녀는 그런 식이 요법을 하느니 차라리 죽는 편이 낫다.

자주 출제되는 단어
▶ **dietary** ⬛ 식이 요법의
This is her dietary routine.
이것은 그녀의 일상 식단이다.

vegetarian
채식주의자

unhealthy
건강하지 않은

digest ⓥ 소화하다

digest 소화하다
suggest 추천하다

I suggest that you peel it in order to digest it easily.
나는 그것을 쉽게 소화하기 위해 껍질을 벗기는 것을 추천한다.

자주 출제되는 단어

▶ **digestion** ⓝ 소화
It is not good for your digestion.
그것은 소화에 좋지 않다.

▶ **digestive** ⓐ 소화의
It is bad for your digestive system.
그것은 너의 소화기관에 좋지 않다.

digital ⓐ 디지털의

digital 디지털의
vital 필수적인

This digital watch is vital to him.
이 디지털시계는 그에게 필수이다.

diligently ⓐⓓ 부지런히

diligently 부지런히
negligent 무관심한

He is negligent of his plants. He should water them diligently.
그는 식물에게 무관심하다. 그는 그들에게 부지런히 물을 주어야 한다.

자주 출제되는 단어

▶ **diligent** ⓐ 부지런한
He is not diligent.
그는 부지런하지 않다.

▶ **diligence** ⓝ 근면
Diligence leads to success.
근면은 성공을 이끈다.

diplomat n 외교관

<u>diplomat</u> 외교관
<u>diploma</u> 학위

This diplomat was fired for using a fake diploma.
이 외교관은 가짜 학위를 사용한 혐의로 파면되었다.

자주 출제되는 단어

▶ **diplomatic** a 외교의
diplomatic skill
외교 기술

▶ **diplomacy** n 외교
international diplomacy
국제적인 외교

direct v 이끌다

<u>direct</u> 이끌다
<u>direct</u>ion 방향

GPS doesn't always direct the correct direction.
GPS는 항상 옳은 방향으로 이끌진 않는다.

자주 출제되는 단어

▶ **director** n 감독
The director is going in the
wrong direction.
그 감독은 잘못된 방향으로 가고 있다.

▶ **directory** n 목록
He needs a telephone
directory.
그는 전화번호 목록이 필요하다.

disable v 불구로 만들다

<u>disable</u> 불구로 만들다
<u>able</u> ~할 수 있는

**Even thought he is disabled,
he is able to do many things.**
비록 그는 불구가 되었지만, 그는 많은 것을 할
수 있다.

disadvantage n 손해

disadvantage 손해
advantage 이점

He isn't sure if this is an advantage or a disadvantage.
그는 이것이 이점인지 손해인지 확신하지 못한다.

자주 출제되는 단어

▸ **disadvantageous**
a 손해를 입히는

Is this dog disadvantageous to him?
이 개는 그에게 손해를 입힙니까?

disaster n 재난

disaster 재난
master 주인

To the master, it is a disaster.
주인에게 그것은 재난이다.

자주 출제되는 단어

▸ **disastrous** a 피해가 막심한
a disastrous mistake
피해가 막심한 실수

discard v 버리다

discard 버리다
card 카드

He discards his old cards.
그는 자신의 오래된 카드들을 버린다.

discount ⓝ 할인

di<u>scount</u> 할인
<u>count</u> 세다

She is counting the money
she saved from the discount.
그녀는 할인으로 절약한 돈을 세고 있다.

discriminate ⓥ 차별하다

discri<u>minate</u> 차별하다
ter<u>minate</u> 해고하다

He was terminated, because he discriminates
against ugly animals.
그는 못생긴 동물들을 차별함으로 인해 해고당했다.

자주 출제되는 단어
▶ **discrimination** ⓝ 차별
discrimination against
ugliness
못생김에 대한 차별

kick
차다

abuse
남용하다

equally
동등하게

disease ⓝ 병

dis<u>ease</u> 병
pl<u>ease</u> 기쁘게 하다

He will be pleased to catch
some diseases.
그는 병에 걸리면 기뻐할 것이다.

169

disgust Ⓥ 넌더리나게 하다

disgust 넌더리나게 하다
discuss 논의하다

It disgusts me just to discuss this with you.
나는 너와 이것을 의논하는 것만으로도 넌더리가 난다.

자주 출제되는 단어

▶ **disgusting** ⓐ 정말 싫은
This discussion is disgusting.
이 논의는 정말 싫다.

disgusting
정말 싫은

disgust
넌더리나게 하다

dispatch Ⓥ 신속히 처리하다

dispatch 신속히 처리하다
patch 패치

You need to dispatch the tire patches now.
너는 타이어 패치를 지금 신속히 처리할 필요가 있다.

자주 출제되는 단어

▶ **dispatcher** ⓝ 발송자
the dispatcher of the product
생산품의 발송자

disperse Ⓥ 흩어지다

disperse 흩어지다
appear 나타나다

When the fog dispersed, a person appeared.
안개가 흩어질 때, 한 사람이 나타났다.

display ⓥ 전시하다

display 전시하다
play 연극

They display the costumes
from a play.
그들은 연극의 의상들을 전시한다.

dispose ⓥ 처분하다

dispose 처분하다
expose 폭로하다

Improperly disposed photos exposed his secrets.
부적절하게 처분된 사진들이 그의 비밀을 폭로했다.

자주 출제되는 단어

▸ **disposal** ⓝ 처분
disposal of photos
사진의 처분

▸ **disposable** ⓐ 처분할 수 있는
It is not a disposable item.
그것은 처분할 수 있는 물건이 아니다.

▸ **disposition** ⓝ 의향
He has the disposition to retrieve the photos.
그는 그 사진들을 회수할 의향이 있다.

dispute ⓥ 논쟁하다

dispute 논쟁하다
computer 컴퓨터

They dispute on where to put the computer.
그들은 어디에 컴퓨터를 놓을지 논쟁한다.

자주 출제되는 단어

▸ **disputable** ⓐ 논쟁할 여지가 있는
The question is disputable.
그 질문은 논쟁할 여지가 있다.

dissident ⓝ 반대자

dissident 반대자
resident 주민

Many residents here have become dissidents.
여기 많은 주민들이 반대자가 되었다.

> 자주 출제되는 단어

▶ **dissidence** ⓝ 불일치
to show dissidence
불일치를 보이다

distance ⓝ 거리

distance 거리
substance 물질

You need to keep distance from hazardous substances.
너는 위험한 물질로부터 거리를 두어야 한다.

> 자주 출제되는 단어

▶ **distant** ⓐ 먼
His distant relatives keep many harmful substances.
그의 먼 친척은 나쁜 물질을 많이 갖고 있다.

▶ **distantly** ⓐⓓ 멀리
They are distantly related.
그들은 멀리 연결되어 있다.

addicted
중독된

dazed
멍한

distinct 웹 구별되는

<u>distinct</u> 구별되는
in<u>stinct</u> 본능

His special in<u>stinct</u> makes him di<u>stinct</u> from other boys
그의 특별한 본능은 그를 다른 소년들과 구별되게 만든다.

자주 출제되는 단어

▶ **distinction** ⋒ 구별
the di<u>stinct</u>ion between this boy and the others
이 소년과 다른 소년들 사이의 구별

▶ **distinctive** 웹 독특한
di<u>stinct</u>ive abilities
독특한 능력

조심해!

distinguish 웹 두드러지게 하다

<u>distinguish</u> 두드러지게 하다
ex<u>tinguish</u> 끝내다

Before hope ex<u>tinguish</u>ed, he di<u>stinguish</u>ed his talent.
희망이 사라지기 전에, 그는 자신의 재능을 드러냈다.

자주 출제되는 단어

▶ **distinguished** 웹 유명한
He is a di<u>stinguish</u>ed teacher.
그는 유명한 교사이다.

blackboard
칠판

댄스 천재구나!

fire extinguisher
소화기

173

distract **V** 주의를 빼앗다

<u>dis</u>tract 주의를 빼앗다
<u>at</u>tract 끌다, 유인하다

He is distracted from his work and attracted to the bug.
그는 일로부터 주의를 빼앗겨 벌레에 몰두하고 있다.

자주 출제되는 단어

▶ **distraction** **n** 주의 산만
It is a distraction.
그것은 주의를 산만하게 만드는 것이다.

▶ **distractive**
a 주의를 산만하게 하는
It has a distractive effect on him.
그것은 그의 주의를 산만하게 하는 효과를 가지고 있다.

distress **n** 고통

<u>dis</u>tress 고통
<u>s</u>tress 스트레스

The stress causes him much distress.
스트레스는 그에게 더 고통을 유발한다.

자주 출제되는 단어

▶ **distressed** **a** 괴로워하고 있는
He is distressed.
그는 괴로워하고 있다.

escapism
현실 도피

patient
참을성 있는

174

distribute ⓥ 나눠주다

distribute 나눠주다
contribute 기부하다

He contributes money and distributes it to the poor.
그는 돈을 기부하여 가난한 사람들에게 나누어 준다.

자주 출제되는 단어

▶ **distributor** ⓝ 분배자
He is a distributor.
그는 분배자이다.

▶ **distribution** ⓝ 분배
the distribution of money
돈의 분배

diverse ⓐ 다양한

diverse 다양한
reverse 뒤바꾸다

If we reverse this sentence, it will have a diverse meaning.
만일 우리가 이 문장을 뒤바꾸면, 그것은 다양한 의미를 가질 것이다.

자주 출제되는 단어

▶ **diversify** ⓥ 다각화하다

to diversify a business
사업을 다각화하다.

diversity ⓝ 다양성

diversity 다양성
versatile 다재다능한

He is versatile with a diversity of talents.
그는 다양한 재능과 함께 다재다능하다.

divide ⓥ 나누다

<u>divide</u> 나누다
<u>indiv</u>idual 독특한

He has an individual way to divide his money.
그는 자신의 돈을 나누는데 독특한 방법을 가지고 있다.

자주 출제되는 단어
▶ **dividend** ⓝ 배당금
He shares his dividend
with God.
그는 자신의 배당금을 신과 나눈다.

generous
관대한

dock ⓝ 부두

<u>dock</u> 부두
<u>duck</u> 오리

Is there a duck on the dock?
부두 위에 오리가 있습니까?

document ⓝ 문서

<u>document</u> 문서
<u>doct</u>or 의사

Doctors need to read a lot of documents.
의사들은 많은 문서를 읽을 필요가 있다.

자주 출제되는 단어
▶ **documentary** ⓐ 기록의
a documentary film about doctors
의사에 관한 다큐멘터리 영화

document
문서

dominant a 지배적인

dominant 지배적인
nominate 지명하다

He was nominated to a dominant position.
그는 지배적인 위치에 지명되었다.

자주 출제되는 단어

▶ **dominator** n 지배자
to be a dominator
지배자가 되다

▶ **domination** n 지배
the domination of the world
세계의 지배

planet
행성

doubt v 의심하다

doubt 의심하다
double 둘의

I doubt that we can ride double on this horse.
나는 우리 두 사람이 이 말을 탈 수 있을지 의심한다.

자주 출제되는 단어

▶ **doubtful** a 의심스러운
It is doubtful that we can
both ride this horse.
우리 둘 다 이 말을 탈 수 있을지 의심스럽다.

nervous
두려운

discuss
논의하다

download
v 다운로드하다

download 다운로드하다
upload 업로드하다

**You need to download the
software before you upload
your pictures.**
당신은 사진을 업로드하기 전에 소프트웨어를
다운로드해야 합니다.

177

draft n 초안

draft 초안
raft 뗏목

He drafted a raft.
그는 뗏목의 초안을 만들었다.

자주 출제되는 단어
▶ **drafter** n 초안 작성자
He is the drafter of the raft.
그는 뗏목의 초안 작성자이다.

designer
디자이너

raft
뗏목

drafter
초안 작성자

draft
초안

drama n 연극

drama 연극
amateur 아마추어

He is an amateur drama player.
그는 아마추어 연극 배우이다.

자주 출제되는 단어
▶ **dramatic** a 인상적인
dramatic performances
인상적인 공연

stage property
무대 소품

actor
배우

concentrated
집중적인

178

draw ✔ 그리다

<u>draw</u> 그리다
<u>raw</u> 날것의

He draws raw fish.
그는 날생선을 그린다.

assistant
조수

paint
그림을 그리다

dread ⓝ 두려워하다

<u>dread</u> 두려워하다
<u>read</u> 읽다

She has a dread of reading stories about zombies.
그녀는 좀비에 관한 이야기를 읽는 것에 두려움을 가지고 있다.

자주 출제되는 단어

▶ **dreadful** ⓐ 무서운
It is a dreadful book.
그것은 무서운 책이다.

dare not
얼씬 못하다

볼 수 없어요.

Zombie
Story

horror story
무서운 이야기

drill ✔ 구멍을 뚫다

<u>drill</u> 구멍을 뚫다
<u>thrill</u> 떨리게 하다, 흥분시키다

The new dentist was thrilled to drill!
새로운 치과의사는 구멍을 뚫는 것에 떨려 했다.

droop ⓥ 축 늘어지다

droop 축 늘어지다
drop 떨어지다

The water dropped on him while his head was
drooping.
그의 축 처진 머리 위에 물이 떨어진다.

자주 출제되는 단어
▶ **droopy** ⓐ 축 처진
droopy shoulders
축 처진 어깨

drop
떨어지다

drop ⓥ 떨어지다

drop 떨어지다
droop 축 늘어지다

Water drops on his drooping head.
그의 축 처진 머리 위에 물이 떨어진다.

careless
부주의한

자주 출제되는 단어
▶ **drop out** 중퇴하다
He sat there after he
dropped out of school.
그는 학교를 중퇴한 후에 거기에 앉았다.

out of luck
운이 나빠서

drugstore ⓝ 약국

drugstore 약국
drug 약

You can't buy this kind of
drug in the drugstore.
약국에서는 이런 종류의 약을 살 수 없다.

drum ⓝ 북, 드럼

<u>drum</u> 북, 드럼
<u>dumb</u> 멍청한

Who says a dumb person can't play the drum?
누가 멍청한 사람이 드럼을 연주할 줄 모른다고 하던가요?

▶ **drummer** ⓝ 드럼 연주가
This drummer is a dumb.
이 드럼 연주가는 바보다.

▶ **drumstick** ⓝ 북채, 드럼 스틱
He likes to play with the drumstick.
그는 드럼 스틱으로 연주하는 것을 좋아한다.

due ⓐ ~때문에

<u>due</u> ~때문에
<u>sue</u> 고소하다

He was sued due to his laziness.
그는 게으름 때문에 고소당했다.

duplicate ⓥ 복제하다

<u>duplicate</u> 복제하다
<u>complicated</u> 복잡한

It is complicated to duplicate this masterpiece.
이 걸작을 복제하는 것은 복잡하다.

durable ⓐ 튼튼한

<u>durable</u> 튼튼한
<u>stable</u> 안정적인

This table is stable and durable.
이 책상은 안정적이고 튼튼하다.

181

during prep ~하는 동안에

during ~ 하는 동안에
endure 참다

He endures the pain during the game.
그는 게임을 하는 동안에 고통을 참는다.

자주 출제되는 단어
▶ **duration** n 지속
for the duration of the game
게임의 지속을 위하여

uncomfortable
불편한

inconvenient
불편한

duty n 의무

duty 의무
duplicate 복제하다

It is his duty to duplicate this masterpiece.
이 걸작을 복제하는 것은 그의 의무이다.

dwell v 거주하다

dwell 거주하다
swell (강물 등이) 분다

The river he dwells next to is swelling.
그가 거주하는 옆의 강이 불어나고 있다.

gloomy
우울한

자주 출제되는 단어
▶ **dweller** n 거주자
He is the dweller of
this house.
그는 이 집의 거주자이다.

flood
홍수

Chapter 5
Ee

n 명사
v 동사
a 형용사
ad 부사
art 관사
aux 조동사
int 감탄사
pron 대명사
prep 전치사
conj 접속사

Check List   1 ☐ 2 ☐ 3 ☐ 4 ☐ 5 ☐

earn Ⓥ 벌다

<u>earn</u> 벌다
<u>warn</u> 경고하다

He warned him not to earn money the wrong way.
그는 그에게 돈을 잘못된 방법으로 벌지 말라고 경고했다.

economic Ⓐ 경제의

economic 경제의
dynamic 활동적인

This dynamic man bought a van for economic reasons.
이 활동적인 남자는 경제적인 이유로 밴을 샀다.

자주 출제되는 단어

▶ economy Ⓝ 경제
the economy is growing
경제가 성장하고 있다.

▶ economics Ⓝ 경제학
He studies economics.
그는 경제학을 공부한다.

edge Ⓝ 테두리

<u>edge</u> 테두리
<u>ledger</u> 장부

She made some drawings on the edge of the ledger.
그녀는 장부 가장자리에 그림을 그렸다.

184

edit ⓥ 편집하다

<u>edit</u> 편집하다
cr<u>edit</u> 명성, 신용

Whoever edited this book gets all the credit.
이 책을 편집한 사람은 누구든지 명성을 얻는다.

자주 출제되는 단어

▶ **editor** ⓝ 편집하다
He is also the editor.
그는 또한 편집자이다.

▶ **edition** ⓝ 판
This is a third edition.
이것은 제3판이다.

stiff
경직된

legend
전설

---

effect ⓝ 효과

ef<u>fect</u> 효과
in<u>fect</u> 감염시키다

Being infected with the flu has a big effect on him.
독감에 감염된 것은 그에게 큰 영향을 미친다.

자주 출제되는 단어

▶ **effective** ⓐ 효과 있는
He needs some effective
medicine.
그는 효과 있는 약이 필요하다.

painful
고통스러운

▶ **side effect** 부작용
The medicine has
side effects.
그 약은 부작용이 있다.

harsh
가혹한

infect
감염시키다

185

efficient a 효율적인

efficient 효율적인
sufficient 충분한

Due to his efficient work, we have sufficient wood.
그의 효율적인 업무 덕분에 우리는 충분한 목재를 갖고 있다.

자주 출제되는 단어

▶ **efficiency** n 효율
He works with speed and efficiency.
그는 빠르고 효율적으로 일한다.

▶ **efficacy** n 효력, 능률
high efficacy
높은 능률

elastic a 탄력 있는

elastic 탄력 있는
plastic 성형의

After plastic surgery, her face was less elastic.
성형수술 후에 그녀의 얼굴에 탄력이 줄었다.

election n 선거

election 선거
electron 전자

The electron expert won the election.
그 전자 전문가는 선거에서 승리했다.

자주 출제되는 단어

▶ **elect** v 선출하다
The chairman has been elected.
그 의장은 선출되었다.

electron ⋂ 전자

electron 전자
election 선거

The electron expert won the election.
그 전자 전문가는 선거에서 승리했다.

자주 출제되는 단어

▶ **electronic** ⓐ 전자의
electronic equipment
전자장치

▶ **electronics** ⋂ 전자 공학
He loves electronics.
그는 전자 공학을 사랑한다.

elevate ⓥ 승진시키다, 높이다

elevate 승진시키다. 높이다
relevant 관련 있는

His being elevated to the presidency isn't relevant to whether he is a moron or not.
그가 대통령직에 오르는 것은 그가 우둔한 사람인지 아닌지와 관련이 없다.

자주 출제되는 단어

▶ **elevator** ⋂ 엘레베이터
He has a private elevator
in this company.
그는 이 회사에 전용 엘리베이터를 가지고 있다.

eligible ⓐ 자격이 있는

eligible 자격이 있는
legible 읽을 수 있는

Only someone with legible writing is eligible to teach me.
읽을 수 있는 글을 쓰는 사람만이 나를 가르칠 자격이 있다.

eliminate `v` 제거하다

eliminate 제거하다
contaminate 오염시키다

Rats contaminated this cake, so we must eliminate it.
쥐가 이 케이크를 오염시켰기에 우리는 이것을 제거해야만 한다.

자주 출제되는 단어

▶ **elimination** `n` 제거
the elimination of a bad cake
상한 케이크의 제거

enjoyment
기쁨

appetitive
식욕이 있는

contaminate
오염시키다

eloquent `a` 설득력 있는, 유창한

eloquent 설득력 있는, 유창한
frequent 자주

His eloquent speech causes him frequent troubles.
그의 유창한 연설은 잦은 문제를 야기한다.

자주 출제되는 단어

▶ **eloquence** `n` 웅변
the troubles caused by eloquence
그 문제는 웅변에 의해 야기되었다.

▶ **eloquently** `ad` 웅변으로
He argues eloquently.
그는 웅변을 토한다.

dissatisfactory
만족스럽지
않은

rubbish
쓰레기

embezzle Ⅴ 횡령하다

embezzle 횡령하다
puzzle 수수께끼

How he embezzled the company funds is a puzzle.
그가 어떻게 회사 자금을 횡령했는지는 수수께끼이다.

E

자주 출제되는 단어

▶ **embezzlement** ⋂ 횡령
the embezzlement of
company funds
회사 자금의 횡령

exhausted
기진맥진한

embrace Ⅴ 기회를 붙잡다

embrace 기회를 붙잡다
brace 치아 교정

She embraces the chance to
have braces on her teeth.
그녀는 치아 교정을 할 수 있는 기회를 잡았다.

emerge Ⅴ 나타나다

emerge 나타나다
merge 합병하다

After these two companies
merged, many problems
emerged.
이 두 회사가 합병한 후에, 많은 문제들이 나타
났다.

emergency ⓝ 비상사태

emergency 비상사태
agency 대행사

Someone from an agency called 119 for an emergency.
대행사에서 온 누군가가 비상사태로 인해 119에 전화를 걸었다.

> 자주 출제되는 단어

▶ **emergency room** 응급실
The coffee pot in the ER is on fire.
응급실에 있는 커피 주전자가 불타고 있다.

coffee maker
커피 끓이는
기구

panic-stricken
공황 상태에
빠진

emigrate ⓥ 이민 가다

emigrate 이민 가다
migrate 이주하다

He emigrated from France and then migrated to Italy.
그는 프랑스에서 이민을 떠나 이탈리아로 이주했다.

> 자주 출제되는 단어

▶ **emigration** ⓝ 이민
Emigration is common to him.
이민은 그에게 흔한 일이다.

leisurely
여유 있는

migrate
이주하다

speedy
신속한

190

emphasize ⓥ 강조하다

emphasize 강조하다
phrase 구절

He emphasized this phrase.
그는 이 구절을 강조했다.

자주 출제되는 단어

▶ **emphasis** ⓝ 강조
He puts emphasis on those
words.
그는 그 단어들을 강조한다.

empire ⓝ 제국

empire 제국
inspire 영감을 주다

**The Roman empire inspired
his clothing design.**
로마 제국은 그의 의상 디자인에 영감을 주었
다.

employ ⓥ 고용하다

employ 고용하다
deploy 배치하다

**We employed a guard and deployed him to guard
this bird.**
우리는 경호원을 고용하여 이 새를 지키도록 배치했다.

자주 출제되는 단어

▶ **employee** ⓝ 직원
He is the only employee.
그는 일개 직원일 뿐이다.

▶ **employer** ⓝ 고용주
He needs to talk to his
employer.
그는 그의 고용주와 대화할 필요가 있다.

encounter V 마주치다

encounter 마주치다
counter 계산대

While working behind the counter, he encounters an alien.
계산대 뒤에서 일하는 동안, 그는 외계인을 마주친다.

encourage V 격려하다

encourage 격려하다
courage 용기

I don't have the courage to encourage him to be brave.
나는 그에게 용감해지라고 격려할 용기가 없다.

자주 출제되는 단어

▶ **encouraging** a 유망한, 격려하는
The situation is not encouraging.
상황이 낙관적이지는 않다.

▶ **encouragement** n 격려
He needs some encouragement.
그는 격려가 조금 필요하다.

stumble
비틀거리다

cliff
절벽

endeavor V 노력하다

endeavor 노력하다
endear 사랑받게 하다

His endeavor endeared him to his boss.
그의 노력은 그를 사장에게 사랑받게 했다.

endorse ⓥ 승인하다

endorse 승인하다
enclose 동봉하다

She endorsed the check, and enclosed it with an envelope.
그녀는 수표를 승인했고 그것을 봉투에 동봉했다.

E

자주 출제되는 단어
▶ **endorsement** ⑪ 승인
an endorsement on a check
수표의 승인

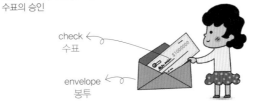

check ←
수표

envelope ←
봉투

endure ⓥ 견디다

endure 견디다
during ~동안

He endures the pain during the game.
그는 게임을 하는 동안 고통을 견딘다.

자주 출제되는 단어
▶ **enduring** ⓐ 지속하는
enduring energy
지속하는 에너지

▶ **endurance** ⑪ 인내
endurance of pain
고통의 인내

wheelchair
휠체어

laptop
노트북

plaster
깁스

energy 🄝 에너지

energy 에너지
allergy 알레르기

His allergy to dogs makes him lose all his energy.
그의 개 알레르기는 그의 에너지를 소진하게 만든다.

자주 출제되는 단어

▶ **energetic** 🄰 활동적인
This dog is very energetic.
이 개는 매우 활동적이다.

▶ **energetically** 🄰🄳 활동적으로
This dog runs
energetically.
이 개는 활동적으로 달린다.

engage 🄥 약혼하다

engage 약혼하다
luggage 수화물

He will be engaged after he finds the ring in his
luggage.
그는 수화물에서 반지를 찾은 후에 약혼할 것이다.

자주 출제되는 단어

▶ **engaged** 🄰 약혼한 상태인
They will soon be engaged.
그들은 곧 약혼할 것이다.

▶ **engagement** 🄝 약혼
an engagement ring
약혼 반지

forgetful
부주의한

luggage
수화물

sigh
한숨 쉬다

194

engine ⓝ 엔진

engine 엔진
imagine 상상하다

Can you imagine the engine is on fire while flying?
당신은 비행 중에 엔진이 불타는 것을 상상할 수 있습니까?

자주 출제되는 단어

▶ **engineer** ⓝ 엔지니어
I need an engineer.
나는 엔지니어가 필요하다.

goggles
고글

breakdown
고장

enhance ⓥ 향상시키다, 올리다

enhance 향상시키다, 올리다
chance 기회

This ad gives us a big chance to enhance our sales.
이 광고는 우리의 판매를 향상시킬 수 있는 큰 기회를 준다.

자주 출제되는 단어

▶ **enhancement** ⓝ 증대
enhancement of sales
판매 증대

optimistic
낙천적인

narrator
해설자

이것은 대상 받은
포도입니다.

curtain
커튼

enlarge [v] 확대하다

enlarge 확대하다
large 큰

He plans to enlarge this large picture.
그는 이 큰 그림을 확대할 계획이다.

자주 출제되는 단어

▶ **enlargement** [n] 확대
the enlargement of a picture
그림의 확대

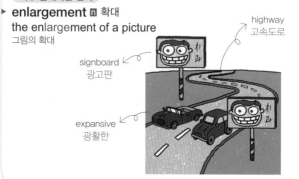

highway
고속도로

signboard
광고판

expansive
광활한

enterprise [n] 기업

enterprise 기업
comprise ~으로 구성되다

I am surprised that this enterprise comprises many doctors.
나는 이 기업이 많은 의사들로 이루어져 있다는 것에 놀랐다.

entertain [v] 즐겁게 하다

entertain 즐겁게 하다
detain 지체하게 하다

The party entertained him so much that it detained his schedule.
그 파티는 그를 매우 즐겁게 해서 그의 일정을 지체시켰다.

enthusiastic ⓐ 열성적인

enthusi<u>astic</u> 열성적인
fant<u>astic</u> 멋진

They are enthusiastic bikers. They form a fantastic team.
그들은 열성적인 바이커이다. 그들은 멋진 팀을 형성한다.

E

자주 출제되는 단어
▶ **enthusiasm** ⓝ 열정
They ride with enthusiasm.
그들은 열정적으로 탄다.

reverse
거꾸로의

enthusiasm
열정

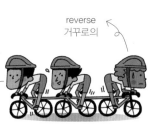

entire ⓐ 전체의

<u>entire</u> 전체의
<u>tire</u> 타이어

The entire tire is ruined.
타이어 전체가 망가졌다.

vehicle
차량

자주 출제되는 단어
▶ **entirely** ⓐⓓ 완전히
The tire is ruined entirely.
그 타이어는 완전히 망가졌다.

customer
고객

mechanic
정비사

entitle ⓥ 자격을 주다

<u>entitle</u> 자격을 주다
<u>title</u> 직함

His title entitles him to sign the paper.
그의 직함은 그가 그 서류에 사인할 자격을 준다.

197

entrance ⓝ 입구

entrance 입구
enter 들어가다

He doesn't like to enter the house from the entrance.
그는 입구를 통해 집으로 들어가는 것을 좋아하지 않는다.

entree ⓝ 주요리

entree 주요리
entrepreneur 기업인

This entree is this entrepreneur's favorite.
이 주요리는 이 기업인이 가장 좋아하는 것이다.

envelope ⓝ 봉투

envelope 봉투
develop 개발하다

He developed a new way to open an envelope.
그는 봉투를 여는 새로운 방법을 개발했다.

environment ⓝ 환경

environment 환경
virgin 처녀/지명

The environment in the Virgin Islands is pleasant.
버진 아일랜드의 환경은 쾌적하다.

자주 출제되는 단어
▶ environmental ⓐ 주위의
good environmental conditions
좋은 주위 환경

equal ⓐ 동등한

equal 동등한
qualify 자격을 갖추다

I am a qualified doctor. I have no equal in this field.
저는 자격을 갖춘 의사입니다. 이 분야에서는 상대가 없습니다.

E

자주 출제되는 단어

▶ **equally** ⓐⓓ 똑같이
No one is equally as
good as me.
어느 누구도 나만큼 훌륭하지 않다.

▶ **equality** ⓝ 동등
No one can claim equality
with me in this field.
아무도 이 분야에서 나와의 동등함을 주장할 수 없다.

equip ⓥ 장비를 갖추다

equip 장비를 갖추다
quit 그만두다

You are equipped now, so you can't quit now.
당신은 장비를 갖추었으니 지금 그만둘 수 없다.

자주 출제되는 단어

▶ **equipment** ⓝ 장비
You have all the
equipment now.
당신은 지금 모든 장비를 갖추고 있다.

kendo
검도

equipment
장비

surrender
포기하다

match
경기

erupt **v** 분출하다

erupt 분출하다
abrupt 갑작스러운

An abrupt idea led him to visit an erupted volcano.
갑작스러운 생각으로 인해 그는 폭발한
화산을 방문했다.

자주 출제되는 단어

▶ **eruption** **n** (화산의) 폭발
the eruption of a volcano
화산의 폭발

escalator **n** 에스컬레이터

escalator 에스컬레이터
calculator 계산기

She uses a calculator while
taking the escalator.
그녀는 에스컬레이터를 타는 동안 계산기를 사
용한다.

escape **v** 탈출하다

escape 탈출하다
landscape 풍경

He escaped from jail to enjoy
the pretty landscape.
그는 예쁜 풍경을 즐기기 위해 감옥에서 탈출했
다.

essay **n** 수필

essay 수필
say 말하다

Who says writing an essay is
easy?
누가 수필을 쓰는 것이 쉽다고 말하는가?

establish ☑ 설립하다

establish 설립하다
table 탁자

He has established a round table meeting.
그는 원탁회의를 열었다.

자주 출제되는 단어

▶ **established** ⓐ 시작된, 설립된
a meeting has been established.
회의가 시작되었다.

▶ **establishment** ⓝ 설립
the establishment of a meeting
회의의 성립

meeting
회의

harmonious
조화로운

estate ⓝ 부동산, 재산

estate 부동산, 재산
state 주(州)

He is a real estate agent in this state.
그는 이 주의 부동산 중개업자이다.

esteem ⓝ 존경심

esteem 존경심
team 팀

I have great esteem for this team.
나는 이 팀에 대해 큰 존경심을 갖고 있다.

estimate ▼ 추정하다

estimate 추정하다
approximate 대략의

I estimate that their approximate arrival time is now.
나는 그들의 대략적인 도착 시간이 지금이라고 추정한다.

자주 출제되는 단어

▶ **estimation** n 추정
the estimation of time
시간의 추정

count down
카운트다운

accurate
정확한

ethics n 윤리학

ethics 윤리학
thick 두꺼운

The book of ethics is very thick.
윤리학 책은 매우 두껍다.

자주 출제되는 단어

▶ **ethic** n 윤리
ethic of modern life
현대 생활의 윤리

▶ **ethical** a 도덕적인
To use a book as a step
is not ethical.
책을 발판으로 사용하는 것은 도덕적이지 않다.

cosy
아늑한

cross-legged
다리를 꼬고 있는

evade V 피하다

evade 피하다
invade 침입하다

When the collection agent invaded, he evaded.
그는 수금 회사 직원이 침입했을 때 피했다.

자주 출제되는 단어

▸ **evasion** n 회피
evasion of responsibilities
책임의 회피

flee
도망치다
stuck
막힌
violent
폭력적인

evaluate V 평가하다

evaluate 평가하다
value 가치

A person's value can't be evaluated by money.
사람의 가치는 돈으로 평가될 수 없다.

자주 출제되는 단어

▸ **evaluation** n 평가
evaluation of a person
사람의 평가

rake
갈퀴
employee
고용인
당신의
오늘 일당입니다.
wage
임금

exceed ⓥ 초과하다

ex<u>ceed</u> 초과하다
suc<u>ceed</u> 성공하다

She succeeded by exceeding the sales of the others.
그녀는 다른 사람들의 판매를 초과하여 성공했다.

자주 출제되는 단어

▶ **exceeding** ⓐ 대단한
an exceeding success
대단한 성공

▶ **exceedingly** ⓐⓓ 대단히
She works exceedingly hard.
그녀는 대단히 열심히 일한다.

exceed
초과하다

reward
보상

successful
성공적인

except 🔤 ~을 제외하고

ex<u>cept</u> ~을 제외하고
ac<u>cept</u> 받아들이다, 수락하다

He accepted every food except one.
그는 하나만 제외하고 모든 음식을 받아들였다.

자주 출제되는 단어

▶ **exception** ⓝ 예외
It is an exception.
그건 예외이다.

▶ **exceptional** ⓐ 특별한
an exceptional food
특별한 음식

foreigner
외국인

NO,
싫어요.

exception
예외

exchange V 교환하다

exchange 교환하다
change 동전

He wanted to exchange his change to US dollars.
그는 자신의 동전을 미국 달러로 교환하길 원했다.

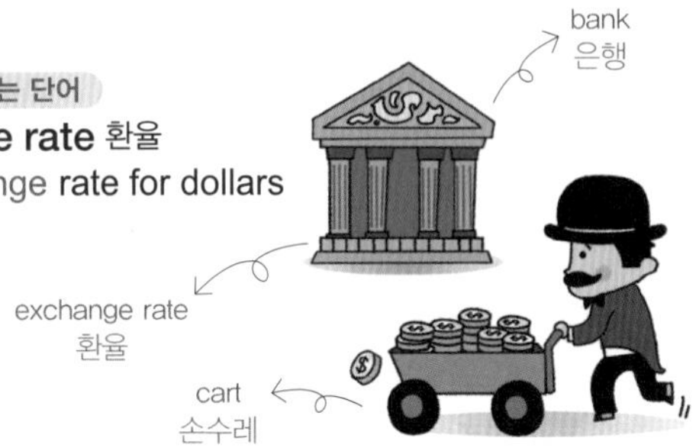
bank
은행
exchange rate
환율
cart
손수레

자주 출제되는 단어

▸ **exchange rate** 환율
the exchange rate for dollars
달러 환율

내 진주!

exclaim V 외치다

exclaim 외치다
claim 요구하다

He exclaimed with joy that he got what he claimed.
그는 자기가 요구한 것을 얻고 기뻐서 외쳤다.

exclude V 추방하다

exclude 추방하다
conclude 결론짓다

We concluded that he was excluded from this company.
우리는 그가 이 회사에서 추방되었다고 결론지었다.

자주 출제되는 단어

▸ **exclusion** n 제외
His exclusion from this company hurt him.
그는 회사에서 제외된 것 때문에 마음이 아팠다.

exclude Ⓥ 제외하다

exclude 제외하다
include 포함하다

She was excluded from other teams. Let's include her.
그녀는 다른 팀에서 제외되었습니다. 그녀를 포함시킵시다.

자주 출제되는 단어

▶ **exclusive** Ⓐ 배타적인, 전용의
This is an exclusive girl's team.
이 팀은 여자 전용 팀이다.

▶ **exclusion** Ⓝ 제외
exclusion from other teams
다른 팀으로부터 제외

excruciate Ⓥ 괴롭히다

excruciate 괴롭히다
crucial 중요한

This crucial decision excruciates her.
이 중요한 결정은 그녀를 괴롭힌다.

자주 출제되는 단어

▶ **excruciating** Ⓐ 심한 고통을 주는
an excruciating decision
심한 고통을 주는 결정

excursion Ⓝ 짧은 여행

excursion 짧은 여행
occur 발생하다

A delay occurred for the excursion.
여행에 대한 지연이 발생했다.

execute ⓥ 실행하다, 집행하다

exe<u>cute</u> 실행하다, 집행하다
<u>cute</u> 귀여운

She didn't execute the rules on the cute guy, and excused him.
그녀는 그 귀여운 남자에게 규칙을 집행하지 않고 그를 용서해주었다.

자주 출제되는 단어

▸ **executive** ⓐ 행정의
an executive officer
행정관

ogle
추파를
던지다
business suit
양복
traffic cop
교통 경찰

휴가중
축 승진

executive ⓝ 임원

exe<u>cutive</u> 임원
conse<u>cutive</u> 연속적인

This executive is absent for five consecutive days.
이 임원은 5일 연속으로 결석하고 있다.

exempt ⓥ 면제하다

ex<u>empt</u> 면제하다
att<u>empt</u> 시도하다

He attempted to be exempted from jury duty.
그는 배심원 의무로부터 면제되는 것을 시도했다.

자주 출제되는 단어

▸ **exemption** ⓝ 면제
exemption from jury duty
배심원 의무로부터 면제

집에
돌아가세요.

exhibit Ⅴ 전시하다

exhibit 전시하다
exhaust 피곤하다

To exhibit works is exhausting.
작품을 전시하는 것은 피곤하다.

art show
미술 전시

> 자주 출제되는 단어
▶ **exhibition** ⓝ 전시회
the exhibition of paintings
그림 전시회

connoisseur
감정가

exotic ⓐ 이국적인

exotic 이국적인
notice 알아채다, 주의하다

Have you noticed the exotic scenery on this island?
당신은 이 섬의 이국적인 풍경을 알아챘습니까?

---

expand Ⅴ 넓히다

expand 넓히다
spend 쓰다

She will spend a lot of money to expand this store.
그녀는 이 가게를 넓히기 위해 많은 돈을 쓸 것이다.

> 자주 출제되는 단어
▶ **expandable** ⓐ 확장할 수 있는
an expandable store
확장할 수 있는 가게

expect ☑ 기대하다

ex<u>pect</u> 기대하다
res<u>pect</u> 존경

He expects to be treated with respect from his students.
그는 학생들로부터 존경받기를 기대하고 있다.

자주 출제되는 단어

▶ **expectation** ⋒ 예상
contrary to expectations
예상과는 달리

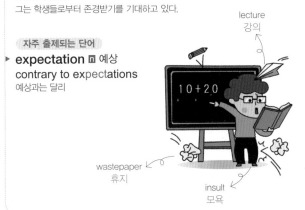

lecture
강의

wastepaper
휴지

insult
모욕

E

expedition ⋒ 탐험

expe<u>dition</u> 탐험
con<u>dition</u> 상황

The condition of this expedition is not good.
이번 탐험의 상황이 좋지 않다.

자주 출제되는 단어

▶ **expedite** ☑ 진척시키다
They can't expedite the
expedition due to the weather.
그들은 날씨 때문에 그 탐험을 진척시킬 수 없다.

sail
돛

seasickness
뱃멀미

billow
파도

expend Ⓥ 지출하다

expend 지출하다
suspend 정직시키다

He was suspended for expending company money on costumes.
그는 회사 공금을 의상에 지출한 혐의로 정직되었다.

cloak
망토

자주 출제되는 단어
▶ expense Ⓝ 비용
the expense of the costumes
그 의상은 비싸다.

▶ expensive Ⓐ 비싼
The costume is expensive.
그의 의상은 비싸다.

experience Ⓝ 경험

experience 경험
experiment 실험

This experiment is based on his earlier experience.
이 실험은 그의 이전 경험에 기초하고 있다.

자주 출제되는 단어
▶ experienced Ⓐ 경험 있는
He is experienced in
science experiments.
그는 과학 실험을 한 경험이 있다.

test tube
시험관

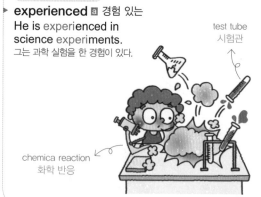

chemica reaction
화학 반응

expert ⓝ 전문가

expert 전문가
proper 적당한

This expert doesn't have proper manners.
이 전문가는 적당한 예의를 모른다.

자주 출제되는 단어

▶ **expertise** ⓝ 전문지식
English is her expertise.
영어는 그녀의 전문지식이다.

insult
모욕하다

또 너냐?
이것도 틀려!?

impolite
불친절한

severely
엄격하게

E

expire ⓥ 끝나다

expire 끝나다
umpire 심판

The work contract with the umpire has expired.
심판과의 고용 계약이 끝났다.

자주 출제되는 단어

▶ **expiry** ⓝ 만기
the expiry date of the contract
계약 만기일

▶ **expiration** ⓝ 만기
expiration date of the contract
계약 만기일

explain ⓥ 설명하다

<u>expl</u>ain 설명하다
<u>compl</u>ain 불평하다

Can someone explain what he is complaining about?
그가 무엇을 불평하는 건지 누가 설명할 수 있습니까?

자주 출제되는 단어
▶ **explanation** ⓝ 설명
He needs an explanation.
그는 설명이 필요하다.

explicit ⓐ 명백한

exp<u>licit</u> 명백한
so<u>licit</u> 요구하다

She solicited an explicit explanation.
그녀는 명백한 설명을 요구했다.

exploit ⓝ 착취하다

<u>explo</u>it 착취하다
<u>explo</u>re 탐험하다

Instead of exploring the land, they exploited the natives.
땅을 탐험하는 대신에 그들은 원주민들을 착취했다.

자주 출제되는 단어
▶ **exploitation** ⓝ 착취
the exploitation of the natives
원주민들의 착취

export ✔ 수출하다

export 수출하다
import 수입하다

He imports oysters and exports pearls.
그는 굴을 수입하고 진주를 수출한다.

자주 출제되는 단어

▶ **exporter** ⋒ 수출업자
He is both an importer
and an exporter.
그는 수입업자이자 수출업자이다.

▶ **exportation** ⋒ 수출
the exportation of pearls
진주 수출

수입

수출

oyster
굴

scallop
가리비

expose ✔ 노출시키다

expose 노출시키다
oppose 반대하다

I oppose being exposed to public.
나는 대중에게 노출되는 것을 반대한다.

자주 출제되는 단어

▶ **exposure** ⋒ 노출
the exposure of the body
신체 노출

exposure
노출

statue
조각상

leaf
나뭇잎

express ⓥ 표현하다

ex<u>press</u> 표현하다
re<u>press</u> 억누르다

She can't re<u>press</u> her desire
to ex<u>press</u> her feeling.
그녀는 감정을 표출하고 싶은 욕구를 억누를 수
가 없다.

extend ⓥ 뻗다

ex<u>tend</u> 뻗다
pre<u>tend</u> ~인 척하다

She pre<u>tend</u>ed she didn't see
his ex<u>tend</u>ed hand.
그녀는 그의 뻗은 손을 못 본 척 했다.

exterior ⓝ 외부

ex<u>terior</u> 외부
in<u>terior</u> 내부

This apple is rotten, ex<u>terior</u>
and in<u>terior</u>.
이 사과는 겉과 속이 썩었다.

extinguish ⓥ 끝내다

ex<u>tinguish</u> 끝내다
dis<u>tinguish</u> 두드러지게 하다

Before hope ex<u>tinguish</u>ed, he
dis<u>tinguish</u>ed his talent.
희망이 사라지기 전에, 그는 자신의 재능을
드러냈다.

extract ⓥ 추출하다

ex<u>tract</u> 추출하다
dis<u>tract</u> 주의를 빼앗다

When she is ex<u>tract</u>ing
the poison, she can't be
dis<u>tract</u>ed.
독을 추출하고 있을 때 그녀는 정신 팔릴 여유
가 없다.

Chapter 6
Ff

n 명사
v 동사
a 형용사
ad 부사
art 관사
aux 조동사
int 감탄사
pron 대명사
prep 전치사
conj 접속사

Ff | fabricate ~ fury

Check List   1 ☐ 2 ☐ 3 ☐ 4 ☐ 5 ☐

fabricate ⓥ 조립하다

fabricate 조립하다
fabric 천

He fabricated a machine to make fabric.
그는 천을 만들기 위해 기계를 조립했다.

자주 출제되는 단어
▶ **fabrication** ⓝ 조립
the fabrication of a machine
기계 조립

facility ⓝ 재능

facility 재능
ability 능력

She has the ability, and facility to work in this factory.
그녀가 이 공장에서 일할 수 있는 능력과 재능을 갖고 있다.

자주 출제되는 단어
▶ **facilitate** ⓥ 용이하게 하다
Her ability facilitates her work.
그녀의 능력은 작업을 용이하게 한다.

factor ⓝ 요소

factor 요소
fact 사실

In fact, he just found the main factor of this accident.
사실 그는 이 사고의 주요 요인을 방금 찾았다.

216

fad n 유행

fad 유행
dad 아버지

His dad loves to dress in the latest fad.
그의 아버지는 최신 유행의 옷을 즐겨 입는다.

Fahrenheit a 화씨의

Fahrenheit 화씨의
father 아버지

It is 14 Fahrenheit. He and his father are playing outside.
지금은 화씨 14도이다. 그와 그의 아버지는 밖에서 놀고 있다.

faint v 기절하다

faint 기절하다
paint 페인트

He fainted when he smelled the paint.
그는 페인트 냄새를 맡고 기절했다.

fake a 가짜의

fake 가짜의
face 얼굴

Does he have a fake face?
그는 가면을 쓰고 있나요?

false ⓐ 틀린

false 틀린
pulse 맥박

He gave us a false record of his pulse.
그는 우리에게 그의 잘못된 맥박 기록을 주었다.

자주 출제되는 단어

▶ **falsify** ⓥ 위조하다
He falsified the record.
그는 기록을 위조했다.

▶ **falsification** ⓝ 위조
the falsification of a record
기록 위조

machine
기계

위→

vampire
흡혈귀

맥박 검사

familiar ⓐ 익숙한

familiar 익숙한
family 가족
liar 거짓말쟁이

My family is familiar with this liar.
우리 가족은 이 거짓말쟁이에 익숙하다.

fantastic ⓐ 멋진

fantastic 멋진
enthusiastic 열정적인

They are enthusiastic bikers.
They form a fantastic team.
그들은 열정적인 바이커들이다. 그들은 멋진 팀을 형성한다.

fare ⓝ 요금

fare 요금
fair 축제마당

They pay fare for the bus to the fair.
그들은 축제마당에 가는 버스 요금을 낸다.

자주 출제되는 단어

▶ **farewell** ⓐ 작별의
They will have a farewell party at the fair.
그들은 축제마당에서 작별파티를 할 것이다.

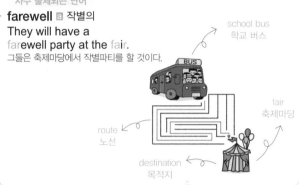

school bus
학교 버스

fair
축제마당

route
노선

destination
목적지

fascinate ⓥ 매혹시키다

fascinate 매혹시키다
fast 빠른
Cindy Cindy(사람 이름)

Cindy is fascinated by his fast movement.
Cindy는 그의 빠른 움직임에 매혹되었다.

자주 출제되는 단어

▶ **fascinating** ⓐ 매혹적인
His movement is fascinating.
그의 움직임은 매혹적이다.

▶ **fascination** ⓝ 흥미
She looked at him with fascination.
그녀는 흥미를 갖고 그를 쳐다보았다.

fashion ⓝ 패션

fashion 패션
flash 순간

Fashion comes and goes in a flash.
패션은 순식간에 오고 사라진다.

자주 출제되는 단어
▶ **fashionable** ⓐ 최신 유행의
He wears a fashionable outfit.
그는 최신 유행의 옷을 입는다.

fasten ⓥ 묶다

fasten 묶다
faster 빠른

I can fasten shoelaces faster than you can.
나는 너보다 신발 끈을 빨리 묶을 수 있다.

fault ⓝ 잘못

fault 잘못
assault 공격하다

It is not my fault that he was assaulted.
그가 공격당한 것은 내 잘못이 아니다.

자주 출제되는 단어
▶ **faulty** ⓐ 잘못된
faulty judgment
잘못된 판단

▶ **faultless** ⓐ 완전한
No one is faultless.
완전한 사람은 없다.

favor 🔲 부탁

favor 부탁
flavor 맛

He did me a favor, and made me a chocolate flavor cake.
그는 내 부탁을 들어주었고, 나에게 초콜릿 맛 케이크를 만들어주었다.

자주 출제되는 단어

▶ **favorite** 🔲 좋아하는
Chocolate is my favorite flavor.
초콜릿은 내가 좋아하는 맛이다.

▶ **favorable** 🔲 좋은
This is a favorable cake.
이것은 좋은 케이크다.

feasible 🔲 가능한

feasible 가능한
feast 잔치

To prepare a feast in one day is feasible.
잔치를 하루 만에 준비하는 것이 가능하다.

자주 출제되는 단어

▶ **feasibility** 🔲 가능성
the feasibility of preparing a feast in one day
잔치를 하루 만에 준비할 가능성

feedback 🔲 피드백

feedback 피드백
feed 먹이다

After feeding him, he gave me feedback.
그에게 음식을 먹인 후에, 그는 나에게 피드백을 주었다.

feet 🔲 발

feet 발
fleet 함대

He hurt his feet while chasing the fleet.
그는 함대를 추격하다가 발을 다쳤다.

felicitate Ⅴ 축하하다

felicitate 축하하다
irritate 짜증나게 하다

The way she felicitated irritated me.
그녀가 축하하는 태도는 나를 짜증나게 했다.

자주 출제되는 단어

▶ felicitation 🔲 축하
an insincere felicitation
진실되지 못한 축하

brand-new
새 것

canopy
덮개

felicitate
축하하다

ferry 🔲 여객선

ferry 여객선
Kerry Kerry(사람 이름)

Kerry and Larry took the ferry.
Kerry와 Larry는 여객선을 탔다.

fertile a 비옥한

fertile 비옥한
sterile 메마른

She has made a sterile land fertile.
그녀는 메마른 토지를 비옥하게 만들어왔다.

자주 출제되는 단어

▶ **fertilize** v 비옥하게 하다
to fertilize the land
토지를 비옥하게 하다

▶ **fertility** n 비옥함
the fertility of the land
토지의 비옥함

festival n 축제

festival 축제
carnival 카니발

The carnival is the most
famous festival here.
그 카니발은 여기서 가장 유명한 축제이다.

fetch v 가져오다

fetch 가져오다
sketch 스케치하다

Go fetch that chicken. I need
to sketch it.
그 닭을 가져와주세요. 저는 그것을 스케치해야
해요.

fiddle n (구어) 바이올린

fiddle (구어) 바이올린
confident 자신 있는

He is confident in playing the fiddle.
그는 바이올린 연주에 자신이 있다.

자주 출제되는 단어

▶ **fiddler** n 바이올리니스트
He is not a good fiddler.
그는 훌륭한 바이올리니스트가 아니다.

fiddler
바이올리니스트

rooftop
지붕

field n 밭

field 밭
yield (작물)이 생기다

His field yields much fruit.
그의 밭은 많은 열매를 맺는다.

file n 자료

file 자료
pile 더미

This pile of files need to be filed.
이 자료 더미는 정리되어야 한다.

자주 출제되는 단어

▶ **filing** n 정리
the filing of the file
자료 정리

final ⓝ 최종 시험

final 최종 시험
finance 재정, 재무

He failed his final in finance.
그는 마지막 재무 시험에서 낙제했다.

자주 출제되는 단어
▶ **finally** adv 마침내
The test is finally over.
그 시험은 마침내 끝났다.

test paper
시험지

flunk
낙제하다

anxious
걱정스러운

finance ⓝ 재정, 재무

finance 재정, 재무
dance 춤

She dances to help her family's finances.
그녀는 가족의 재정을 돕기 위해 춤춘다.

자주 출제되는 단어
▶ **financial** a 재정적
financial difficulties
재정적 어려움

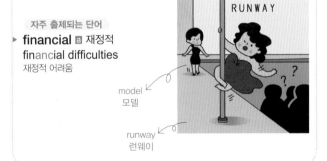

RUNWAY

model
모델

runway
런웨이

firm 🄝 회사

firm 회사
affirm 단언하다

He affirmed that this firm will close soon.
그는 이 회사가 곧 문을 닫을 것이라고 단언했다.

자주 출제되는 단어
▶ **firmly** 🄐 견고하게
This firm is not firmly managed.
이 회사는 경영이 부실하다.

fiscal 🄐 재무의

fiscal 재무의
physical 신체의

This fiscal agent often does physical exercise.
이 재무 대리인은 종종 운동을 한다.

fit 🅥 꼭 맞다

fit 꼭 맞다
it 이것

I love this dress. It fits me well.
나는 이 드레스가 마음에 든다. 이것은 나에게 꼭 맞는다.

자주 출제되는 단어
▶ **fitness** 🄝 건강
I value my fitness very much.
나는 내 건강을 높이 평가한다.

mirror
거울

dress
드레스

ballet
발레

flame n 불꽃

flame 불꽃
fame 명성

The flame of desire for fame is burning in him.
명성을 향한 욕망의 불꽃이 그에게 타오르고 있다.

flaw n 결함

flaw 결함
flow 흐르다

There is a flaw on the boat, and the water is flowing in.
보트에 결함이 있어서 물이 안으로 흘러들어오고 있다.

자주 출제되는 단어
▶ flawless a 완벽한
I thought the boat was flawless.
나는 보트가 완벽했다고 생각했다.

flea market n 벼룩시장

flea market 벼룩시장
flea 벼룩

Don't go to the flea market. It might have fleas.
벼룩시장에 가지 마라. 벼룩이 있을지도 모른다.

fleet n 함대

fleet 함대
feet 발

He hurt his feet while chasing the fleet.
그는 함대를 추격하다가 발을 다쳤다.

flight 🅝 비행

flight 비행
light 빛

He needs a light on during the flight.
그는 비행하는 동안 빛이 필요하다.

자주 출제되는 단어
▶ **flight attendant** 승무원
The flight attendant
offers her help.
그 승무원은 그녀에게 도움을 제공한다.

flight attendant
승무원

kind
친절한

assistance
도움

floppy 🅝 플로피 디스크

floppy 플로피 디스크
sloppy 단정치 못한

He is sloppy. He often lost his floppy disks.
그는 단정치 못하다. 그는 종종 그의 플로피 디스크를 잃어버린다.

flu 🅝 독감

flu 독감
flute 플룻

You shouldn't play the flute while you have the flu.
너는 독감이 걸린 동안 플룻을 연주해서는 안 된다.

fluctuate ⓥ 변동시키다

fluctuate 변동시키다
flunk 낙제하다

Having flunked the exam, his mood fluctuates between sadness and anger.
시험에서 낙제하는 것은 그의 기분을 슬픔과 분노 사이에서 요동치게 한다.

자주 출제되는 단어

▸ **fluctuation** ⓝ 변동
The fluctuation in mood is depressing.
기분의 오르내림은 우울하다.

F

forbid ⓥ 금지하다

forbid 금지하다
bid 입찰

The rule forbids cheating on bidding.
그 규칙은 입찰에서 부정행위를 하는 것을 금한다.

자주 출제되는 단어

▸ **forbidden** ⓐ 금지된
Cheating is forbidden.
부정행위를 하는 것은 금지되어 있다.

forecast ⓥ 예상하다

forecast 예상하다
for ~을 위해
cast 배역을 맡기다

Someone forecasts that he will be cast for this role.
누군가는 그가 이 역할을 맡게 될 것이라고 예상한다.

forfeit Ⅴ 상실하다

forfeit 상실하다
for ~을 위해
it 그것

The team forfeited the game, for it didn't have enough players.
그 팀은 선수가 부족해서 경기 자격을 잃었다.

자주 출제되는 단어
▶ **forfeiture** n 박탈
the forfeiture of a game
경기 자격의 박탈

그것이나 더 필요해...

forge Ⅴ 위조하다

forge 위조하다
forget 잊어버리다

He forgets how to forge a coin.
그는 동전을 위조하는 방법을 잊어버렸다.

자주 출제되는 단어
▶ **forging** n 위조
the forging of a coin
동전의 위조

▶ **forger** n 위조범
He is a forger.
그는 위조범이다.

▶ **forgery** n 위조품
This coin is a forgery.
이 동전은 위조품이다.

confused
당황한

blacksmith
대장장이

formal a 정식의

formal 정식의
form 양식

It is not a formal form.
그것은 정식 양식이 아니다.

자주 출제되는 단어

▶ **informal** a 비공식의
This form is informal.
이 양식은 비공식적이다.

▶ **formally** ad 정식으로
to sign formally
정식으로 서명하다

former a 이전의

former 이전의
from ~에서

This uniform conforms to the one from her former job.
이 유니폼은 그녀의 이전 직장의 것과 일치한다.

formulate v (계획을) 세우다

formulate (계획을) 세우다
stimulate 자극하다

What stimulated her to formulate such a strategy?
무엇이 그녀로 하여금 그러한 전략을 세우도록 자극했는가?

자주 출제되는 단어

▶ **formulation** n 수립
a formulation of a strategy
전략의 수립

fortunate @ 행운의

fortunate 행운의
tuna 참치

This tuna is fortunate to be alive.
이 참치는 살아있는 것이 행운이다.

자주 출제되는 단어
▶ **fortune** ⋒ 행운
It deserves such fortune.
그것은 그런 행운을 누릴 가치가 있다.

▶ **unfortunate** @ 불행한
The other tunas are unfortunate.
다른 참치들은 불행하다.

forward @d 앞으로

forward 앞으로
reward 상

She came forward and received the reward.
그녀는 앞으로 와서 상을 받았다.

foundation ⋒ 재단

foundation 재단
fundamental 근본, 본질

The fundamentals of this foundation are to help people.
이 재단의 본질은 사람을 돕는 것이다.

fountain ⋒ 분수

fountain 분수
retain 유지하다

He found a fountain that retains the original design.
그는 원래의 디자인을 유지하고 있는 분수를 찾았다.

fragile a 깨지기 쉬운

fragile 깨지기 쉬운
agile 민첩한

This agile boy is catching a fragile item.
이 민첩한 소년은 깨지기 쉬운 물건을 옮기고 있다.

fragrant a 향기로운

fragrant 향기로운
grant 주다

She was granted a fragrant bouquet.
그녀는 향기로운 부케를 받았다.

frail a 허약한

frail 허약한
rail 철도

The girl, sitting on the rail, has a grandma who is frail.
철도에 앉아있는 그 소녀에게는 허약한 할머니가 있다.

자주 출제되는 단어

▶ frailty n 허약함
the frailty of her grandma
그녀의 할머니의 허약함

▶ fragile a 허약한
She looks fragile.
그녀는 허약해 보인다.

frame n 액자

frame 액자
flame 불꽃

The frame of this picture is the shape of a flame.
이 사진의 액자는 불꽃 모양이다.

franchise ⓝ 독점권

franchise 독점권
French man 프랑스인

The French man is given the franchise by this company.

그 프랑스인은 이 회사로부터 독점권을 받았다.

▶ **franchisee** ⓝ 독점 판매업자
He is the franchisee.
그는 독점 판매업자이다.

beret
베레모

Bonjour

gree
인사하다

shake hands
악수

fraud ⓝ 사기(꾼)

fraud 사기(꾼)
friend 친구

His friend was a fraud.

그의 친구는 사기꾼이었다.

▶ **fraudulent** ⓐ 사기의
fraudulent act
사기 행동

sly
교활한

counterfeit
모조품

fraud
사기꾼

untrustworthy
신뢰할 수 없는

freezer 🔟 냉동고

freezer 냉동고
free 한가한

He opens his freezer all the time when he is free.
그는 한가할 때 항상 냉동고를 연다.

자주 출제되는 단어
▶ **freezing** 🔡 몹시 추운
The freezer is freezing.
냉동고는 몹시 춥다.

refrigerator
냉장고

starving
배고픈

F

freight 🔟 화물 운송

freight 화물 운송
eight 여덟

These eight robots came by freight.
이 여덟 대의 로봇들은 화물 운송으로 왔다.

자주 출제되는 단어
▶ **freighter** 🔟 화물선
There are eight robots on the freighter.
화물선에 로봇 여덟 대가 있다.

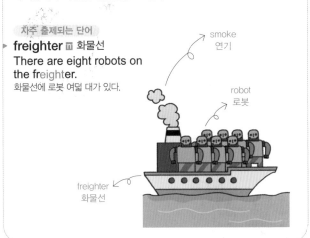

smoke
연기

robot
로봇

freighter
화물선

frequent [a] 잦은

frequent 잦은
eloquent 유창한

His eloquent speech causes him frequent troubles.
그의 유창한 연설은 잦은 문제를 야기한다.

자주 출제되는 단어
▶ **frequently** [ad] 때때로
He argues frequently.
그는 때때로 논쟁한다.

frustrate [v] 좌절시키다

frustrate 좌절시키다
concentrate 집중하다

He is frustrated that he can't concentrate on his work.
그는 일에 집중할 수 없어서 좌절한다.

자주 출제되는 단어
▶ **frustration** [n] 좌절
His work is full of frustrations.
그의 작업은 좌절로 가득 차있다.

fuel [n] 연료

fuel 연료
full 가득 찬

We need a full bucket of fuel.
우리는 연료로 가득 찬 양동이가 필요하다.

fulfill _V 충족시키다

fulfill 충족시키다
fill 채우다
full 가득 찬

He fulfills his needs by filling his full stomach with more food.
그는 가득 찬 배에 음식을 더 넣음으로써 그의 욕구를 충족시킨다.

자주 출제되는 단어
▶ **fulfillment** _n 충족
the fulfillment of his needs
그의 욕구의 충족

satisfied
만족한

빼불러

overweight
과체중

unwanted fat
불필요한 지방

function _n 역할

function 역할
action 동작

Quick action is the main function of their work.
빠른 동작은 그들 업무의 주된 역할이다.

자주 출제되는 단어
▶ **functional** _a 기능성의
functional equipment
기능성 장비

▶ **malfunction** _n 오작동
Any malfunction is not allowed.
어떤 오작동도 허용되지 않는다.

fund n 기금

fund 기금
refund 환불하다

She got a refund from the fund.
그녀는 기금에서 환불받았다.

furniture n 가구

furniture 가구
picture 사진

We need a picture to go with the furniture.
우리는 그 가구에 어울리는 사진이 필요하다.

further ad 더 나아가

further 더 나아가
father 아버지

We will help her father further.
우리는 그녀의 아버지를 더 도울 것이다.

fury n 분노

fury 분노
usury 고리대금업

Usury creates fury.
고리대금업은 분노를 일으킨다.

Chapter 7
Gg

n 명사
v 동사
a 형용사
ad 부사
art 관사
aux 조동사
int 감탄사
pron 대명사
prep 전치사
conj 접속사

Gg | gadget ~ gym

gadget n 장치

gadget 장치
budget 예산

We need a larger budget to
buy some gadgets.
우리는 몇 개의 장치를 사기 위해 더 많은
예산이 필요하다.

gamble v 도박하다

gamble 도박하다
grumble 불평하다

He grumbles a lot while gambling.
그는 도박을 하는 동안 불평을 많이 한다.

자주 출제되는 단어
▶ **gambler** n 도박꾼
He is a worse gambler.
그는 아주 나쁜 도박꾼이다.

garage n 차고

garage 차고
garbage 쓰레기

He kept a lot of garbage in
his garage.
그는 차고 안에 많은 쓰레기를 두었다.

gather Ⓥ 수집하다

gather 수집하다
father 아버지

Her father gathers leather for bad weather.
그녀의 아버지는 악천후에 대비하기 위해 가죽을 수집한다.

자주 출제되는 단어
▶ **gathering** Ⓝ 수집
the gathering of leather
가죽의 수집

hunter
사냥꾼

bear
곰

rifle
라이플총

gene Ⓝ 유전자

gene 유전자
generate 만들어 내다

Different genes generate different kinds of cats.
다른 유전자는 다른 종류의 고양이를 만들어 낸다.

자주 출제되는 단어
▶ **genetic** Ⓐ 유전의
genetic differences
유전적 차이

▶ **genetics** Ⓝ 유전학
the study of genetics
유전학 연구

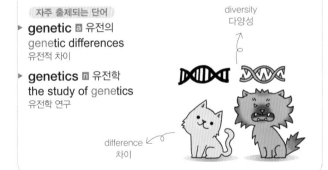

diversity
다양성

difference
차이

generate ⓥ 발생시키다

generate 발생시키다
general 일반의

In general, we need something to generate the heat.
일반적으로 우리는 열을 발생시킬 무언가가 필요하다.

자주 출제되는 단어

▶ **generator** ⓝ 발전기
We need a heater and a generator.
우리는 히터와 발전기가 필요하다.

▶ **generation** ⓝ 발생
the generation of heat
열의 발생

genuine ⓐ 진짜의

genuine 진짜의
urine 오줌

This is genuine urine from an elephant.
이것은 코끼리의 진짜 오줌이다.

자주 출제되는 단어

▶ **genuinely** ⓐⓓ 진심으로
genuinely upset
진심으로 화나다

germ ⓝ 세균

germ 세균
term 조건

He needs to find a germ according to the term.
그는 조건에 따라 세균을 찾아야 한다.

glance ⓥ 힐끗 보다

glance 힐끗 보다
balance 균형

He glanced at her, and lost his balance.
그는 그녀를 힐끗 보다가 균형을 잃었다.

global ⓐ 세계적인

global 세계적인
glory 영광

He earns global glory.
그는 세계적인 영광을 얻는다.

> 자주 출제되는 단어

▶ **globalize** ⓥ 세계화하다
He globalized his product.
그는 그의 제품을 세계화했다.

▶ **globalization** ⓝ 세계화
the globalization of his product
그의 제품의 세계화

gloom ⓝ 우울함

gloom 우울함
groom 신랑

This sad groom is filled with gloom.
이 슬픈 신랑은 우울함으로 가득 차있다.

> 자주 출제되는 단어

▶ **gloomy** ⓐ 우울한
a gloomy look
우울한 표정

glory ⓝ 영광

glory 영광
theory 이론

There is a theory that all glory is fleeting.
모든 영광은 덧없다는 이론이 있다.

glutton ⓝ 대식가

glutton 대식가
glue 접착제
Tony Tony(사람 이름)

Tony, even when stuck with glue, is a glutton.
Tony는 접착제에 달라붙었을 때조차도 대식가이다.

자주 출제되는 단어
▶ gluttony ⓝ 폭식
Gluttony will make you fat.
폭식은 너를 살찌게 만들 것이다.

gluttony
폭식

sticky
끈적거리는

glue
접착제

gossip ⓥ 험담하다

gossip 험담하다
boss 상사

People like to gossip about their boss.
사람들은 그들의 상사에 대해 험담하는 것을 좋아한다.

govern Ⓥ 통치하다

<u>govern</u> 통치하다
<u>over</u> 끝나다

Once he governs this county, it will be over soon.
일단 그가 이 나라를 통치하면, 이 나라는 끝날 것이다.

자주 출제되는 단어

▶ **governor** Ⓝ 통치자
He was a governor.
그는 통치자였다.

▶ **government** Ⓝ 정부
He will run this government.
그는 이 정부를 운영할 것이다.

abominable
지독한

dreadful
두려운

governor
통치자

grade Ⓝ 학년

<u>grade</u> 학년
<u>trade</u> 무역

He learned how to trade in the first grade.
그는 1학년 때 어떻게 무역하는지에 대해 배웠다.

자주 출제되는 단어

▶ **gradual** ⓐ 점진적인
the gradual development
점진적인 발전

▶ **gradually** ⓐⓓ 점진적으로
He gradually became
a businessman.
그는 점진적으로 사업가가 되었다.

promotion
홍보

돈을
법시다!

clever
영리한

graduation n 졸업

graduation 졸업
congratulate 축하하다

I would like to congratulate you on your graduation!
나는 너의 졸업을 축하하고 싶어!

자주 출제되는 단어

▶ **graduate** v 졸업하다
graduate from kindergarten
유치원을 졸업하다

graduate
졸업하다

diploma
학위

graduation ceremony
졸업식

grant v 주다

grant 주다
fragrant 향기로운

She was granted a fragrant bouquet.
그녀는 향기로운 부케를 받았다.

자주 출제되는 단어

▶ **take (sth) for granted**
~을 당연시하다
She took the bouquet for granted.
그녀는 부케를 당연하게 받았다.

host
진행자

stage
무대

graph 🔟 그래프

graph 그래프
grape 포도

The graph shows sales of grapes.
그 그래프는 포도의 판매를 보여준다.

자주 출제되는 단어
▶ **graphic** 🔠 그래프의
graphic analysis
그래프 분석

▶ **graphical** 🔠 그래프의
graphical representation
그래픽 표현

grateful 🔠 감사하는

grateful 감사하는
integrate 결합하다

I am grateful that you integrated all the pieces together.
저는 당신이 모든 조각을 결합해준 것에 대해 감사합니다.

자주 출제되는 단어
▶ **gratitude** 🔟 감사
to show my gratitude
나의 감사를 나타내다.

grease 🔟 기름

grease 기름
increase 증가하다

The production of grease has increased.
기름의 생산량이 증가해왔다.

greed n 욕심

greed 욕심
greet 반기다

I hate to greet a man of greed.
나는 욕심 많은 사람을 반기는 것이 싫다.

자주 출제되는 단어
▶ **greedy** a 욕심 많은
a greedy man
욕심 많은 남자

▶ **greediness** n 탐욕
Greediness is his main
characteristic.
탐욕은 그의 주요 특성이다.

shallow
얄팍한

greedy
탐욕스러운

grieve v 슬퍼하다

grieve 슬퍼하다
retrieve 되찾아오다

She grieves not to be able to retrieve her pet.
그녀는 자신의 애완동물을 되찾아올 수 없다는 것에 슬퍼한다.

자주 출제되는 단어
▶ **grief** n 슬픔
Her lost pet is a grief to her.
그녀의 잃어버린 애완동물은 그녀에게 슬픔이다.

cage
우리

captivity
감금

ZOO

grieved
슬퍼하는

grim a 엄숙한

<u>grim</u> 엄숙한
<u>trim</u> 다듬다

The man who is trimming the hair has a grim look.
머리를 다듬고 있는 남자는 엄숙한 표정을 짓고 있다.

자주 출제되는 단어

▶ **grimace** n 찡그린 얼굴
He is not making a grimace.
그는 찡그린 얼굴을 하고 있지 않다.

barber
이발사

slovenly
단정치 못한

G

groom n 신랑

<u>groom</u> 신랑
<u>gloom</u> 우울한

This sad groom is filled with gloom.
이 슬픈 신랑은 우울함으로 가득 찼다.

gross a 총계의

<u>gross</u> 총계의
<u>cross</u> 넘다

The gross sales of grapes have crossed the baseline.
포도의 총 판매량이 기준을 넘어섰다.

자주 출제되는 단어

▶ **grossly** ad 극도로
grossly increased sales
극도로 증가한 판매

249

guarantee ☑ 보장하다

guarantee 보장하다
warranty 보증

I guarantee that they are under warranty.
나는 그것들이 보증된다는 것을 보장한다.

guard ⋒ 경비원

guard 경비원
guide 안내하다

This guard guides us to the park.
이 경비원은 우리를 공원으로 안내한다.

guest ⋒ 손님

guest 손님
guess 추측하다

She couldn't guess who would be her guest tonight.
그녀는 오늘밤 누가 손님이 될지 추측할 수 없다.

guide ☑ 안내하다

guide 안내하다
guard 경비원

This guard guides us to the park.
이 경비원은 우리를 공원으로 안내한다.

gym ⋒ 체육관

gym 체육관
gum 껌

He left many pieces of gum in the gym.
그는 많은 껌을 체육관에 남겼다.

Chapter 8
Hh

n 명사
v 동사
a 형용사
ad 부사
art 관사
aux 조동사
int 감탄사
pron 대명사
prep 전치사
conj 접속사

habit ⁿ 습관

habit 습관
rabbit 토끼

She has the same habit as her rabbit.
그녀는 그녀의 토끼와 같은 습관을 갖고 있다.

자주 출제되는 단어
▶ **habitual** ⓐ 습관적인
habitual movement
습관적인 동작

dyeing
염색

carrot
당근

fur
털

hack ⍄ 난도질하다

hack 난도질하다
hacker 해커

Someone hacked the hacker's computer.
누군가가 해커의 컴퓨터를 난도질했다.

할인 가능한가요?

haggle ⍄ 흥정하다

haggle 흥정하다
Google 구글

He haggled even when shopping on Google.
그는 심지어 구글에서 쇼핑할 때도 흥정했다.

handicap
V 불리하게 만들다

handicap 불리하게 만들다
hand 손

He was handicapped by losing a hand.
그는 손을 잃어서 불리해졌다.

handicraft **n** 수공예

handicraft 수공예
handy 손재주가 있는

She is handy with handicrafts.
그녀는 수공예에 손재주가 있다.

handicraftsman
n 수공예가

Her father is a handicraftsman.
그녀의 아버지는 수공예가다.

handle **n** 손잡이

handle 손잡이
hand 손

There is a hand holding the handle.
손잡이를 잡고 있는 손이 있다.

자주 출제되는 단어

▶ **handler** **n** 조작자
He is the handler.
그는 조작자이다.

▶ **handling** **n** 처리
the handling of the situation
이 상황의 처리

harm ⓥ 피해를 입히다

harm 피해를 입히다
arm 팔

His arm was harmed at the farm.
그의 팔은 농장에서 피해를 입었다.

자주 출제되는 단어

▸ **harmful** ⓐ 해가 되는
Being careless could be harmful.
부주의하게 행동하는 것은 해가 될 수 있다.

▸ **harmless** ⓐ 무해한
It should be a harmless animal.
그것은 무해한 동물이어야 한다.

harmony ⓝ 조화

harmony 조화
ceremony 의식

The ceremony is in harmony.
그 의식은 조화롭다.

자주 출제되는 단어

▸ **harmonious** ⓐ 조화로운
The ceremony was harmonious.
그 의식은 조화로웠다.

disciple
신도

priest
성직자

sermon
설교

rostrum
강단

haste n 서두름

haste 서두름
taste 맛보다

You can't taste good food if you are in haste.
서두르면 당신은 좋은 음식을 맛볼 수 없다.

자주 출제되는 단어

▶ **hasten** v 서두르다
to hasten the meal
식사를 서두르다

▶ **hasty** a 성급한
She is always hasty.
그녀는 항상 성급하다.

hasty
성급한

H

hate v 몹시 싫어하다

hate 몹시 싫어하다
ate 먹었다

She ate something she hates.
그녀는 그녀가 몹시 싫어하는 것을 먹었다.

자주 출제되는 단어

▶ **hatred** n 혐오
hatred toward certain foods
특정 음식에 대한 혐오

▶ **hateful** a 싫은
Some foods are hateful to her.
그녀는 어떤 음식을 너무 싫어한다.

dieter
다이어트 중인
사람

diet
다이어트

hazard ⓝ 위험

hazard 위험
lizard 도마뱀

This lizard is in hazard.
이 도마뱀은 위험에 처해 있다.

자주 출제되는 단어
▶ **hazardous** ⓐ 위험한
a hazardous situation
위험한 상황

lizard
도마뱀

headquarters ⓝ 본부

headquarters 본부
headline 헤드라인

Our headquarters is on the headline of the newspaper.
우리 본부는 신문 헤드라인을 장식하고 있다.

herb ⓝ 허브

herb 허브
her 그녀의

Her garden grows many herbs.
그녀의 정원에는 많은 허브를 기르고 있다.

자주 출제되는 단어
▶ **herbal** ⓐ 허브의
She likes herbal tea.
그녀는 허브차를 좋아한다.

hesitate ☑ 주저하다

hesitate 주저하다
irritate 짜증나게 하다

He hesitates about every decision. It irritates me.
그는 모든 결정에 있어서 주저한다. 그것은 나를 짜증나게 한다.

자주 출제되는 단어
▸ **hesitation** ⋒ 망설임
He has hesitation in
everything.
그는 매사에 망설인다.

hide ☑ 숨기다

hide 숨기다
wide 넓은

**This room is not wide enough
to hide an elephant.**
이 방은 코끼리를 숨길 만큼 넓지 않다.

hideous ⓐ 끔찍한

hideous 끔찍한
hide 감추다

**A hideous crime hides in the
dark corner.**
끔찍한 범죄가 암흑가에 감추어져 있다.

hierarchy ⋒ 계급 제도

hierarchy 계급 제도
monarch 군주

**According to the hierarchy,
this child will be a monarch.**
계급 제도에 따르면, 이 아이는 군주가 될 것이
다.

hilarious a 재미있는

hilarious 재미있는
various 다양한

Mary has various hilarious wigs!
Mary는 재미있는 가발을 다양하게 갖고 있다.

hinder v 방해하다

hinder 방해하다
reminder 독촉장

The reminder shouldn't hinder your business.
그 독촉장이 당신의 사업을 방해해서는 안 된다.

hip n 엉덩이

hip 엉덩이
hippo 하마

His hip was hit by a hippo.
그의 엉덩이가 하마에 의해 타격을 받았다.

hire v 고용하다

hire 고용하다
firemen 소방관

Who hired those firemen?
이 소방관들을 누가 고용했는가?

history n 역사

history 역사
story 이야기

He likes to tell stories of history.
그는 역사 이야기를 말해주는 것을 좋아한다.

hobby ⓝ 취미

hobby 취미
lobby 로비

To dance in the lobby is his annoying hobby.
로비에서 춤추는 것은 짜증나는 그의 취미이다.

hospital ⓝ 병원

hospital 병원
capital 자본

You need a lot of capital to build a hospital.
너는 병원을 짓기 위해 많은 자본이 필요하다.

host ⓝ 주인

host 주인
ghost 귀신

This ghost is a friendly host.
이 귀신은 친절한 주인이다.

hostility ⓝ 적의

hostility 적의
utility 다용도의

He seems to have hostility to this utility pole.
그는 이 전봇대에 적의를 갖고 있는 것 같다.

hug ⓥ 껴안다

hug 껴안다
bug 벌레

These two bugs like to hug.
이 벌레 두 마리는 껴안는 것을 좋아한다.

humid a 습기가 많은

humid 습기가 많은
mid 한가운데에

It is humid in mid-summer.
한여름에는 습기가 많다.

humiliate v 창피를 주다

humiliate 창피를 주다
affiliate 가입하다

To affiliate with this group
humiliates him.
이 단체에 가입하는 것은 그를 창피하게 한다.

hymn n 찬송가

hymn 찬송가
rhyme 운문

The lyrics of this hymn
rhyme.
이 찬송가의 가사는 운문이다.

hypnosis n 최면

hypnosis 최면
diagnosis 진단

The doctor made his
diagnosis, when the patient
was under hypnosis.
환자가 최면에 걸려 있을 때, 그 의사는 진단을
내렸다.

Chapter 9
Ii

n 명사
v 동사
a 형용사
ad 부사
art 관사
aux 조동사
int 감탄사
pron 대명사
prep 전치사
conj 접속사

icy ⓐ 얼음의, 차가운

<u>icy</u> 얼음의, 차가운
sp<u>icy</u> 매운

He likes to eat spicy food with an icy drink.
그는 매운 음식을 차가운 음료와 같이 먹는 것을 좋아한다.

identity ⓝ 신분, 정체성

<u>identity</u> 신분, 정체성
<u>dent</u>ist 치과 의사

The dentist showed his identity.
치과 의사는 자신의 신분을 밝혔다.

▷ 자주 출제되는 단어

▶ **identify** ⓥ 확인하다, 신원을 밝히다
We couldn't identify him.
우리는 그를 확인하지 못했다.

▶ **identification** ⓝ 신분 증명
identification card (ID)
신분증

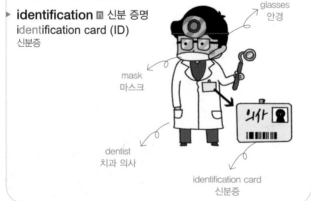

glasses
안경

mask
마스크

dentist
치과 의사

identification card
신분증

idle a 한가한, 놀고 있는

idle 한가한, 놀고 있는
idol 우상

His idol lives an idle life.
그의 우상은 한가한 삶을 보내고 있다.

자주 출제되는 단어

▶ **idler** n 게으름뱅이
an idler
게으름뱅이

▶ **idleness** n 나태, 게으름
to live a life of idleness
나태하게 사는 삶

idol n 우상

idol 우상
idle 한가한

His idol lives an idle life.
그의 우상은 한가한 삶을 보내고 있다.

자주 출제되는 단어

▶ **idolize** v 우상화하다
to idolize an idler
게으름뱅이를 우상화하다

idol
우상

adherent
지지자, 신봉자

worship
예배, 숭배

ill ⓐ 병든, 건강이 나쁜

ill 병든, 건강이 나쁜
pill 알약

He is ill, so he takes a lot of pills.
그는 병에 걸려서 많은 양의 알약을 섭취했다.

자주 출제되는 단어

▶ **illness** ⓝ 병
He took a lot of pills during his illness.
그는 병이 걸린 동안 많은 양의 알약을 섭취했다.

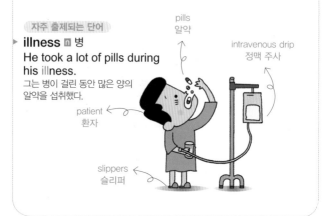

pills
알약

intravenous drip
정맥 주사

patient
환자

slippers
슬리퍼

illuminate ⓥ 비추다, 밝게 하다

illuminate 비추다
illusion 환상

The magician's illusion illuminates the box.
마술사의 환상이 그 상자를 비추고 있다.

자주 출제되는 단어

▶ **illumination** ⓝ 조명
a box with illumination
조명이 달린 상자

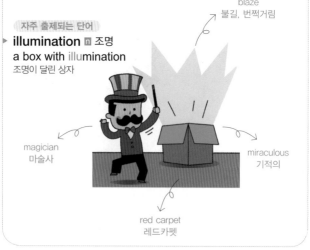

blaze
불길, 번쩍거림

magician
마술사

miraculous
기적의

red carpet
레드카펫

illustrate ⓥ 설명하다, 보여주다

illustrate 설명하다, 보여주다
penetrate 관통하다

This X-ray illustrates that an arrow penetrated its heart.
이 엑스레이는 화살이 심장을 관통하고 있음을 보여준다.

자주 출제되는 단어

▸ **illustration** ⓝ 삽화
an illustration of his work
그의 작품의 삽화

Jupiter
주피터
crown
왕관
arrow
화살
X-ray
엑스레이

imagine ⓥ 상상하다

imagine 상상하다
engine 엔진

Can you imagine the engine is on fire while flying?
당신은 비행 중에 엔진이 불타는 것을 상상할 수 있습니까?

자주 출제되는 단어

▸ **imagination** ⓝ 상상
I hope it is just my imagination.
나는 그것이 단지 나의 상상일 뿐이길 희망한다.

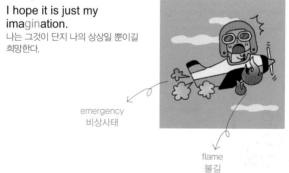

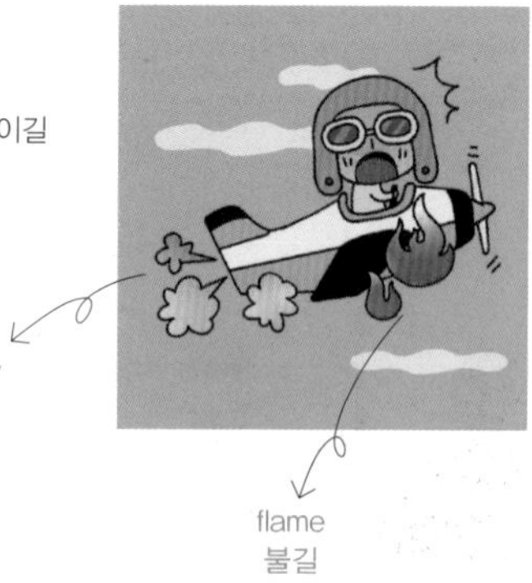
emergency
비상사태
flame
불길

imitate ⓥ 모방하다

imitate 모방하다
facilitate 용이하게 하다, 쉽게 하다

Imitating a great man can facilitate the way to success.
훌륭한 사람을 모방하는 것은 성공으로의 길을 순조롭게 할 수 있다.

자주 출제되는 단어
▶ imitation ⓝ 모방
the imitation of a great man
위인의 모방

immune ⓐ 면제인

immune 면제인
mute 말이 없는

Being mute makes him immune from many duties.
벙어리가 되는 것은 그를 많은 의무로부터 면제시킨다.

자주 출제되는 단어
▶ immunity ⓝ 면제
immunity from duties
의무로부터의 면제

▶ immune system 면역 체계
Other than being mute, he has a good immune system.
벙어리인 것 말고는, 그는 좋은 면역 체계를 갖고 있다.

impact ⓥ 영향을 미치다

impact 영향을 미치다
pact 조약

The pact between two countries impacts their people.
두 나라 간의 조약은 국민들에게 영향을 미친다.

impel
V 추진시키다, 밀고 나아가다

impel 추진시키다, 밀고 나아가다
spell 철자

He was impelled to learn how to spell.
그는 철자 쓰는 법을 익히기 위해 열중했다.

implement V 수행하다

implement 수행하다
complement 보완물

He needs some complements to implement his work.
그는 자신의 작업을 수행하기 위해 약간의 보완물이 필요하다.

자주 출제되는 단어

▸ **implementation** n 완성

the implementation of a work
작품의 완성

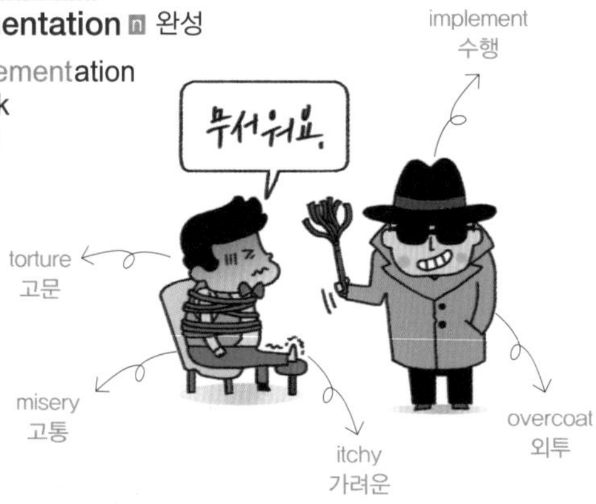
implement
수행
무서워요.
torture
고문
misery
고통
itchy
가려운
overcoat
외투

implicit a 암묵적인

implicit 암묵적인
deficit 적자

It is implicit that this company is in deficit.
이 회사가 적자라는 것은 암묵적이다.

I

imply v 의미하다

imply 의미하다
reply 대답

That his reply is silence, implies a secret.
그의 대답이 침묵이라는 것은 비밀을 의미한다.

자주 출제되는 단어

▸ **implication** n 의미
the implication of his silent
그의 침묵의 의미

eat up
먹어치우다
question
질문, 물음
silent
침묵하는
round table
원탁

impose v 부과하다

impose 부과하다
oppose 반대하다

He is opposed to imposing more taxes on cigarettes.
그는 담배에 더 많은 세금을 부과하는 것에 반대한다.

자주 출제되는 단어

▸ **imposition** n 부과
imposition of taxes
과세

항의
cigarette
담배
protest
항의하다

impress v 감명을 주다

impress 감명을 주다
suppress 진압

We are impressed that the mob was suppressed so fast.
우리는 폭도들이 매우 빨리 진압되었다는 것에 감명받았다.

자주 출제되는 단어

- **impression** n 인상
  the bad impression of the mob
  폭도들의 나쁜 인상

- **impressive** a 인상적인
  This suppression of the mob was impressive.
  폭도들을 진압하는 것은 인상적이었다.

improve v 향상되다

improve 향상되다
prove 증명하다

I can prove that even a student like him can improve.
나는 그와 같은 학생도 향상될 수 있음을 증명할 수 있다.

impulsive a 충동적인

impulsive 충동적인
pulse 맥박

When his pulse elevated, he became impulsive.
그의 맥박이 상승했을 때, 그는 충동적이 되었다.

자주 출제되는 단어

- **impulsively** ad 충동적으로
  He makes desicions impulsively.
  그는 충동적으로 결정했다.

incentive 🄽 동기

incentive 동기
cent 센트

This one cent is his incentive to work harder.
이 1센트는 그가 더 열심히 일할 수 있는 동기이다.

include 🅅 포함하다

include 포함하다
exclude 제외하다

She was excluded from other teams. Let's include her.
그녀는 다른 팀에서 제외되었습니다. 그녀를 포함시킵시다.

income 🄽 수입

income 수입
comedian 개그맨

The comedian makes a good income.
개그맨의 수입은 좋다.

increase 🅅 증가하다

increase 증가하다
grease 기름

The production of grease has increased.
기름의 생산량이 증가해왔다.

자주 출제되는 단어

▶ decrease 🅅 줄다, 감소하다
The price has decreased.
가격이 내렸다.

refine
정제하다

270

indemnity ⓝ 배상금

indemnity 배상금
indeed 정말로

You indeed need to pay an indemnity to him.
당신은 정말로 그에게 배상금을 지불할 필요가 있다.

자주 출제되는 단어
▶ **Letter of indemnity** 손해 배상 청구서
You have signed the Letter
of indemnity.
당신은 손해 배상 청구서에 서명했다.

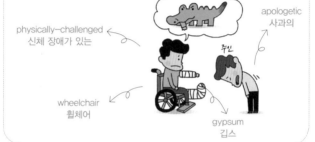

physically-challenged
신체 장애가 있는

apologetic
사과의

wheelchair
휠체어

gypsum
깁스

---

indicate ⓥ 나타내다

indicate 나타내다
dedicate 헌신하다

The trophy indicated the hours he dedicated to his work.
그 트로피는 그가 일에 헌신한 시간을 나타내었다.

자주 출제되는 단어
▶ **indication** ⓝ 표시
the indication of his hard work
그의 노력에 대한 표시

▶ **indicative** ⓐ 나타내는
indicative of over working
과로를 나타내는

exhausted
고갈된, 지친

trophy
트로피

indignant ⓐ 분개한

indignant 분개한
pregnant 임신한

She is indignant about being treated as pregnant.
그녀는 임신했다고 여겨진 것에 대해 분개했다.

give place to
자리를 양보하다

자주 출제되는 단어
▶ **indignantly** ad 화나서
She refused the offer
indignantly.
그녀는 화가 나서 제안을 거절했다.

goodwill
친절, 선의

individual ⓐ 개인적인

individual 개인적인
divide 분배하다

He has an individual way to divide his money.
그는 자신의 돈을 분배할 수 있는 개인적인 방법이 있다.

자주 출제되는 단어
▶ **individually** ad 개인적으로
He thinks individually.
그는 개인적으로 생각한다.

banknote
지폐

dedicate to
바치다

suitcase
여행 가방

industry ⓝ 산업, 공업

industry 산업, 공업
dust 먼지

The industry makes the people in this town full of dust.
이 산업은 마을 사람들을 먼지로 가득하게 했다.

자주 출제되는 단어

▶ **industrial** ⓐ 산업의, 공업의
industrial town
산업도시

▶ **industrialize**
ⓥ 산업화하다, 공업화하다
This town has industrialized.
이 마을은 산업화되었다.

▶ **industrialization** ⓝ 산업화, 공업화
industrialization of a town
마을의 산업화

infect ⓥ 감염시키다

infect 감염시키다
effect 영향

Being infected with the flu has a big effect on him.
독감에 감염된 것이 그에게 큰 영향을 미쳤다.

자주 출제되는 단어

▶ **infection** ⓝ 감염
a viral infection
바이러스성 감염

▶ **disinfect** ⓥ 소독하다
He'd better disinfect the flute.
그는 플룻을 소독하는 것이 낫겠다.

infectant
감염 물질

flute
플룻

running nose
코감기

inferior @ 하위의

inferior 하위의
superior 상위의

His rank is superior to Tom's, but inferior to John's.
그의 계급은 Tom보다는 상위이지만, John보다는 하위이다.

자주 출제되는 단어
▶ **inferiority** @ 열등
feeling of inferiority
열등감

John
bald
대머리의

superior
상위의

bow
절하다

Tom

kneel
무릎 꿇다

inflation @ 물가 상승

inflation 물가 상승
flat 바람이 빠진

He can't replace the flat tire, because of inflation.
그는 물가 상승 때문에 바람이 빠진 타이어를 교체할 수 없었다.

자주 출제되는 단어
▶ **deflation** @ 물가 하락
global deflation
세계적인 물가 하락

anxious
걱정스러운

tire
타이어

tire
타이어

flat
바람이 빠진

inform ☑ 알리다

inform 알리다
reform 개혁

Someone informed us that a reform has been
done.
누군가 우리에게 개혁이 끝났음을 알렸다.

▶ **informal** ⓐ 격식을 차리지 않은
Any informal behavior needs to
be corrected
격식을 차리지 않은 행동은 수정되어야 한다.

▶ **information** ⓝ 정보
Is this information correct?
이 정보가 맞습니까?

ingredient ⓝ 재료

ingredient 재료
obedient 순종하는

You need to be obedient, and
use this ingredient for the
cake.
당신은 케이크를 만들기 위해 따르고, 이 재료
를 사용해야 한다.

inherit ☑ 상속하다, 물려받다

inherit 상속하다, 물려받다
merit 장점

What is the merit to inherit a castle?
성을 상속받는 것의 장점은 무엇입니까?

▶ **inheritance** ⓝ 상속
to get a castle by inheritance
상속으로 성을 얻다.

▶ **heritage** ⓝ 유산
The castle is his heritage.
그 성은 그의 유산이다.

initial 𝖺 처음의

initial 처음의
in 안의

The initial step is to know what it is in this house.
처음 단계는 이 집에 무엇이 있는지 아는 것이다.

자주 출제되는 단어
▸ **initiative** 𝗻 주도권
to take the initiative
주도권을 쥐고 있다.

initiate 𝗻 신입

initiate 신입
negotiate 협상하다

These two initiates are negotiating.
두 명의 신입은 협상 중이다.

자주 출제되는 단어
▸ **initiation** 𝗻 시작
the initiation of a new career
새로운 경력의 시작

inject 𝗏 주사하다

inject 주사하다
reject 거부하다

He rejects being injected with medicine.
그는 약을 주사하는 것을 거부한다.

injury ⓝ 부상

in<u>jury</u> 부상
lux<u>ury</u> 사치

The in<u>jury</u> happened when he was enjoying the lux<u>ury</u>.
그는 사치를 즐기고 있을 때 부상당했다.

자주 출제되는 단어
▶ **injured** ⓐ 부상 입은
He is in<u>jured</u>.
그는 부상당했다.

innovate ⓥ 혁신하다, 개선하다

<u>inn</u>ovate 혁신하다, 개선하다
<u>inn</u> 여관

This <u>inn</u> in<u>n</u>ovated its design in November.
이 여관은 11월에 디자인을 개선했다.

자주 출제되는 단어
▶ **innovation** ⓝ 혁신
to bring in in<u>n</u>ovations
혁신을 가져오다.

luxurious
사치스러운

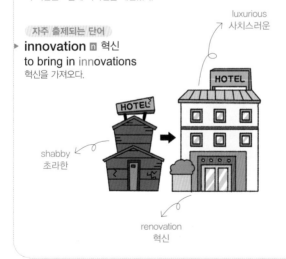

shabby
초라한

renovation
혁신

inquire ⓥ 묻다, 질문하다

inquire 묻다, 질문하다
require 필요로 하다

To inquire information from him required some tools.
그에게서 정보를 얻기 위해 몇 가지 도구가 필요했다.

자주 출제되는 단어

▸ **inquiry** ⓝ 조사
an inquiry into an accident
사고에 관한 조사

inquire
묻다
victim
희생자
tool
도구

insist ⓥ 주장하다

insist 주장하다
assist 돕다

He insists on assisting other people.
그는 다른 사람들을 돕기를 주장한다.

자주 출제되는 단어

▸ **insistence** ⓝ 주장
His insistence on helping people is annoying.
그가 사람들을 돕는 것에 대해 주장하는 것은 성가시다.

at sixes and sevens
혼란스럽게
conscientious
성실한
enthusiastic
열심인

insolent ⓐ 무례한

insolent 무례한
isolate 고립시키다

He is isolated for being insolent to the chief's dog.
그는 추장의 개에게 무례하게 굴어서 고립되었다.

▸ **insolence** ⓝ 무례
to be charged with
insolence
무례한 혐의로 기소되다.

▸ **insolently** ⓐⓓ 무례하게
to treat someone insolently
누군가를 무례하게 대우하다.

inspect ⓥ 조사하다, 검사하다

inspect 조사하다, 검사하다
suspect 의심하다

I suspect that someone will inspect the kitchen soon.
나는 누군가가 곧 부엌을 검사할 것이라고 의심한다.

▸ **inspection** ⓝ 검사
This kitchen needs an inspection.
이 부엌은 검사가 필요하다.

▸ **inspector** ⓝ 검사자
Inspectors will come soon.
검사자가 곧 올 것이다.

kitchen cabinet
부엌 찬장

kitchen waste
부엌 쓰레기

inspire Ⓥ 영감을 주다, 고무시키다

in<u>spire</u> 영감을 주다, 고무시키다
em<u>pire</u> 제국

The Roman em<u>pire</u> in<u>spire</u>d his clothing design.
로마 제국은 그의 옷 디자인에 영감을 주었다.

▶ **inspired** Ⓐ 영감을 받은
He is in<u>spire</u>d with many good ideas.
그는 많은 좋은 아이디어들로부터 영감을 받았다.

▶ **inspiration** Ⓝ 영감
The Roman em<u>pire</u> is his in<u>spiration</u>.
로마 제국은 그의 영감이다.

install Ⓥ 설치하다

in<u>stall</u> 설치하다
<u>stall</u> 칸막이

He in<u>stall</u>ed an air conditioner in each <u>stall</u> of the stable.
그는 마구간의 칸막이마다 에어컨을 설치했다.

instant Ⓐ 즉시의

in<u>stant</u> 즉시의
con<u>stant</u> 지속적인

He is tired of the con<u>stant</u> noise, and asks for in<u>stant</u> help.
그는 계속되는 소음에 지쳐서 즉각적인 도움을 요청했다.

▶ **instantly** Ⓐⓓ 즉시
He needs help in<u>stant</u>ly.
그는 즉시 도움이 필요하다.

▶ **instance** Ⓝ 경우
He hates some insects, for in<u>stance</u>, mosquitos.
예를 들어 모기와 같은 곤충을 그는 싫어한다.

instruct Ⓥ 가르치다

instruct 가르치다
construct 건축하다

He instructed him on how to construct a pyramid.
그는 피라미드를 어떻게 건축하는지 그에게 가르쳤다.

자주 출제되는 단어

▶ **instructor** ⓝ 지도자, 강사
He is an instructor.
그는 지도자이다.

▶ **instruction** ⓝ 지시
He needs some instructions.
그는 약간의 지시가 필요하다.

---

insulate Ⓥ 분리하다, 격리하다

insulate 분리하다, 격리하다
insult 모욕

He insulated himself from insult.
그는 자신을 모욕으로부터 격리시켰다.

자주 출제되는 단어

▶ **insulation** ⓝ 격리
the reason for his insulation
그가 격리된 이유

insult
모욕

insult Ⓥ 모욕하다

insult 모욕하다
consult 상담하다

He consults with him,
because he is being insulted.
그는 모욕을 당한 것 때문에 그와 상담한다.

insure ⓥ 보험에 가입하다

<u>insure</u> 보험에 가입하다
<u>assure</u> 보장하다

I can as<u>sure</u> you that he is in<u>sure</u>d.
나는 그가 보험에 가입되어 있다는 것을 보장할 수 있다.

자주 출제되는 단어

▶ **insured** ⓐ 보험에 가입되어 있는
He is in<u>sure</u>d.
그는 보험에 가입되어 있다.

▶ **insurance** ⓝ 보험
buy in<u>sur</u>ance
보험에 가입하다.

integrate ⓥ 결합하다

<u>integrate</u> 결합하다
<u>grateful</u> 감사하는

I am <u>grate</u>ful that you inte<u>grate</u>d all the pieces together.
저는 당신이 모든 조각을 결합해준 것에 대해 감사합니다.

자주 출제되는 단어

▶ **integration** ⓝ 결합
the inte<u>grat</u>ion of a robot
로봇의 결합

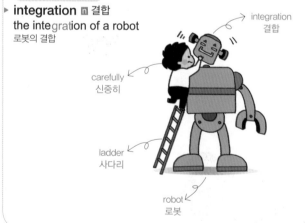

integration
결합

carefully
신중히

ladder
사다리

robot
로봇

intend ⓥ 의도하다

intend 의도하다
contend 논쟁하다

I do not intend to contend with you.
나는 당신과 논쟁할 생각이 없다.

자주 출제되는 단어

▶ **intention** ⓝ 의도
I have no intention of fighting with you.
나는 당신과 싸울 의도가 없다.

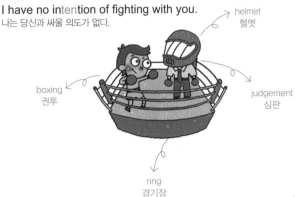

helmet
헬멧

boxing
권투

judgement
심판

ring
경기장

intense ⓐ 심한, 강렬한

intense 심한, 강렬한
tense 긴장한

The intense pain makes him feel tense.
심한 고통은 그를 긴장하게 했다.

자주 출제되는 단어

▶ **intensity** ⓝ 강도
the intensity of the pain
고통의 강도

▶ **intensive care unit** 중환자실
He is in the intensive care unit for pain.
그는 통증 치료를 위해 중환자실에 있다.

stretcher
들것

intent <u>a</u> 의도적인

intent 의도적인
attention 주의

He is intent on getting her attention.
그는 의도적으로 그녀의 주의를 끌고 있다.

자주 출제되는 단어

▶ **intention** <u>n</u> 의도
His intention is clear.
그의 의도는 분명하다.

▶ **intend** <u>v</u> 의도하다
He intends to get her attention.
그는 그녀의 관심을 끌려고 한다.

interchange <u>n</u> 교차로

interchange 교차로
change 바꾸다

Change direction at the interchange.
교차로에서 방향을 바꾸십시오

interfere <u>v</u> 간섭하다

interfere 간섭하다
interest 관심

Their interests interfere with each other.
그들의 관심은 서로를 간섭한다.

자주 출제되는 단어

▶ **interference** <u>n</u> 간섭
They can't stand the interference of each other.
그들은 서로의 간섭을 참을 수가 없다.

interpret V 해석하다

interpret 해석하다
prepare 준비하다

He is prepared to interpret for him.
그는 그를 위해 해석을 할 준비가 되어 있다.

자주 출제되는 단어

- **interpreter** n 통역사
  He is an interpreter.
  그는 통역사이다.

- **interpretation** n 통역
  interpretation via sign language
  수화를 통한 통역

intersection n 교차로

intersection 교차로
section 구역

After you tour this section, I'll meet you at the intersection.
이 구역을 둘러본 후에, 교차로에서 만납시다.

intervention n 개입

intervention 개입
prevention 방지

I need prevention from any intervention.
나는 모든 개입으로부터의 방지가 필요하다.

interview V 인터뷰하다

interview 인터뷰하다
Internet 인터넷

He will be interviewed on the Internet.
그는 인터넷에서 인터뷰를 가질 예정이다.

intimidate Ⓥ 위협하다

intim<u>idate</u> 위협하다
cand<u>idate</u> 후보자

This cand<u>idate</u> feels
intim<u>idate</u>d.
후보는 위협을 느낀다.

introduce Ⓥ 소개하다

intro<u>duce</u> 소개하다
con<u>duct</u>or 지휘자

I would like to intro<u>duce</u> you a great con<u>duct</u>or.
저는 당신을 훌륭한 지휘자로 소개하고 싶습니다.

> 자주 출제되는 단어

▶ **introduction** ⁿ 소개
This con<u>duct</u>or needs no
intro<u>duct</u>ion.
이 지휘자는 소개가 필요 없다.

intrude Ⓥ 침입하다

intr<u>ude</u> 침입하다
r<u>ude</u> 무례한

It is r<u>ude</u> to intr<u>ude</u> in others' homes.
다른 사람의 집에 침입하는 것은 무례하다.

> 자주 출제되는 단어

▶ **intruder** ⁿ 침입자
Don't be an intr<u>ude</u>r.
침입자가 되지 마십시오.

invade ☑ 침입하다

invade 침입하다
evade 피하다

When the collection agent invaded, he evaded.
그는 수금 회사 직원이 침입했을 때 피했다.

자주 출제되는 단어

▶ invasion ⓝ 침입
the invasion of his home
그의 집의 침입

invention ⓝ 발명품

invention 발명품
convention 박람회

This is a convention for inventions.
이것은 발명품을 위한 박람회이다.

자주 출제되는 단어

▶ inventor ⓝ 발명가
Many inventors attend this
meeting.
많은 발명가들이 이 회의에 참석했다.

inventory ⓝ 재고

inventory 재고
invent 발명하다

One of them invented a
system for inventory.
그들 중 하나가 재고 조사 시스템을 발명했다.

invest Ⅴ 투자하다

in<u>vest</u> 투자하다
<u>vest</u> 조끼

The person in the green vest invested money in vest production.
녹색 조끼를 입은 사람은 조끼 생산에 돈을 투자했다.

▶ **investor** ⋒ 투자자
He is an investor.
그는 투자자이다.

▶ **investment** ⋒ 투자
to make an investment
투자를 하다

irrigate Ⅴ (상처를) 세척하다

<u>irrigate</u> (상처를) 세척하다
<u>irritate</u> 짜증나게 하다

The way he irrigates the wound irritates me.
그가 상처를 세척하는 방법은 나를 짜증나게 한다.

▶ **irrigation** ⋒ 상처의 세척
the irrigation of the wound
상처의 세척

irrigation
세척

naughty
장난꾸러기인

water pipe
배수관

in tears
눈물을
흘리며

wounded
상처 입은

irritate ▣ 짜증나게 하다

irritate 짜증나게 하다
hesitate 망설이다

He hesitates about every decision. It irritates me.
그는 모든 결정에 대해 망설인다. 그것은 나를 짜증나게 한다.

자주 출제되는 단어

▶ **irritating** ⓐ 짜증나는
His hesitation is irritating.
그의 망설임은 짜증스럽다.

▶ **irritation** ⓝ 짜증
my irritation about his
hesitation
그의 망설임에 대한 나의 짜증

뭘 선택할래요?

isolate ▣ 고립시키다

isolate 고립시키다
insolent 무례한

He is isolated for being insolent to the chief's dog.
그는 추장의 개에게 무례하게 굴어서 고립되었다.

자주 출제되는 단어

▶ **isolated** ⓐ 고립된
He is isolated.
그는 고립되었다.

▶ **isolation** ⓝ 고립
total isolation
완전한 고립

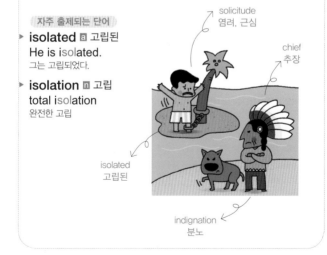

solicitude
염려, 근심

chief
추장

isolated
고립된

indignation
분노

issue 🔲 쟁점

<u>issue</u> 쟁점
<u>tissue</u> 화장지

The newest issue is printed on tissue paper.
가장 최근의 쟁점은 화장지에 인쇄되어 있다.

자주 출제되는 단어
▶ **issuer** 🔲 발행자
He is the issuer.
그는 발행자이다.

italic 🔲 이탤릭체의

<u>italic</u> 이탤릭체의
<u>Italy</u> 이탈리아

You should type the word
"Italy" in italics.
"이탈리아"라는 단어를 이탤릭체로 입력해야
한다.

item 🔲 항목

<u>item</u> 항목
<u>it</u> 이것 / <u>them</u> 그들

It is an important item for them.
이것은 그들에게 매우 중요한 항목이다.

자주 출제되는 단어
▶ **itemize** 🔲 항목별로 적다
to itemize a list
목록을 항목화하다.

Chapter 10
Jj | Kk

n 명사
v 동사
a 형용사
ad 부사
art 관사
aux 조동사
int 감탄사
pron 대명사
prep 전치사
conj 접속사

jam ⑪ 혼잡

jam 혼잡
James James(사람 이름)

James is stuck in the traffic jam.
James는 교통 체증에 갇혔다.

jazz ⑪ 재즈

jazz 재즈
dazzle 눈부시게 하다. 황홀하게 하다.

His jazz dazzles me.
그의 재즈는 나를 황홀하게 한다.

jeopardy ⑪ 위험

jeopardy 위험
tardy 지각한

People are tardy to his party, so it is in jeopardy.
사람들이 그의 파티에 늦어서 그 파티가 위기에 처했다.

자주 출제되는 단어

▶ **jeopardize** ⓥ 위태롭게 하다
He is jeopardizing his social life.
그는 자신의 사회생활을 위태롭게 하고 있다.

tablecloth
식탁보

jet lag ⓝ 시차로 인한 피곤

jet lag 시차로 인한 피곤
lag 지연

I am lagging behind schedule, due to jet lag.
나는 시차로 인한 피곤 때문에 일정보다 뒤쳐졌다.

jot down ⓥ 메모하다

jot down 메모하다
jog 조깅하다

He jotted down her number while jogging.
그는 조깅할 때 그녀의 번호를 메모했다.

J

journal ⓝ 일기

journal 일기
journey 여행

She writes in a journal about her journey.
그녀는 자신의 여행에 대한 일기를 썼다.

자주 출제되는 단어

▶ **journalist** ⓝ 기자
She wants to be a journalist.
그녀는 기자가 되고 싶어 한다.

▶ **journalism** ⓝ 신문방송학과
She majored in journalism.
그녀는 신문방송학과를 전공했다.

judge ⓥ 평가하다

judge 평가하다
badge 배지

Don't judge my badge.
내 배지를 평가하지 마라.

know ⓥ 알다

<u>know</u> 알다
ac<u>know</u>ledge 인정하다

I ac<u>know</u>ledge that she
<u>know</u>s the secret.
나는 그녀가 비밀을 알고 있음을 인정한다.

know-how ⓝ 전문지식

<u>know-how</u> 전문지식
<u>know</u> 알다
<u>how</u> 어떻게

He has technological <u>know</u>-
<u>how</u>.
그는 기술에 대한 전문지식을 갖고 있다.

knuckle ⓝ 주먹

<u>knuckle</u> 주먹
<u>buckle</u> 조이다

He can't <u>buckle</u> the seat
belt when his <u>knuckle</u>s are
swollen.
그는 주먹이 부어올라서 안전벨트를 맬 수가 없
다.

Chapter 11
LI

n 명사
v 동사
a 형용사
ad 부사
art 관사
aux 조동사
int 감탄사
pron 대명사
prep 전치사
conj 접속사

label ⓥ 꼬리표를 달다

label 꼬리표를 달다
labor 노동

Don't put a label on any labor worker.
어떤 노동자에게도 꼬리표를 달지 마라.

laboratory ⓝ 실험실

laboratory 실험실
labor 노동

Labor in the laboratory was laborious.
이 실험실에서의 노동은 매우 힘들었다.

laborious ⓐ 힘든, 근면한

laborious 힘든
labor 노동

Labor in the lab was laborious.
이 실험실에서의 노동은 매우 힘들었다.

자주 출제되는 단어
▶ **Labor Day** 노동절
May 1st is Labor Day.
5월 1일은 노동절입니다.

take notes
기록하다

chemistry
화학

landlord ⓝ 주인

landlord 주인
land 땅

Who is the landlord of this land?
누가 이 땅의 주인입니까?

laptop ⓝ 노트북

laptop 노트북
top 최고의

He wanted to buy the top model laptop.
그는 최고의 노트북을 사고 싶었다.

lateral ⓐ 측면의

lateral 측면의
bilateral 양쪽의

He had a lateral swelling on his face. Now, he has a bilateral swelling there.
그는 얼굴 측면에 부기가 있었다. 이제는 양쪽 모두 부기가 있다.

자주 출제되는 단어

▶ **bilateral** ⓐ 양쪽의
He has bilateral swelling on his face.
그는 얼굴 양쪽에 부기가 있다.

latest ⓐ 최신의

latest 최신의
late 늦은

He wanted to buy the latest laptop, but he was too late.
그는 최신 노트북을 사고 싶었지만 너무 늦었다.

latitude ⓝ 위도

latitude 위도
altitude 고도

Please give me your latitude, longitude and altitude.
당신의 위도, 경도 및 고도를 알려주세요.

launch ⓥ 시작하다

launch 시작하다
lunch 점심

We launched a free lunch program for poor kids.
우리는 가난한 아이들을 위한 무료 점심 프로그램을 시작했다.

Laundromat ⓝ 세탁소

Laundromat 세탁소
laundry 빨래

He drove long way to do laundry in the Laundromat.
그는 세탁소에서 빨래를 하기 위해 먼길을 운전했다.

lawn ⓝ 잔디

lawn 잔디
law 법

It is against the law not to mow your lawn.
잔디를 깎지 않는 것은 법에 위배된다.

자주 출제되는 단어

▶ **lawn mower** 예초기
You need a lawn mower for your lawn.
당신은 잔디를 깎기 위해서 잔디 깎는 기계가 필요합니다.

laid off Ⓥ 해고되다

laid off 해고되다
lay 눕다

After he got laid off, he lay on
the bed all the time.
그는 해고당한 이후 항상 침대에 누워 있다.

layout Ⓝ 설계

layout 설계
lay off 해고되다

He was layed off due to the
failure of the layout.
그는 설계 실패로 인해 해고당했다.

L

leading edge

leading edge 최첨단의
lead 이끌다

The leading edge robot leads
them to read.
최첨단 로봇은 그들을 읽도록 이끌었다.

leaflet Ⓝ 전단지

leaflet 전단지
leaf 낙엽

Let me draw a leaf on the
leaflet.
전단지에 낙엽을 그려 보겠습니다.

league Ⓝ 연맹

league 연맹
colleague 동료

My colleagues and I form a
league.
동료들과 나는 연맹을 형성한다.

lease 🄽 임대

lease 임대
cease 중단하다

At least this lease will cease soon.
적어도 이 임대는 곧 중단될 것이다.

자주 출제되는 단어

▶ sublease 🆅 전대하다
She subleased this
house to me.
그녀는 이 집을 나에게 전대했다.

leather 🄽 가죽

leather 가죽
weather 날씨

Her father gathers leather for
bad weather.
그녀의 아버지는 악천후에 대비하기 위해 가죽
을 수집한다.

ledger 🄽 장부

ledger 장부
edge 가장자리

She made some drawings on
the edge of the ledger.
그녀는 장부의 가장자리에 그림을 그렸다.

leftovers 🄽 남은 음식

leftover 남은 음식
left 떠났다
leave 남기다

It left, and left me with
leftovers.
그것은 남은 음식들을 나에게 남기고 떠났다.

legal 🄰 법적인

legal 법적인
leg 다리

Is it legal to put your leg outside the car window?
다리를 차창 밖으로 꺼내는 것은 합법적입니까?

자주 출제되는 단어

▶ **legally** 🄰🄳 법적으로
legally allow
법적으로 허용하다.

▶ **legalize** 🆅 합법화하다
to legalize the action
행동을 합법화하다.

▶ **illegal** 🄰 불법적인
Someone should make it illegal.
누군가 그것을 불법으로 만들어야 한다.

L

legible 🄰 읽을 수 있는

legible 읽을 수 있는
leg 다리

He is able to use his leg to write legible words.
그는 다리를 사용해서 읽을 수 있는 단어를 쓸 수 있다.

자주 출제되는 단어

▶ **legibility** 🄽 가독성
the legibility of his writing
그의 글의 가독성

self-confident
자신 있는

legible
읽을 수 있는

talented
재능 있는

writing
글쓰기

HELLO

legitimate
a 정당한, 합법의

legitimate 정당한, 합법의
leg 다리
it 그것

He had a legitimate reason to
kick it with his leg.
그는 다리로 그것을 걷어차는 정당한 이유가 있다.

leisure **n** 여가

leisure 여가
sure 확실한

Are you sure it is your leisure
time now?
지금이 당신의 휴식시간인 것이 확실합니까?

lemonade **n** 레모네이드

lemonade 레모네이드
lemon 레몬

I made the lemonade with
fresh lemons.
나는 신선한 레몬들로 레모네이드를 만들었다.

lend **v** 빌리다

lend 빌리다
spend 쓰다

He spends all the money the bank lends him.
그는 은행이 그에게 빌려준 돈을 모두 썼다.

자주 출제되는 단어

▸ **lender**
n 빌려주는 사람, 대출 기관
The bank is the lender.
은행은 대출 기관이다.

▸ **lending n** 대출
lending at interest
대출 이자

length n 길이

length 길이
strength 힘

It takes strength to run the length of the race.
경주 거리를 달리기 위해서는 힘이 필요하다.

자주 출제되는 단어

▶ **lengthy** a 긴
a lengthy race
긴 경주

▶ **lengthen** v 늘이다, 연장하다
Someone lengthened the race.
늘이다, 연장하다

終 點

letter of credit n 신용장

letter of credit 신용장
credit 신용

The letter of credit showed
that her credit is good.
신용장은 그녀의 신용이 좋다는 것을 보여주었
다.

libel n 명예 훼손

libel 명예 훼손
label 표식

The label on his back is a
libel on him.
그의 등에 있는 표식은 그에 대한 명예 훼손이
다.

liberate v 자유롭게 해주다

liberate 자유롭게 해주다
deliberate 심사숙고하다

They deliberate on whether
or not to liberate the panda.
그들은 판다를 자유롭게 해줄지 말지 여부를 심
사숙고한다.

303

license ⋒ 면허

license 면허
lice 이

He has a license to kill lice.
그는 이를 죽일 수 있는 면허가 있다.

lieutenant ⋒ 중위

lieutenant 중위
tenant 세입자

One of his ten tenants is a lieutenant.
그의 열 명의 세입자 중 한 명이 중위이다.

limit ☑ 제한하다

limit 제한하다
preliminary 예비의

Limiting toilet use is the preliminary goal of our new boss.
화장실 사용을 제한하는 것은 우리 새로운 사장의 예비 목표이다.

자주 출제되는 단어

▶ limitation ⋒ 제한
the limitation of using the toilet
화장실 사용의 제한

limousine ⋒ 리무진

limousine 리무진
cousin 사촌

My cousin drives this limousine.
내 사촌은 리무진을 운전한다.

limp @ 축 늘어진

limp 축 늘어진
glimpse 언뜻 보다

After she glimpsed at him,
she went limp.
그를 언뜻 본 후, 그녀는 축 늘어졌다.

linger ⓥ 오래 머무르다

linger 오래 머무르다
longer 더 오래

The longer you linger, the
worse it will be.
당신이 오래 머무를수록 더 안 좋아질 것이다.

liquor ⓝ 술

liquor 술
conquer 극복하다

Mr. Li conquered his fear of
liquors.
Li 씨는 술에 대한 두려움을 극복했다.

literature ⓝ 문학

literature 문학
litter 흩트려져 있다

Literature litters the library.
문학 작품이 도서관에 흩어져 있다.

liver ⓝ 간

liver 간
deliver 전달하다

The doctor delivered a liver
for him.
의사가 그에게 간을 전달했다.

loan Ⓥ 빌려주다

loan 빌려주다
load 싣다

He loads the vacuum
someone loaned to him.
그는 누군가가 그에게 빌려준 청소기를 싣고 있다.

locate Ⓥ 위치하다

locate 위치하다
local 지역의

The local shopping center is located next to the
bank.
지역 쇼핑 센터는 은행 옆에 있다.

자주 출제되는 단어

▶ local ⓐ 지역의
the local shopping
center
지역 쇼핑 센터

▶ location ⓝ 위치
the location of the
shopping center
쇼핑 센터의 위치

shopping center
쇼핑 센터

bank
은행

MALL

돈 찾고
쇼핑하러 가자!

guileful
교활한

loan
빌려주다

lodge Ⓥ 숙박하다

lodge 숙박하다
badge 배지

You need a badge in order to
lodge at this hotel.
이 호텔에 숙박하기 위해서는 배지가 필요하다.

logic n 논리

logic 논리
login 접속

The way to login to this computer has no logic.
이 컴퓨터에 접속하는 방식에는 논리가 없다.

자주 출제되는 단어

▶ **logical** a 논리적인
It is not logical.
이것은 논리적이지 않다.

▶ **logistics** n 물류
The logistics company needs to login to this computer
물류 회사는 이 컴퓨터에 접속해야 한다.

luggage n 수화물

luggage 수화물
engaged 약혼한

He will be engaged after he finds the ring in his luggage.
그는 수화물에서 반지를 찾은 다음에 약혼할 것이다.

lump n 혹

lump 혹
bump 부딪치다

He bumped into a pole, and had a lump on his head.
그는 기둥에 부딪쳐서 머리에 혹이 생겼다.

lung n 폐

lung 폐
young 젊은

Young people usually have good lungs.
젊은 사람들은 보통 좋은 폐 기능을 갖고 있다.

luxury ⓝ 사치

luxury 사치
injury 부상

The injury happened when he was enjoying the luxury.
그가 사치를 즐기고 있을 때 부상당했다.

자주 출제되는 단어
▶ **luxurious** ⓐ 사치스러운
luxurious habits
사치스러운 습관

lyric ⓝ 가사

lyric 가사
Lily Lily(사람 이름)
rich 부자

A rich man wrote a lyric to Lily.
어느 한 부자가 Lily에게 가사를 썼다.

Chapter 12
Mm

n 명사

v 동사

a 형용사

ad 부사

art 관사

aux 조동사

int 감탄사

pron 대명사

prep 전치사

conj 접속사

mad 🅰 미친
mad 미친
sad 슬픈

This sad man is mad.
이 슬픈 남자는 미쳤다.

magnet 🅽 자석

magnet 자석
Maggie Maggie(사람 이름)

People think there is a magnet on Maggie's head.
사람들은 Maggie의 머리에 자석이 있다고 생각한다.

자주 출제되는 단어

▶ **magnetic** 🅰 자석의
the magnetic field
자기장

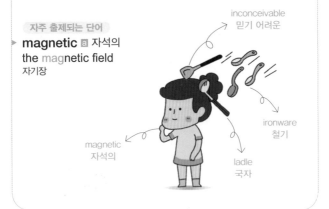

inconceivable
믿기 어려운

ironware
철기

magnetic
자석의

ladle
국자

magnify 🆅 확대하다
magnify 확대하다
unify 결합하다

They magnify the sound by unifying two speakers.
그들은 두 개의 스피커를 결합하여 소리를 확대시켰다.

310

maintain Ⅴ 유지하다

maintain 유지하다
main 주된

Her main goal is to maintain her shape.
그녀의 주된 목표는 그녀의 몸매를 유지하는 것이다.

자주 출제되는 단어

▶ **maintainable** ⓐ 유지할 수 있는
Is her figure maintainable?
그녀는 몸매를 유지할 수 있습니까?

majority ⓝ 다수의

majority 다수의
minority 소수의

Who has the priority? The majority or minority?
누구에게 우선권이 있습니까? 다수입니까 아니면 소수입니까?

manage Ⅴ 관리하다

manage 관리하다
age 나이

He started to manage a company at a young age.
그는 젊은 나이에 회사를 경영하기 시작했다.

자주 출제되는 단어

▶ **manager** ⓐ 관리자
He is the manager.
그는 관리자이다.

▶ **management** ⓝ 관리
methods of management
관리하는 방법

mandate ⓝ 명령, 의무

mandate 명령, 의무
date 날짜

It is a mandate that each person set a date for training.
각자가 훈련 날짜를 정하는 것은 의무이다.

자주 출제되는 단어

▶ **mandatory** ⓐ 의무적인
The training is mandatory.
이 훈련은 의무적이다.

manipulate ⓥ 조작하다

manipulate 조작하다
man 남자

This man doesn't know how to manipulate the robot.
이 남자는 로봇을 조작하는 방법을 모른다.

자주 출제되는 단어

▶ **manipulative** ⓐ 조작의
manipulative skills
조작 기술

▶ **manipulation** ⓝ 조작
the manipulation of a robot
로봇의 조작

manner ⓝ 예절, 태도

manner 예절, 태도
banner 현수막

The banner is to remind them of their manners.
그 현수막은 그들의 태도를 되돌아보게 하기 위한 것이다.

manual ⋒ 설명서

manual 설명서
man 남자

This man is reading the manual.
이 남자는 설명서를 읽고 있다.

manufacture ⓥ 제조하다

manufacture 제조하다
manually 수동으로 / factory 공장

This factory manually manufactures products.
이 공장은 수동으로 제품을 제조하고 있다.

자주 출제되는 단어

▶ **manufacturer** ⋒ 제조업체
a small manufacturer
소규모 제조업체

marathon ⋒ 마라톤

marathon 마라톤
rather 약간

This marathon is rather odd.
이 마라톤은 약간 이상하다.

mass ⋒ 덩어리

mass 덩어리
class 수준

This mass is a high-class secret of the nation.
이 덩어리는 국가의 고급 기밀이다.

massage ⓝ 마사지

massage 마사지
message 메세지

She sent me a message,
while she was having a
massage.
그녀는 마사지를 받고 있는 동안 나에게 메시지를 보냈다.

master ⓝ 주인

master 주인
disaster 재앙

To the master, it is a disaster.
주인에게 그것은 재앙이다.

자주 출제되는 단어

▶ **masterpiece** ⓝ 걸작
It ruined a masterpiece.
걸작을 망쳤다.

luxury goods
명품

unmindful
신경 쓰지
않는

natural instincts
자연적 본능

mattress ⓝ 매트리스

mattress 매트리스
mistress 여주인

This mistress shares her
mattress with her cat.
이 여주인은 고양이와 매트리스를 공유했다.

mature @ 성숙한

mature 성숙한
nature 자연

He is not mature enough to appreciate nature.
그는 자연에 감사할 만큼 충분히 성숙하지 못하다.

자주 출제되는 단어

▶ **maturity** @ 성숙
reach maturity
성숙하다.

▶ **immature** @ 미성숙한
He is immature.
그는 미성숙하다.

mean @ 비열한

mean 비열한
man 남자

This man is mean. What do you mean?
이 남자는 비열합니다. 그게 무슨 뜻입니까?

자주 출제되는 단어

▶ **meaning** @ 의미
the meaning of your words
당신의 말의 의미

▶ **meaningful** @ 의미 있는
Your words are meaningful.
당신의 말은 의미가 있다.

▶ **meaningless** @ 무의미한
Your point is meaningless.
당신의 요점은 무의미하다.

meaningful
의미 있는

dreadful
무서운

scared
두려워하는

measure Ⓥ 측정하다

measure 측정하다
sure 확실한

Are you sure you know how to measure the length?
당신은 이 길이를 측정하는 법을 알고 있습니까?

자주 출제되는 단어
▶ **measurement** Ⓝ 측정
the measurement of the length
길이의 측정

mechanic Ⓝ 정비사

mechanic 정비사
merchant 상인

This mechanic is also a merchant.
이 정비사는 상인이기도 하다.

자주 출제되는 단어
▶ **mechanical** Ⓐ 기계적인
mechanical skills
기계적인 기술

▶ **mechanically** Ⓐ 기계적으로
He is mechanically minded.
그는 기계에 능숙하다.

media Ⓝ 매체

media 매체
medical 의학의

You may see medical news in the media.
당신은 매체에서 의학 뉴스를 볼 수 있다.

medicine ⓝ 약

medicine 약
media 매체

The media is concerned about the effect of this medicine.
매체는 이 약의 효과에 대해 우려하고 있다.

자주 출제되는 단어
➤ **medication** ⓝ 약물
a new medication
새로운 약물

melody ⓝ 곡조

melody 곡조
melon 멜론

He sang a melody to me and his melon.
그는 나와 멜론을 위해 곡을 노래했다.

memory ⓝ 기억

memory 기억
memo 메모

He has a bad memory, therefore he writes many memos.
그는 기억력이 좋지 않아서 많은 메모들을 썼다.

자주 출제되는 단어
➤ **memorize** ⓥ 기억하다
He can't memorize anything.
그는 아무것도 기억할 수 없다.

➤ **memorization** ⓝ 기억
The memos help his memorization.
메모는 그의 기억에 도움이 된다.

mental 🅰 정신의

mental 정신의
rental 임대

The rental for this car is US$1,000? You must have a mental problem.
자동차 임대료가 천 달러입니까? 당신은 정신적인 문제가 있음에 틀림없군요.

자주 출제되는 단어
▶ **mentally** 🆎 정신적으로
mentally handicapped
지적 장애의

menu 🅝 메뉴

menu 메뉴
men 남자들

The waiter is bringing the menu to these men.
웨이터가 이 남자들에게 메뉴를 가져오고 있다.

merchant 🅝 상인

merchant 상인
mechanic 정비사

This mechanic is also a merchant.
이 정비사는 상인이기도 하다.

자주 출제되는 단어
▶ **mercantile** 🅰 상인의
a mercantile store
상점

▶ **merchandise** 🅝 상품
Mechanical products are his merchandise.
기계제품은 그의 상품이다.

merge [v] 합병하다

merge 합병하다
emerge 발생하다

After these two companies merged, many problems emerged.
두 회사의 합병 후에 많은 문제들이 발생했다.

자주 출제되는 단어

▸ **merger** [n] 합병
a merger of two companies
두 회사의 합병

장례 회사
결혼 회사
준비되었습니다.
embarrassed
당황한
hearse
영구차
groom
신랑
bride
신부

metal [n] 금속

metal 금속
metal detector 금속 탐지기

The metal detector is for finding metal from other planets.
금속 탐지기는 다른 행성에서 금속을 찾기 위한 것이다.

자주 출제되는 단어

▸ **metal detector** 금속 탐지기
The metal detector is for finding metal from other planets.
금속 탐지기는 다른 행성에서 금속을 찾기 위한 것이다.

meteorology ⃞ 기상학

meteorology 기상학
meter 계량기

High tech meters are important in meteorology.
최첨단 계량기는 기상학에서 중요하다.

자주 출제되는 단어
▶ **meteorologist** ⃞ 기상학자
The meteorologist is under the snow.
기상학자가 눈 속에 있다.

thermometer
온도계

Statue of Liberty
자유의 여신상

freezing
얼어붙은

method ⃞ 방법

method 방법
odd 이상한

This method is odd to me.
이 방법은 이상하다.

microscope ⃞ 현미경

microscope 현미경
microphone 마이크

He yelled with a microphone,
"Don't touch the microscope!"
그는 마이크로 소리쳤다. "현미경을 만지지 마
십시오."

migrate ⓥ 이주하다

migrate 이주하다
emigrate 이민하다

He emigrated from France to England, and then migrated to Italy.
그는 프랑스에서 영국으로 이민 간 다음 이탈리아로 이주했다.

자주 출제되는 단어
▶ migration ⓝ 이주
the benefits of migration
이주의 장점

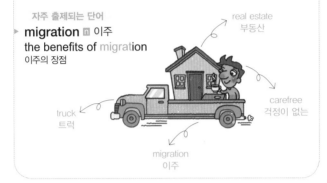

real estate
부동산

carefree
걱정이 없는

truck
트럭

migration
이주

mince ⓥ 잘게 썰다

mince 잘게 썰다
mice 쥐

We need to mince these mice.
우리는 이 생쥐들을 잘게 썰어야 한다.

자주 출제되는 단어
▶ mincer ⓝ 고기 다지는 기계
The mincer is a helpful equipment.
고기 다지는 기계는 유용한 장비이다.

minister ⓝ 목사

minister 목사
administer (종교 의식을) 집행하다.
인도하다

This minister doesn't administer the service well.
이 목사는 예배를 잘 인도하지 못한다.

M

321

miscellaneous ⓐ 잡다한

miscellaneous 잡다한
cell phone 핸드폰

He has miscellaneous cell phones in his coat.
그의 외투에는 잡다한 핸드폰들이 있다.

mission ⓝ 임무

mission 임무
admission 입학

His mission is to get admission to this college.
그의 임무는 이 대학에 입학하는 것이다.

mix ⓥ 섞다

mix 섞다
six 여섯

He mixes six onions in the mixer.
그는 여섯 개의 양파를 믹서기에 섞었다.

자주 출제되는 단어

▶ mixer ⓝ 믹서기
There are six onions in the mixer.
믹서기에는 여섯 개의 양파가 있다.

touched
감동한

mixer
믹서기

cook
요리하다

onion
양파

moderate ⓐ 온건한

moderate 온건한
modest 겸손한

She is both modest and moderate.
그녀는 겸손하고 온건하다.

자주 출제되는 단어

▶ **moderately** ⓐ 알맞게
behave moderately
알맞게 행동하다.

▶ **moderation** ⓝ 적당함, 알맞음
"All things are in
moderation."
"모든 것이 적당하다."

modern ⓐ 현대의

modern 현대의
mode 방식

Riding a horse is not a modern mode of travel.
말을 타는 것은 현대의 여행 방식이 아니다.

자주 출제되는 단어

▶ **modernize** ⓥ 현대화하다
He needs to modernize
his method.
그는 그의 방법을 현대화할 필요가 있다.

modest ⓐ 겸손한

modest 겸손한
model 모델

This model is modest.
이 모델은 겸손하다.

modify ⅴ 수정하다, 고치다

modify 수정하다, 고치다
model 모델

This model's clothes need to be modified.
이 모델의 옷을 고칠 필요가 있다.

monarch ⋂ 군주

monarch 군주
hierarchy 계급 제도

According to the hierarchy, this child will be a monarch.
계급 제도에 따르면 이 아이는 군주가 될 것이다.

monitor ⅴ 감시하다

monitor 감시하다
month 달(月)

The doctor monitors her health for a month.
의사가 한 달 동안 그녀의 건강을 감시한다.

monopoly
⋂ 독점/모노폴리 게임

Monopoly 모노폴리 게임
Polly Polly(사람 이름)

Polly likes to play Monopoly.
Polly는 모노폴리 게임하는 것을 좋아한다.

monument ⋂ 기념비

monument 기념비
instrument 악기

They play the instruments in front of the monument.
그들이 기념비 앞에서 악기를 연주한다.

moral ⓐ 도덕의

moral 도덕의
oral 구두의

They have oral arguments on the importance of morals.
그들은 도덕의 중요성에 대해 구두 논쟁을 한다.

mortgage ⓥ 저당잡히다

mortgage 저당잡히다
engagement 약혼

He mortgaged her engagement ring for a loan.
그는 대출을 위해 그녀의 약혼반지를 저당잡혔다.

M

motel ⓝ 모텔

motel 모텔
remote 멀리 떨어진

He stays in a remote motel.
그는 멀리 떨어진 모텔에 머물렀다.

motion ⓝ 행동

motion 행동
promotion 승진

Due to his kind motion, he got a promotion.
그의 친절한 행동으로 인해 그는 승진했다.

motive ⓝ 동기

motive 동기
motto 좌우명

This motto is his motive.
이 좌우명은 그의 동기이다.

muscle 🄝 근육

muscle 근육
must 반드시

You must exercise in order to gain muscle, like him.
그와 같은 근육을 만들기 위해서는 반드시 운동해야 한다.

musician 🄝 음악가

musician 음악가
magician 마술사

He has two jobs, musician and magician.
그는 음악가와 마술사라는 두 가지 직업을 갖고 있다.

mustard 🄝 겨자

mustard 겨자
custard 커스터드

It makes me sick to see him eat custard with mustard.
나는 그가 겨자와 함께 커스터드를 먹는 모습을 보는 것이 괴롭다.

mute 🄐 말 못하는

mute 말 못하는
commute 통학하다

She commutes with her mute friend every day.
그녀는 매일 말 못하는 친구와 함께 통학한다.

mutual 🄐 상호적인

mutual 상호적인
mute 언어장애인

Mutual understanding is important to mutes.
상호간의 이해는 언어 장애인들에게 중요하다.

Chapter 13
Nn

RECEPTION

napkin ⓝ 냅킨

napkin 냅킨
nap 낮잠

He took a nap on a napkin.
그는 냅킨 위에서 낮잠을 잤다.

nasty ⓐ 불결한

nasty 불결한
hasty 성급한

He has a nasty and hasty style of living.
그는 불결하고 성급한 삶의 방식을 갖고 있다.

navigate ⓥ 항해하다

navigate 항해하다
gate 문

A navy officer navigates a ship into the gate of this base.
해군 장교가 이 기지의 문 안으로 배를 항해한다.

　자주 출제되는 단어　

▶ **navigation** ⓝ 항해
He loves navigation.
그는 항해를 좋아한다.

▶ **navigator** ⓝ 항해자
He wants to be a navigator.
그는 항해자가 되고 싶어 한다.

neglect n 태만

neglect 태만
negative 부정적인

His neglect has a negative effect on the garden.
그의 태만은 정원에 부정적인 결과를 가져온다.

negligent a 무관심한

negligent 무관심한
diligently 부지런히

He is negligent of his plants. He should water them diligently.
그는 그의 식물들에 무관심하다. 그는 그들에게 물을 부지런히 주어야 한다.

자주 출제되는 단어

▶ **negligence** n 부주의
death caused by negligence
부주의로 인한 사망

negotiate v 협상하다

negotiate 협상하다
initiate 신입

These two initiates are negotiating.
두 명의 신입은 협상 중이다.

자주 출제되는 단어

▶ **negotiation** n 협상
The negotiation is still ongoing.
협상은 아직 진행 중이다.

▶ **negotiator** n 협상가
They are negotiators.
그들은 협상가이다.

neighbor n 이웃

neighbor 이웃
eight 여덟

She has eight friendly neighbors.
그녀는 여덟 명의 친근한 이웃이 있다.

newscast n 뉴스 방송

newscast 뉴스 방송
cast 던지다

The newscast starts once she casts a newspaper at him.
뉴스 방송은 그녀가 그에게 신문을 던졌을 때 시작했다.

nominate v 지명하다

nominate 지명하다
dominant 지배적인

He was nominated to a dominant position.
그는 중요한 직위에 임명되었다.

normal a 정상의

normal 정상의
abnormal 비정상의

Is his outfit normal or abnormal?
그의 복장은 정상입니까 비정상입니까?

nosy a 참견을 좋아하는

nosy 참견을 좋아하는
nose 코

The guy with a big nose is very nosy.
큰 코를 가진 이 사람은 매우 참견을 좋아한다.

notify ⓥ 알리다

notify 알리다
not 아니다

He did not notify me that they were coming.
그는 나에게 그들이 올 것이라는 것을 알려주지 않았다.

novel ⓝ 소설

novel 소설
November 11월

November is the best month for him to write a novel.
11월은 그에게 소설 쓰기 가장 좋은 달이다.

novice ⓝ 초보자

novice 초보자
no 아니다
advice 조언

I have no advice to give to this novice.
나는 이 초보자에게 줄 조언이 없다.

nuisance ⓝ 불쾌감

nuisance 불쾌감
nuance 뉘앙스

Any nuance can be a nuisance to her.
어떤 뉘앙스도 그녀에게 불쾌감을 줄 수 있다.

null ⓐ 무효의

null 무효의
full 가득 찬

This briefcase is full of null money.
이 서류 가방은 무효한 돈으로 가득 차있다.

numb ⓐ 멍해진

numb 멍해진
number 숫자

He became numb, when he saw many numbers.
그는 많은 숫자들을 보자 멍해졌다.

자주 출제되는 단어

▶ **numbness** ⓝ 마비
a numbness in the body
신체 마비

numeral ⓝ 숫자

numeral 숫자
mineral 미네랄

A Chinese numeral is on the bottle of mineral water.
한문 숫자가 미네랄 생수병에 있다.

nutrition ⓝ 영양

nutrition 영양
intuition 직감

Intuition tells him that these bugs have good nutrition.
직감은 그에게 이 벌레들이 매우 영양가 있다고 말해주었다.

332

Chapter 14
Oo

n 명사
v 동사
a 형용사
ad 부사
art 관사
aux 조동사
int 감탄사
pron 대명사
prep 전치사
conj 접속사

Oo | obedient ~ overtime

obedient @ 순종하는

obedient 순종하는
ingredient 재료

You need to be obedient, and use this ingredient for the cake.
당신은 케이크를 만들기 위해 따르고, 이 재료를 사용해야 한다.

> 자주 출제되는 단어

▶ **obedience** n 순종
Obedience is required in this kitchen.
이 주방에서는 순종이 필요하다.

recipe
요리법

uncomplicated
단순한

ingredient
재료

object v 반대하다

object 반대하다
project 계획

I don't object to his project.
나는 그의 계획에 반대하지 않는다.

> 자주 출제되는 단어

▶ **objective** @ 객관적인
objective opinion
객관적인 의견

▶ **objection** n 반대
I have no objection to it.
나는 그것에 반대하지 않는다.

project
계획

oblivious @ 잘 잊는

oblivious 잘 잊는
obvious 명백한

It is obvious that he is oblivious.
그가 잘 잊는다는 것은 명백하다.

observe Ⅴ 관찰하다

observe 관찰하다
reserve 예약하다

He reserved a seat to observe the birds.
그는 새들을 관찰하기 위해 자리를 예약했다.

자주 출제되는 단어

▸ observation ⋒ 관찰
a good observation seat
좋은 관찰 자리

bird-watching
조류 관찰

binoculars
망원경

observer
관찰자

species
종류

O

obstruct Ⅴ 방해하다

obstruct 방해하다
construct 건설하다

The wall he constructs is obstructing other people.
그가 건설하는 벽은 다른 사람들을 방해하고 있다.

자주 출제되는 단어

▸ obstructive @ 방해되는
an obstructive wall
방해 장벽

▸ obstruction ⋒ 장애물

to build an obstruction
장애물을 만든다.

335

obtain V 획득하다

obtain 획득하다
contain 들어 있다

He believes the rock he
obtained contains a diamond.
그는 획득한 바위에 다이아몬드가 들어 있다고
믿는다.

occasion n 때

occasion 때
casino 카지노

He goes to the casino on occasion.
그는 때때로 카지노에 간다.

자주 출제되는 단어

▶ occasional a 가끔의
an occasional visit
가끔의 방문

gamble
도박하다

slot
슬롯

occupy V 차지하다

occupy 차지하다
cup 컵

The cups he made occupy his house.
그가 만든 컵은 그의 집을 차지하고 있다.

자주 출제되는 단어

▶ occupied a 점령당한
His house is occupied.
그의 집은 점령당했다.

▶ occupation n 직업
He is a cup maker by occupation.
그의 직업은 컵 만드는 사람이다.

occurrence n 출현

occurrence 출현
current 현재의

It is a current trend to find
an oil occurrence in one's
backyard.
뒤뜰에서 석유를 발견하는 것이 현재 추세이다.

offense n 공격

offense 공격
defense 방어

The offense is a kind of defense.
공격은 일종의 방어이다.

자주 출제되는 단어

▶ **offensive** a 공격적인
He is not an offensive person.
그는 공격적인 사람이 아니다.

official n 공무원

official 공무원
off 휴가의

This official is off today.
이 공무원은 오늘 휴가이다.

자주 출제되는 단어

▶ **officially** ad 공식적으로
He was officially promoted.
그는 공식적으로 승진했다.

▶ **office** n 사무실
His office is full of files.
그의 사무실은 파일들로 가득 찼다.

▶ **unofficial** a 비공식적인
There are unofficial rumors about this official.
이 공무원에 대한 비공식적인 소문이 많다.

O

omen ⓝ 징조

omen 징조
phenomenon 현상

This phenomenon is not a good omen.
이 현상은 좋은 징조가 아니다.

omit ⓥ 생략하다

omit 생략하다
it 이것

It is incorrect. Omit it now.
이것은 잘못되었습니다. 지금 생략하십시오.

on behalf of ~대신에

on behalf of ~대신에
half 절반

I am claiming half of the sofa on behalf of your wife.
나는 당신의 아내를 대신하여 소파의 절반을 주장하고 있다.

operate ⓥ 수술하다

operate 수술하다
cooperate 협력하다

In order to operate on this patient, we need to cooperate.
이 환자를 수술하기 위해서 우리는 협력해야 한다.

자주 출제되는 단어

▶ operation ⓝ 수술
a major operation
중요한 수술

▶ operational ⓐ 실행상의
operational plans
실행 계획

338

operate v 운영하다

<u>operate</u> 운영하다
<u>opera</u> 오페라

He **operates** an **opera** house.
그는 오페라 하우스를 운영한다.

> 자주 출제되는 단어

▶ **operator** n 운영자
He is the **operator** of this
opera house.
그는 오페라 하우스의 운영자이다.

▶ **operation** n 운영
the **operation** of an
opera house
오페라 하우스의 운영

opinion n 의견

<u>opinion</u> 의견
<u>onion</u> 양파

This cook has **opinions** about **O**
onions.
이 요리사는 양파에 대해 의견이 있다.

oppose v 반대하다

<u>oppose</u> 반대하다
<u>impose</u> 부과하다

He is **opposed** to **imposing** more taxes on
cigarettes.
그는 담배에 더 많은 세금을 부과하는 것에 대해 반대한다.

> 자주 출제되는 단어

▶ **opposed** a 반대의
He is **opposed** to the tax.
그는 세금에 반대한다.

oppress ☑ 억압하다

oppress 억압하다
depress 우울하게 하다

When you feel depressed, do not oppress it.
당신이 우울할 때, 그것을 억압하지 마십시오.

자주 출제되는 단어
▶ **oppression** ☐ 억압
He has had enough of
oppression and depression.
그는 압박감과 우울감이 심하다.

optimistic ☐ 낙관적인

optimistic 낙관적인
pessimistic 비관적인

He has both optimistic and pessimistic characteristics.
그는 낙관적인 성격과 비관적인 성격을 둘 다 갖고 있다.

자주 출제되는 단어
▶ **optimist** ☐ 낙관론자
He is an optimist in the day time.
그는 낮 시간에는 낙관론자이다.

▶ **optimism** ☐ 낙관주의
The optimism and pessimism mingle inside of him.
그의 내면에는 낙관주의와 비관주의가 섞여 있다.

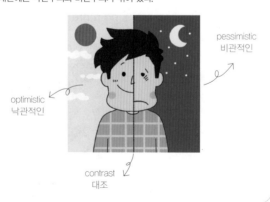

option 🅝 선택

option 선택
adopt 입양하다

To adopt this animal is his option.
이 동물을 입양하는 것은 그의 선택이다.

kindhearted
친절한

자주 출제되는 단어

▸ **optional** 🅐 임의의
This is an optional choice.
이것은 임의의 선택이다.

빨리

teapoy
차 탁자

hasten
재촉하다

oral 🅐 구두의

oral 구두의
moral 도덕의

They have oral arguments on the importance of morals.
그들은 도덕의 중요성에 대해 구두 논쟁을 한다.

order 🆅 주문하다

order 주문하다
older 나이 든

You need to be much older, before you can order this.
당신은 이것을 주문하려면 더 나이를 먹어야 한다.

O

ordinary [a] 평소의

<u>ordinary</u> 평소의
<u>order</u> 명령

He placed an order on ordinary day.
그는 평상시에 명령을 내린다.

> 자주 출제되는 단어
> ▶ **extraordinary** [a] 특별한
> This is an extraordinary order.
> 이것은 특별한 명령이다.

organ [n] 장기

<u>organ</u> 장기
<u>organ</u>ization 조직

There is an organization for organ donation.
장기 기증을 위한 조직이 있다.

> 자주 출제되는 단어
> ▶ **organ donor** 장기 기증자
> He needs an organ donor.
> 그는 장기 기증자가 필요하다.

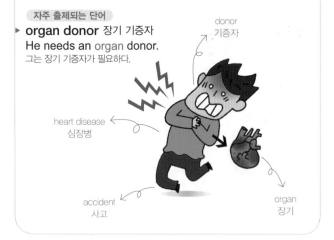

donor
기증자

heart disease
심장병

accident
사고

organ
장기

organize ⓥ 조직하다

<u>organize</u> 조직하다
<u>organ</u> 장기

The brain organizes the function of the organs.
뇌는 장기의 기능을 조직한다.

자주 출제되는 단어

▶ **organization** ⓝ 조직
good organization of brain function
뇌 기능의 좋은 조직

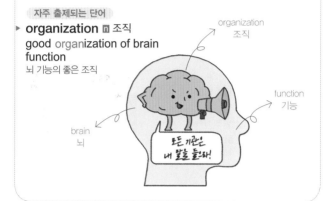

organization
조직

function
기능

brain
뇌

모든 기관은
내 말을 들어!

orient ⓝ 동양

<u>Orient</u> 동양
<u>origin</u> 기원

The origin of this tribe is from the Orient.
이 부족의 기원은 동양에서 왔다.

자주 출제되는 단어

▶ **oriental** ⓐ 동양의
They are orientals.
그들은 동양인이다.

O

origin 🔤 기원

origin 기원
Orient 동양

The origin of this tribe is from the Orient.
이 부족의 기원은 동양에서 왔다.

자주 출제되는 단어

▶ **originate** 🔤 기원하다
The Orient is where they originated.
동양은 그들이 기원한 곳이다.

▶ **origination** 🔤 기원
the origination of this tribe
이 부족의 기원

▶ **aborigine** 🔤 원주민
They are not aborigines.
그들은 원주민이 아니다.

ornament 🔤 장식

ornament 장식
name 이름

We can use your name or my name as an ornament.
우리는 당신의 이름이나 내 이름을 장식으로 사용할 수 있다.

자주 출제되는 단어

▶ **ornamental** 🔤 장식용의
an ornamental design
장식용 디자인

outage 🔤 정전

outage 정전
outlet 아웃렛

There is an outage in the outlet.
아웃렛이 정전되었다.

344

outlet 🔟 아웃렛

outlet 아웃렛
out 나가다

Let's go out to the outlet.
아웃렛으로 가자.

output 🔻 생산량

output 생산량
out 밖으로

They figured out a way to increase the output of the farm.
그들은 농장의 생산량을 증가시키는 방법을 알아냈다.

자주 출제되는 단어

▶ input 🔟 투입량
to control the input and output
생산량과 투입량의 제어

O

overdraft 🔟 초과 인출

overdraft 초과 인출
overseas 해외의

Does he know about the bank overdraft of his overseas account?
그가 해외 계좌의 초과 인출에 대해 알고 있습니까?

overdue 🅰 연체된

overseas 해외의
overdue 연체된

His overseas bills are overdue.
그의 해외 청구서가 연체되었다.

overhaul ⓥ 정밀 검사하다

over<u>haul</u> 정밀 검사하다
<u>haul</u> 끌다

To over<u>haul</u> your car, you need to <u>haul</u> your car here.
당신의 차를 정밀 검사하기 위해서는 여기에 차를 끌고 와야 한다.

overtime ⓐⓓ 초과 근무

over<u>time</u> 초과 근무
<u>time</u> 시간

He works over<u>time</u> all the time.
그는 항상 초과 근무를 한다.

MEMO

Chapter 15
Pp | Qq

n 명사
v 동사
a 형용사
ad 부사
art 관사
aux 조동사
int 감탄사
pron 대명사
prep 전치사
conj 접속사

pack n 짐
pack 짐
back 등

He packed all his stuff and carried it on his back.
그는 그의 모든 짐을 싸서 등에 짊어진 채 옮겼다.

paint n 페인트

paint 페인트
faint 기절하다

He fainted when he smelled the paint.
그는 페인트 냄새를 맡았을 때 기절했다.

자주 출제되는 단어

▶ **painting** n 그림
He drew some paintings.
그는 그림을 그렸다.

▶ **painter** n 화가
He is a painter.
그는 화가이다.

palatable a 맛있는

palatable 맛있는
palace 궁전

This palace serves the most palatable food.
이 궁전은 가장 맛있는 음식을 제공한다.

panic ◻ 공포에 사로잡히다

panic 공포에 사로잡히다
pan 냄비

The man who holds the pan seems to be panicking.
냄비를 들고 있는 이 남자는 공포에 질려 보인다.

parallel ◻ 평행의

parallel 평행의
ballet 발레

All the ballet dancers form two parallel lines.
모든 발레 무용수들이 두 평행선을 만든다.

자주 출제되는 단어

▶ **unparalleled** ◻ 비할 데 없는
Their performance is unparalleled.
그들의 공연은 비할 데가 없다.

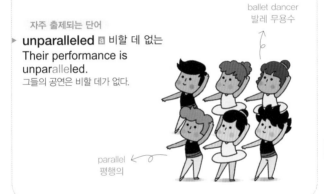

ballet dancer
발레 무용수

parallel
평행의

paralyze ◻ 마비시키다

paralyze 마비시키다
analyze 분석하다

We need to analyze why he is paralyzed.
우리는 왜 그가 마비되었는지 분석해야 한다.

자주 출제되는 단어

▶ **paralysis** ◻ 마비
The elephant caused his paralysis.
코끼리가 마비를 일으켰다.

P

parch Ⅴ 바싹 마르다

parch 바싹 마르다
search 찾다

His mouth is parched as he
searches for water.
그가 물을 찾고 있을 때, 입이 바싹 마른 상태였
다.

partial ⓐ 부분적인

partial 부분적인
partner 파트너

She is partial to her partner.
그녀는 그녀의 파트너의 일부이다.

자주 출제되는 단어

▶ **partially** ⓐⓓ 부분적으로
The other man is partially bald.
다른 남자는 부분적으로 대머리이다.

▶ **partiality** ⓝ 편애
She has a partiality for a man with hair.
그녀는 머리카락을 가진 남자를 편애한다.

▶ **impartial** ⓐ 공정한
Everyone should be impartial.
모든 사람은 공정해야 한다.

▶ **impartiality** ⓝ 공평
Impartiality is a kind of justice.
공평은 또한 정의이다.

ignore
무시하다

fascination
매혹

partiality
편애

participate 🆅 참석하다

participate 참석하다
anticipate 예상하다

I anticipate that he will participate in the race.
나는 그가 경주에 참석할 것이라고 예상했다.

자주 출제되는 단어

▸ **participation** 🄝 참석
His participation is
expected.
그의 참석이 예상된다.

particular 🄰 특정한

particular 특정한
muscular 근육의

She likes men, muscular men in particular.
그녀는 남자를 좋아하는데, 특히 근육질의 남자를 좋아한다.

자주 출제되는 단어

▸ **particularly** 🄰🄳 특히
She is particularly fond of
muscular men.
그녀는 특히 근육질의
남자를 좋아한다.

naked
나체의

muscular
근육의

adore
아주
좋아하다

P

partition 🄝 분할

partition 분할
petition 청원서

This petition asks to tear
down the partition between
two tables.
이 청원서는 두 테이블의 분리를 요구하는 것이다.

party n 당사자

party 당사자
part 부분

Two parties have to sign on the bottom part of the contract.
두 당사자는 계약서의 아래 부분에 서명해야 한다.

passenger n 승객

passenger 승객
pass 지나가다

A funny looking passenger just passed by.
우스운 모습의 승객이 방금 지나갔다.

pastime n 취미

pastime 취미
pastry 패스트리

My favorite pastime is to bake pastry.
내가 가장 좋아하는 취미는 패스트리를 굽는 것이다.

patent n 특허

patent 특허
competent 유능한

To hold a patent shows that he is a competent person.
특허를 갖고 있다는 것은 그가 유능한 사람이라는 것을 보여준다.

pathetic a 불쌍한

pathetic 불쌍한
synthetic 합성의

She thinks wearing synthetic clothes is pathetic.
그녀는 합성소재의 옷을 입는 것은 불쌍하다고 생각한다.

patient ⃞ 환자

patient 환자
pat 쓰다듬다

The patient pats the doctor on his hand.
환자가 의사를 손으로 쓰다듬는다.

patron ⃞ 고객

patron 고객
patrol 순찰대

This patrol official is our regular patron.
이 순찰 공무원은 우리의 정기적인 고객이다.

자주 출제되는 단어

▶ **patroness** ⃞ 여성 고객
His wife is our patroness.
그의 부인은 우리의 여성 고객이다.

▶ **patronize** ⃝ 애용하다
They patronize our restaurant a lot.
그들은 우리 레스토랑을 자주 애용한다.

P

pause ⃞ 중단

pause 중단
cause 이유

What is the cause of the pause?
중단의 이유가 무엇입니까?

pavement ⃞ 포장도로

pavement 포장도로
save 구하다

While on the new pavement, a bucket saved his life.
새로운 포장도로에 있을 때, 양동이가 그의 생명을 구했다.

353

pay Ⓥ 지불하다

pay 지불하다
payment 지불

He will not pay the down payment in a few days.
그는 며칠 안에 보증금을 내지 않을 것이다.

자주 출제되는 단어
▶ **payment** ⓝ 지불
down payment
보증금
▶ **payable** ⓐ 지불해야 할
amount payable
총 지불 금액

peddle Ⓥ 팔러 다니다

peddle 팔러 다니다
saddle 안장

He peddles city tours on the saddle.
그는 안장에 앉아 도시 투어를 판매한다.

자주 출제되는 단어
▶ **peddler** ⓝ 행상인
He is a peddler.
그는 행상인이다.

pedestrian ⓝ 보행자

pedestrian 보행자
pediatric 소아과의

This pedestrian looks like a pediatric doctor.
이 보행자는 소아과 의사처럼 보인다.

penalty ⓝ 처벌

penalty 처벌
pen 펜

He is paying the penalty for stealing a pen.
그는 펜을 훔친 것에 대해 처벌을 받고 있다.

자주 출제되는 단어
▶ penalize ⓥ 처벌하다
He is being penalized.
그는 처벌받았다.

prisoner
감옥

jail
감옥

penalize
처벌하다

penetrate ⓥ 관통하다

penetrate 관통하다
illustrate 보여주다

This X-ray illustrates that an arrow penetrated its heart.
이 엑스레이는 화살이 심장을 관통한 것을 보여준다.

자주 출제되는 단어
▶ penetration ⓝ 관통
penetration of the heart
심장의 관통

pension ⓝ 연금

pension 연금
penny 동전 한 푼

She only has a penny left from her pension.
그녀의 연금이 한 푼밖에 남지 않았다.

자주 출제되는 단어

▶ **pensioner** ⓝ 연금 수령자
She is a sad pensioner.
그녀는 불쌍한 연금 수령자이다.

per prep ~당

per ~당
aperitif 식전주

It is a good party, if you have one aperitif per person.
식사 전에 한 사람 당 한 병의 술을 제공한다면 좋은 파티가 될 것이다.

perfect ⓐ 완벽한

per<u>fect</u> 완벽한
af<u>fect</u> 영향을 미치다

This accident would not affect him. He is a perfect man.
이 사고는 그에게 영향을 미치지 않았을 것이다. 그는 완벽한 사람이다.

자주 출제되는 단어

▶ **perfection** ⓝ 완벽
He has reached perfection.
그는 완벽에 도달했다.

▶ **imperfect** ⓝ 불완전한
Nothing is imperfect about him.
그에게는 불완전한 것은 없다.

▶ **imperfection** ⓝ 결점
Imperfection has nothing to do with him.
그에게는 결점이 없다.

perform ⓥ 공연하다

perform 공연하다
platform 승강장

She performs a solo dance on the plat**form**.
그녀는 승강장에서 혼자 춤을 췄다.

자주 출제되는 단어

▶ **performer** ⓝ 연기자
She is a good performer.
그녀는 훌륭한 연기자이다.

▶ **performance** ⓝ 공연
She starts her
performance at 8 o'clock.
그녀의 공연은 8시에 시작한다.

period ⓝ 기간

period 기간
permit 허락하다

For a period of time, she needs a permit to see
him.
일정 기간 동안 그녀는 그를 보기 위해 허락이 필요하다.

자주 출제되는 단어

▶ **periodic** ⓐ 정기적인
a periodic meeting
정기적인 회의

▶ **periodical** ⓝ 정기 간행물
She brings him periodicals.
그녀는 그에게 정기 간행물을 가져다주었다.

▶ **periodically** ⓐⓓ 정기적으로
His mother visits him periodically.
그의 어머니는 그를 정기적으로 방문한다.

P

permit ⓥ 허락하다

permit 허락하다
period 기간

For a period of time, she needs a permit to see him.
일정 기간 동안 그녀는 그를 보기 위해 허락이 필요하다.

자주 출제되는 단어
▶ **permission** ⓝ 허가
to get permission
허가를 얻다.

personal ⓐ 개인의

personal 개인의
son 아들

This is his son's personal opinion.
이것은 그의 아들의 개인적인 의견이다.

자주 출제되는 단어
▶ **personally** ⓐⓓ 개인적으로
I personally think it isn't correct.
나는 개인적으로 이것이 옳지 않다고 생각한다.

▶ **personality** ⓝ 성격
He has an odd personality.
그는 이상한 성격을 갖고 있다.

perspective ⓝ 관점

perspective 관점
spectacle 장관

What is your perspective on such a spectacle?
이 같은 장관에 대한 당신의 견해는 무엇입니까?

358

persuade ⓥ 설득하다

persuade 설득하다
pursue 추구하다

He persuaded her to pursue her happiness.
그는 그녀에게 자신의 행복을 추구하라고 설득했다.

자주 출제되는 단어

▸ **persuasive** ⓐ 설득력 있는
Hs is not very persuasive.
그는 별로 설득력이 없다.

▸ **persuasion** ⓝ 설득
His words lack persuasion.
그의 말은 설득이 부족하다.

▸ **dissuade** ⓥ 단념시키다
I dissuade her from doing anything violent.
나는 그녀가 어떤 폭력적인 행동도 하지 못하게 단념시켰다.

pertinent ⓐ 적절한

pertinent 적절한
perm 파마

Her perm is pertinent to her.
그녀의 파마는 그녀에게 잘 어울린다.

자주 출제되는 단어

▸ **impertinent** ⓐ 부적절한
impertinent to someone
누군가에게 부적절한

fragrance
향수

perm
파마

impertinent
부적절한

contact
콘텍트렌즈

P

pessimistic ⓐ 비관적인

pessimistic 비관적인
optimistic 낙관적인

He has both optimistic and pessimistic characteristics.
그는 낙관적인 성격과 비관적인 성격을 둘 다 갖고 있다.

자주 출제되는 단어
▶ **pessimist** ⓝ 비관론자
He is a pessimist in the night time.
그는 밤에는 비관론자이다.

petition ⓝ 청원서

petition 청원서
competition 경쟁

They signed a petition for hosting an eating competition.
그들은 먹기 대회를 주최하기 위해 청원서에 서명했다.

petrol ⓝ 휘발유

petrol 휘발유
patrol 순찰

The patrol is guarding the petrol station.
순찰병은 주유소를 보호하고 있다.

자주 출제되는 단어
▶ **petroleum** ⓝ 석유
Petroleum is a valuable thing.
석유는 가치가 있다.

pharmacy ⓝ 약국

pharmacy 약국
arm 팔 / Tracy Tracy(사람 이름)

Tracy went to the pharmacy for her arm problem.
Tracy는 그녀의 팔 문제 때문에 약국에 갔다.

자주 출제되는 단어

▶ **pharmacist** ⓝ 약사
She needs help from the
pharmacist.
그녀는 약사로부터 도움이 필요하다.

phase ⓝ 시기, 시점

phase 시기, 시점
phrase 구절

He likes to use famous phrases in this phase.
그는 이 시점에서 유명한 구절을 사용하길 좋아한다.

자주 출제되는 단어

▶ **phase out** 단계적으로 폐지하다
Many phrases are phased
out over the years.
많은 구절들이 시간이 지나면서 사라졌다.

phenomenon ⓝ 현상

phenomenon 현상
omen 징조

**This phenomenon is not a
good omen.**
이 현상은 좋은 징조가 아니다.

physical a 신체의

physical 신체의
fiscal 재무의

This fiscal agent often does physical exercise.
이 재무 대리인은 종종 운동을 한다.

physics n 물리학

physics 물리학
basic 기본의

Everyone should learn the basics of physics.
모든 사람은 기본적인 물리학을 배워야 한다.

$$E = mc^2$$

자주 출제되는 단어

▶ **physical** a 물리학의
physical experiment
물리학 실험

▶ **physician** n 의사
Every physician knows the basics of physics.
모든 의사는 기본적인 물리학을 알고 있다.

▶ **physicist** n 물리학자
He can't be a physicist.
그는 물리학자가 될 수 없다.

pickpocket n 소매치기하다

pickpocket 소매치기하다
pocket 주머니

This pocket is pickpocket proof.
이 주머니는 소매치기 방지용이다.

자주 출제되는 단어

▶ **pocket** n 주머니
a pickpocket proof pocket
소매치기 방지용 주머니

pile ⓝ 더미

pile 더미
file 파일

This pile of files need to be filed.
이 파일 더미는 정리해서 보관되어야 한다.

pill ⓝ 알약

pill 알약
ill 병에 걸린

He is ill, so he takes a lot of pills.
그는 병에 걸려서 많은 알약을 먹었다.

pilot ⓝ 조종사

pilot 조종사
plot 음모를 꾸미다

They are plotting against this pilot.
그들은 조종사를 상대로 음모를 꾸미고 있다.

자주 출제되는 단어
▶ **copilot** ⓝ 부조종사
The copilot knew about the plot.
부조종사는 이 음모를 알았다.

pioneer ⓝ 선구자

pioneer 선구자
engineer 기술자

He is a pioneer among engineers.
그는 기술자의 선구자이다.

P

pity ☑ 불쌍히 여기다

pity 불쌍히 여기다
pit 구덩이

I pity for the man who fell into the pit.
나는 구덩이에 빠진 남자를 불쌍히 여긴다.

자주 출제되는 단어

▶ **pitiful** ⓐ 불쌍한
This man is pitiful.
이 남자는 불쌍하다.

▶ **pitiless** ⓐ 무자비한
This pig is pitiless to this man.
돼지는 이 남자에게 무자비하다.

plastic ⓐ 성형의

plastic 성형의
elastic 탄력 있는

After plastic surgery, her face was less elastic.
성형 수술 후에 그녀의 얼굴에 탄력이 줄었다.

platform ⓝ 승강장

platform 승강장
perform 공연하다

She performs a solo dance on the platform.
그녀는 승강장에서 혼자 춤을 췄다.

playground ⓝ 운동장

playground 운동장
play 놀다

All the children are playing at the playground.
모든 아이들은 운동장에서 놀고 있다.

playwright n 극작가

playwright 극작가
right 오른쪽

The playwright is playing the tree on the right.
극작가는 오른쪽에서 나무를 연기하고 있다.

plot n 줄거리

plot 줄거리
lot 많은

The plot of this movie contains a lot of fighting.
이 영화의 줄거리에는 많은 싸움이 포함되어 있다.

plunge v 뛰어들다

plunge 뛰어들다
lounge 라운지

He walked out of the lounge, and plunged into the pool.
그는 라운지에서 나와서 수영장으로 뛰어들었다.

P

poet n 시인

poet 시인
poem 시

This poet wrote many poems for his pet.
시인은 그의 애완동물을 위해 많은 시를 썼다.

자주 출제되는 단어

▶ poem n 시
to write a poem
시를 쓰다.

point ⓝ 요점

point 요점
appoint 임명하다

My point is that someone appointed him as our new teacher.
내 요점은 누군가가 그를 우리의 새로운 선생님으로 임명했다는 것이다.

자주 출제되는 단어

▶ **pointless** ⓐ 무의미한
Your point is pointless.
당신의 요점은 무의미하다.

polar ⓐ 극지방의

polar 극지방의
solar 태양의

Solar energy is rare in polar areas.
태양 에너지는 극지방에서 희귀하다.

policy ⓝ 정책

policy 정책
police 경찰

Wearing a badge is the new policy for every police officer.
배지를 착용하는 것은 모든 경찰관에게 새로운 정책이다.

polite a 공손한

polite 예의 바른
police 경찰

This police officer is polite, even to the law breakers.
이 경찰은 심지어 법률 위반자에게도 예의 바르다.

자주 출제되는 단어

▶ politeness n 예의 바름
He treats everyone with politeness.
그는 모든 사람들을 예의 바르게 대한다.

▶ impolite a 무례한
No one should be impolite.
누구도 무례해서는 안 된다.

police officer
경찰

미안합니다. 불고싶니다.
받십시오.

motorcyclist
오토바이를 타는
사람

ticket
딱지

ponder v 숙고하다

ponder 숙고하다
wonder 불가사의한 것

She pondered whether she had found the eighth wonder.
그녀는 여덟 번째 불가사의를 발견한 것인지 깊이 생각했다.

popcorn n 팝콘

popcorn 팝콘
corn 옥수수

The corn has turned into popcorn.
옥수수가 팝콘이 되었다.

P

popular a 인기 있는

popular 인기 있는
popcorn 팝콘

His popcorn is very popular here.
그의 팝콘은 여기서 매우 인기가 있다.

자주 출제되는 단어

▶ **popularize** v 대중화하다
to popularize his popcorn
그의 팝콘을 대중화하다.

porch n 현관

porch 현관
torch 손전등

She carries a torch at the porch.
그녀는 현관에 손전등을 가져갔다.

portable a 휴대용의

portable 휴대용의
sport 운동

He plays sports on his portable computer.
그는 자신의 휴대용 컴퓨터로 운동을 한다.

porter n 짐꾼

porter 짐꾼
portion 일부

The porter can only carry portion of her luggage.
짐꾼은 그녀의 짐 중에 일부만 옮길 수 있다.

portfolio n 서류 가방

portfolio 서류 가방
airport 공항

He lost his portfolio at the airport.
그는 공항에서 그의 서류 가방을 잃어버렸다.

portrait n 초상화

portrait 초상화
strait 해협

Who drew her portrait with the Taiwan Strait in the background?
배경에 대만 해협이 있는 그녀의 초상화는 누가 그렸습니까?

pose v 자세를 취하다

pose 자세를 취하다
purpose 목적

The purpose of him posing like this is to propose to her.
그가 이렇게 자세를 취하는 목적은 그녀에게 청혼하기 위해서이다.

P

positive a 긍정적인

positive 긍정적인
sensitive 민감한

He is a positive and sensitive man.
그는 긍정적이고 민감한 사람이다.

자주 출제되는 단어

▶ positively ad 긍정적으로
He sees everything positively.
그는 모든 것을 긍정적으로 본다.

possess ✔ 소유하다

possess 소유하다
assess 산정하다

It is hard for him to assess the wealth he possesses.
그가 가지고 있는 재물을 산정하는 것은 쉽지 않다.

자주 출제되는 단어

▸ **possession** n 재산
His possession is not assessable.
그의 재산은 셀 수 없다.

▸ **possessive** a 소유욕이 강한
He is a possessive person.
그는 소유욕이 강한 사람이다.

$9999999~

possible a 가능한

possible 가능한
pose 자세

This pose is not possible for me.
이 자세는 나에게 가능하지 않다.

자주 출제되는 단어

▸ **possibly** ad 어쩌면
I can't possibly do it.
나는 도저히 할 수 없다.

▸ **possibility** n 가능성
There is a possibility that I might get hurt.
내가 다칠 가능성이 있다.

leisurely
여유 있는

yoga
요가

splash
튀기다

post ⓝ 기둥

post 기둥
postpone 지연하다

This post made the postman postponed his work.
이 기둥으로 인해 우체부의 업무가 지연되었다.

자주 출제되는 단어

▶ **poster** ⓝ 포스터
There is a poster on the post.
기둥에 포스터가 있다.

▶ **postal** ⓐ 우체국
He is a postal worker.
그는 우체국 직원이다.

▶ **postman** ⓝ 우체부
He is a good postman.
그는 좋은 우체부이다.

▶ **postage** ⓝ 우편 요금
Letters and postage stamps are everywhere.
편지와 우표는 어디에나 있다.

potential ⓝ 가능성

potential 가능성
patent 특허

This patented robot has potential.
이 특허 받은 로봇은 가능성이 있다.

자주 출제되는 단어

▶ **potentially** ⓐⓓ 잠재적으로
It is potentially the best invention.
그것은 잠재적으로 최고의 발명품이다.

▶ **potentiality** ⓝ 잠재력
It has a strong potentiality in sales.
그것은 판매에 큰 잠재력을 갖고 있다.

potentiality
잠재력

broom
빗자루

P

practice ⓝ 연습

practice 연습
ice 얼음

They practice their acts on the ice.
그들은 얼음 위에서 그들의 행동을 연습했다.

자주 출제되는 단어
▶ **practical** ⓐ 실제적인
To practice on the ice is
very practical.
얼음 위에서 연습하는 것은 매우 실제적이다.

predict ⓥ 예측하다

predict 예측하다
addict 중독되다

We can predict that he will be addicted one day.
우리는 그가 언젠가 중독될 것이라고 예측할 수 있다.

자주 출제되는 단어
▶ **prediction** ⓝ 예언
Everyone agrees on this prediction.
모두가 이 예언에 동의한다.

▶ **predictable** ⓐ 예측할 수 있는
His future is predictable.
그의 미래는 예측할 수 있다.

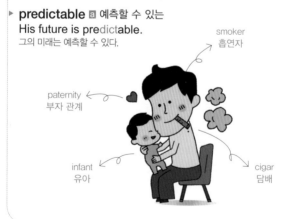

smoker
흡연자

paternity
부자 관계

infant
유아

cigar
담배

prefer ⓥ 선호하다

prefer 선호하다
defer 연기하다

She preferred to defer the journey.
그녀는 그 여정을 연기하는 것을 선호했다.

자주 출제되는 단어

▸ **preference** ⓝ 선호
Sleeping late is her preference.
늦잠 자는 것은 그녀가 선호하는 것이다.

pregnant ⓐ 임신한

pregnant 임신한
indignant 분개한

She is indignant about being treated as pregnant.
그녀는 임신했다고 여겨진 것에 대해 분개했다.

자주 출제되는 단어

▸ **pregnancy** ⓝ 임신
Pregnancy is not in her plans.
임신은 그녀의 계획에 없다.

prejudice ⓝ 편견

prejudice 편견
judge 판사

A good judge can't have prejudice against anyone.
훌륭한 판사는 누구에게도 편견을 갖지 않는다.

P

preliminary [a] 예비의

preliminary 예비의
limit 제한하다

Limiting toilet use is the preliminary goal of our new boss.
화장실 사용을 제한하는 것은 새로운 사장의 예비 목표이다.

premiere [n] 첫 상연

premiere 첫 상연
mere 단지

It is a mere preview before the premiere.
이것은 첫 상연 전의 예고편일 뿐이다.

premise [n] 전제

premise 전제
promise 약속

The premise of helping you is that you will keep your promise.
당신을 돕는 것의 전제는 당신이 약속을 지킨다는 것이다.

premium [a] 상급의

premium 상급의
premier 총리

He is a premium premier.
그는 상급 총리이다.

prepay [v] 선불하다

prepay 선불하다
pay 급여

Can you prepay my pay this month?
이번 달에 월급을 미리 지불해줄 수 있습니까?

prescribe ☑ 처방하다

prescribe 처방하다
describe 설명하다

He prescribed medicine based on what he described.
그는 설명한 대로 약을 처방했다.

자주 출제되는 단어

▶ **prescription** ⋒ 처방전
to write a prescription
처방전을 쓰다.

consultant
상담자

남의 돈을 빌려서
다 써버렸어요.

consulter
내담자

prescription
처방전

preserve ☑ 보존하다

preserve 보존하다
serve 제공하다

They serve well preserved meat.
그들은 잘 보존된 고기를 제공한다.

자주 출제되는 단어

▶ **preservation** ⋒ 보존
the preservation of meat
고기 보존

삼겹살 고기
주세요.

menu

president n 대통령

president 대통령
resident 주민

The president loves the residents of this village.
대통령은 이 마을 주민들을 사랑한다.

자주 출제되는 단어
▶ **presidency** n 임기
He visited them during his presidency.
그는 임기 중에 그들을 방문했다.

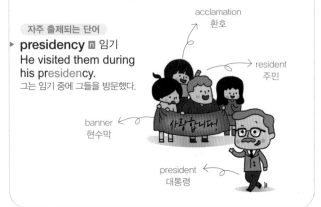

press n 매체

press 매체
pressure 압력

I am sure the press is giving him a lot of pressure.
나는 매체가 그에게 많은 압력을 주고 있다고 확신한다.

자주 출제되는 단어
▶ **pressure** n 압력
He is under a lot of pressure.
그는 많은 압력을 받고 있다.

pretend v 가장하다

pretend 가장하다
extend 내밀다

She pretended she didn't see his extended hand.
그녀는 그의 내민 손을 못 본 척했다.

prevent ▼ 방지하다

prevent 방지하다
invent 발명하다

He invented a new hat to prevent accidents.
그는 사고를 방지하는 새로운 모자를 발명했다.

자주 출제되는 단어

▶ **prevention** ⋒ 예방
the prevention of accidents
사고의 예방

▶ **preventive** ⓐ 예방의
preventive methods
예방 방법

invent
발명하다

toilet
화장실

backpack
배낭

prick ▼ 찌르다

prick 찌르다
trick 계략

A trick made her prick her finger.
계략은 그녀의 손가락을 찔리게 했다.

P

prime ⓐ 주요한

prime 주요한
crime 범죄

He is the prime suspect in this crime.
그는 이 범죄의 주요 용의자이다.

자주 출제되는 단어

▶ **primary** ⓐ 주요한
a primary suspect
주요 용의자

priority n 우선권

priority 우선권
majority 다수

Who has the priority? The majority or minority?
누구에게 우선권이 있습니까? 다수입니까 아니면 소수입니까?

자주 출제되는 단어

▶ **prior** a 앞서의
Prior to the beginning,
whoever has the priority
can enter earlier.
시작하기에 앞서, 우선권이 있는 사람은
일찍 입장할 수 있다.

▶ **prioritize** v 우선순위를 매기다
to prioritize the order
순서의 우선순위를 매기다.

prison n 감옥

prison 감옥
poison 독약

In order not to be in prison, he took some poison.
감옥에 가지 않기 위해, 그는 약간의 독약을 먹었다.

자주 출제되는 단어

▶ **prisoner** n 죄수
He will soon become
a prisoner.
그는 곧 죄수가 될 것이다.

private a 사적인

private 사적인
pirate 해적

This pirate owns a private
island.
이 해적은 개인 섬을 갖고 있다.

probation ⓝ 수습 기간

probation 수습 기간
bat 배트맨

He dresses as a bat during his probation period.
그는 수습 기간 동안 배트맨 복장을 입는다.

proceed ⓥ 진행하다

proceed 진행하다
succeed 성공하다

You can succeed by proceeding this way.
당신은 이 방법으로 진행하면 성공할 수 있다.

자주 출제되는 단어

▶ **procedure** ⓝ 절차
a procedure to success
성공의 절차

process ⓝ 과정

process 과정
successful 성공한

He is in the process of being successful.
그는 성공하는 과정 중에 있다.

자주 출제되는 단어

▶ **processor** ⓝ 컴퓨터 프로세서
He sells the newest processor.
그는 최신의 컴퓨터 프로세서를 판매한다.

▶ **procession** ⓝ 행렬
The procession of customers
is waiting outside the door.
고객 행렬은 문 밖에서 기다리고 있다.

P

procure ☑ 획득하다

procure 획득하다
cure 치료하다

He tries to procure a rare herb to cure his illness.
그는 병을 치료하기 위해 희귀한 약초를 얻으려고 노력했다.

자주 출제되는 단어

▶ **procurement** ⋒ 취득
the procurement of a rare herb
희귀한 약초의 획득

product ⋒ 제품

product 제품
by-product 부산물

Milk is the main product, and the rest are by-products.
우유가 주 제품이고, 나머지는 부산물이다.

profession ⋒ 직업

profession 직업
confess 고백하다

She confessed that her real profession is a pole dancer.
그녀는 그녀의 진짜 직업이 폴 댄서라고 고백했다.

자주 출제되는 단어

▶ **professional** ⓐ 전문적인
a professional pole dancer
전문적인 폴 댄서

▶ **unprofessional** ⓐ 전문적이지 않은
She is unprofessional on the runway.
그녀는 무대에서 전문적이지 않았다.

profile ⋂ 프로필

profile 프로필
professor 교수

Look at the profile of this professor!
이 교수님의 프로필을 보세요.

profit ⋂ 이익

profit 이익
fit 건강한

She makes a good profit by keeping herself fit.
그녀는 자신을 건강하게 유지함으로써 꽤 많은 이익을 얻는다.

자주 출제되는 단어

▶ **profitable** ⓐ 이익이 되는
Modeling is a profitable business.
모델 일은 이익이 되는 직업이다.

program ⋂ 프로그램

program 프로그램
gram 그램

He lost eight grams in this program.
그는 이 프로그램에서 8그램을 감량했다.

자주 출제되는 단어

▶ **programmer** ⋂ 프로그래머
She is the programmer of this program.
그녀는 이 프로그램의 프로그래머이다.

fatigued
피로한

cheerful
활기찬

treadmill
러닝머신

P

progress [n] 진행

progress 진행
congress 의회

The congress is making progress on the agenda.
의회는 안건을 진행하고 있다.

자주 출제되는 단어

▶ **progressive** [n] 진보적인 사람
　　　　　　　 [a] 진보적인

There are many progressives
in the congress.
의회에는 진보적인 사람들이 많다.

prohibit [v] 금지하다

prohibit 금지하다
exhibit 내보이다

Exhibiting nudity is prohibited here.
노출은 여기서 금지되어 있다.

자주 출제되는 단어

▶ **prohibition** [n] 금지, 금지 규정
the prohibition against nudity
나체 금지 규정

crawl
기어가다

baby sitter
보모

agitated
흥분한

nudity
나체

promotion ⓝ 승진

promotion 승진
motion 행동

Due to his kind motion, he got a promotion.
그의 친절한 행동으로 인해, 그는 승진했다.

자주 출제되는 단어
▶ **promote** ⓥ 승진시키다
He was promoted.
그는 승진했다.

prompt ⓥ 촉구하다

prompt 촉구하다
prom 무도회

The time prompted her to leave the prom.
시간은 그녀가 무도회를 떠나도록 촉구했다.

자주 출제되는 단어
▶ **promptly** ⓐⓓ 신속히
She left the prom promptly.
그녀는 신속히 무도회를 떠났다.

pumpkin
호박

cart
마차

promptly
신속히

proofread ⓥ 교정하다

proofread 교정하다
proof 증거

Here is the proof that this
article has been proofread.
이 논문이 교정되었다는 증거가 여기 있다.

proper a 적절한

proper 적절한
prosper 번성하다

This is not a proper way to prosper your business.
이것은 당신의 사업이 번성하기 위한 적절한 방법이 아니다.

자주 출제되는 단어
▸ **improper** a 부적절한
an improper way to do
business
사업을 운영하는 부적절한 방법

tourist
관광객

sunshade
차양

prime cost
원가

10,000원

property n 재산

property 재산
proper 적절한

It is not proper to occupy
another's property.
다른 사람의 재산을 차지하는 것은 부적절하다.

propose v 청혼하다

propose 청혼하다
compose 작곡하다

He composed a song in order to propose to her.
그는 그녀에게 청혼하기 위해 곡을 작곡했다.

자주 출제되는 단어
▸ **proposal** n 제안
She refused his proposal.
그녀는 그의 제안을 거절했다.

▸ **proposition** n 제안
the proposition of marriage
결혼 제안

Merry Me~

내시간째
노래하니...

proprietor n 경영자

proprietor 경영자
priest 성직자

The proprietor of this hotel is a priest.
이 호텔의 경영자는 성직자이다.

자주 출제되는 단어

▸ **proprietary** a 특허의
He sells many proprietary products.
그는 많은 특허품을 판매한다.

HOTEL
priest
성직자
cross
십자가
진동이 울리는 방범 십자가를 발명했습니다.

prospect n 전망

prospect 전망
aspect 방면

He has good prospects in many aspects.
그는 여러 방면에서 전망이 밝다.

자주 출제되는 단어

▸ **prospective** a 예상되는
His prospective future is good.
그의 예상되는 장래는 밝다.

photo frame
사진 액자
photograph
사진

P

prosper ⓥ 번성하다

prosper 번성하다
proper 적절한

This is not a proper way to prosper your business.
이것은 당신의 사업이 번성하기 위한 적절한 방법이 아니다.

자주 출제되는 단어

▶ **prosperous** ⓐ 번성하는
a prosperous business
번성하는 사업

▶ **prosperity** ⓝ 번성
the prosperity of a business
사업의 번성

protagonist ⓝ 주인공

protagonist 주인공
tag 꼬리표

The protagonist of this movie has a tag on his clothes.
이 영화의 주인공은 그의 옷에 꼬리표를 달고 있다.

protect ⓥ 보호하다

protect 보호하다
detect 발견하다

We detected the danger, but the guard didn't protect it.
우리는 위험을 발견했지만 경비원은 그것을 막지 않았다.

자주 출제되는 단어

▶ **protection** ⓝ 보호
It is not under good protection.
보호가 잘 되고 있지 않다.

protest 🆅 항의하다

protest 항의하다
contest 대회

He protests the unfairness of this contest.
그는 이 대회의 불공정함에 대해 항의한다.

protocol 🅽 원안

protocol 원안
protect 보호하다

This protocol is to protect the safety of the president.
이 원안은 대통령의 안전을 보호하기 위한 것이다.

prove 🆅 증명하다

prove 증명하다
dove 비둘기

I can prove that this dove did it.
나는 이 비둘기가 했다는 것을 증명할 수 있다.

자주 출제되는 단어

▶ **disprove** 🆅 반증하다
A picture disproves the statement.
이 그림은 명제를 반증한다.

▶ **approve** 🆅 찬성하다
Many people approve my view.
많은 사람들은 나의 관점에 찬성한다.

▶ **approval** 🅽 허가
Do I need approval to catch that dove?
비둘기를 잡기 위해 허가가 필요합니까?

▶ **disapprove** 🆅 찬성하지 않다
He disapproved of my view.
그는 내 관점에 찬성하지 않았다.

P

provide ⓥ 제공하다

provide 제공하다
divide 나누다

He divides the bread, and provides it to people.
그는 빵을 나누어 사람들에게 제공한다.

자주 출제되는 단어
▶ **provision** ⓝ 공급
provisions for the people
사람들을 위한 공급

karate
공수도

provoke ⓥ 불러일으키다

provoke 불러일으키다
revoke 취소하다

This rule has provoked much anger, so they want
to revoke it.
이 조항이 많은 분노를 불러일으켜서, 그들은 이것을 취소하고 싶어 한다.

자주 출제되는 단어
▶ **provocative** ⓐ 자극적인
This rule is provocative.
이 조항은 자극적이다.

▶ **provocation** ⓝ 도발
The people were angry due
to the provocation of the rule.
사람들은 이 조항의 도발 때문에 화가 났다.

protester
시위대

prudent a 신중한, 빈틈없는

prudent 신중한, 빈틈없는
rude 무례한

He is a prudent and rude person.
그는 빈틈이 없고 무례한 사람이다.

자주 출제되는 단어
▶ **prudential** a 신중한
His money is under his prudential watch.
그의 돈은 그의 신중한 감시하에 있다.

moneygrubber
수전노

miserly
인색한

public n 대중

public 대중
pub 술집

The public loves this pub.
대중은 이 술집을 사랑한다.

자주 출제되는 단어
▶ **publicity** n 명성
This bar has good publicity.
이 술집은 명성이 높다.

signboard
간판

pub
술집

hostess
여주인

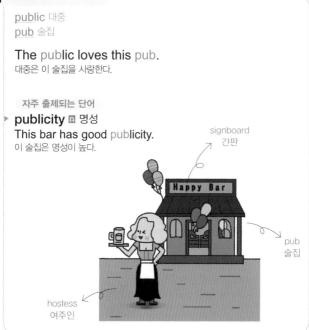

389

publish ⓥ 출판하다

publish 출판하다
punish 처벌하다

He is being punished for publishing this book.
그는 이 책을 출판해서 처벌받고 있다.

자주 출제되는 단어
▶ **publisher** ⓝ 출판사
The publisher is being punished.
출판사는 처벌받고 있다.

pulse ⓝ 맥박

pulse 맥박
false 거짓의

He gave us a false record of his pulse.
그는 우리에게 그의 맥박에 대한 거짓 기록을 주었다.

punctual ⓐ 시간을 잘 지키는

punctual 시간을 잘 지키는
punch 때리다

He had to punch someone in order to be punctual.
그는 시간을 잘 지키기 위해 누군가를 때려야 했다.

자주 출제되는 단어
▶ **punctually** ⓐⓓ 정시에
He arrives punctually.
그는 정시에 도착한다.

▶ **punctuality** ⓝ 시간 엄수
Punctuality is important to him.
시간 엄수는 그에게 중요하다.

puppet ⓝ 인형

puppet 인형
pet 애완동물

She had a puppet made,
based on the look of her pet.
그녀는 애완동물의 모습을 따라 만든 인형을
가지고 있었다.

purchase ⓥ 구입하다

purchase 구입하다
chase 쫓다

She chases through the store to purchase her
dream bag.
그녀는 자신의 꿈의 가방을 구매하기 위해 상점을 추적 중이다.

자주 출제되는 단어

▶ **purchaser** ⓝ 구매자
She is the purchaser of
this bag.
그녀가 이 가방의 구매자이다.

P

pure ⓐ 순수한

pure 순수한
sure 확신하는

Are you sure the water is pure?
물이 깨끗하다는 것을 확신합니까?

자주 출제되는 단어

▶ **purify** ⓥ 정화하다
to purify the water
물을 정화하다.

▶ **purification** ⓝ 정화

the purification of drinking water
식수 정화

purpose [n] 목적

purpose 목적
pose 자세

The purpose of his posing like this is to propose to her.
그가 이 자세를 취하는 목적은 그녀에게 청혼하기 위한 것이다.

자주 출제되는 단어
▶ **purposeful** [a] 목적 있는
This gesture is purposeful.
이 제스처에는 목적이 있다.

surprised
놀란

kneel down
무릎 꿇다

---

pursue [v] 추구하다

pursue 추구하다
persuade 설득하다

He persuaded her to pursue her happiness.
그는 그녀에게 행복을 추구하도록 설득했다.

자주 출제되는 단어
▶ **pursuit** [n] 추구
the pursuit of happiness
행복의 추구

우리가 헤어지면
넌 행복할 거야

furious
격분한

pushcart [n] 손수레
pushcart 손수레
push 밀다

This pushcart is hard to push.
이 손수레는 밀기 어렵다.

qualify ⓥ 자격을 갖추다

qualify 자격을 갖추다
equal 동등한

I am a qualified doctor. I have no equal in this field.
저는 자격을 갖춘 의사입니다. 이 분야에서는 상대가 없습니다.

자주 출제되는 단어

▶ **qualified** ⓐ 자격이 있는
He is qualified to do it.
그는 이것을 할 자격이 있다.

▶ **qualification** ⓝ 자격
to obtain the qualification
자격을 얻다.

Q

quantity ⓝ 수량

quantity 수량
ant 개미

She saw a big quantity of
ants on her cake.
그녀는 케이크에 많은 개미들이 있는 것을 봤다.

quarrel ⓝ 다투다

quarrel 다투다
barrel 통

They have a quarrel over this
barrel.
그들은 이 통 너머로 다툰다.

393

quit Ⓥ 그만두다

quit 그만두다
equip 장비를 갖추다

You are equipped now, so you can't quit now.
당신은 이제 장비를 갖췄으니, 그만둘 수 없다.

quota Ⓝ 할당량

quota 할당량
potato 감자

He is selling his quota of potatoes.
그는 할당량의 감자를 팔고 있다.

quote Ⓥ 인용하다

quote 인용하다
note 쪽지

He wrote her a note, and quoted a famous phrase.
그는 그녀에게 쪽지를 썼고, 유명한 구절을 인용했다.

자주 출제되는 단어

▶ **quotation** Ⓝ 인용
This is not an original quotation.
이것은 원문 인용이 아니다.

poet
시인

note
쪽지

Chapter 16
Rr

n 명사
v 동사
a 형용사
ad 부사
art 관사
aux 조동사
int 감탄사
pron 대명사
prep 전치사
conj 접속사

Rr | racial ~ rust

racial ⓐ 인종의

racial 인종의
social 사회의

Racial issues are creating a social problem now.
인종 문제는 이제 사회적 문제를 만들고 있다.

자주 출제되는 단어

▶ **race** ⓝ 인종
the problem of different races
다양한 인종의 문제

▶ **racist** ⓝ 인종 차별주의자
Racists believe in racism.
인종 차별주의자는 인종 차별주의를 믿는다.

▶ **racism** ⓝ 인종 차별주의
Racists believe in racism.
인종 차별주의자는 인종 차별주의를 믿는다.

radiate ⓥ 발산하다

radiate 발산하다
radio 라디오

He radiates his joy through the radio.
그는 라디오를 통해서 그의 기쁨을 발산한다.

자주 출제되는 단어

▶ **radiation** ⓝ 방사선
radio transmits radiation.
라디오는 방사선을 송신한다.

newspaper
신문

announcer
아나운서

raft n 뗏목

raft 뗏목
draft 밑그림을 그리다

He drafted a raft.
그는 뗏목의 밑그림을 그렸다.

rage n 분노

rage 분노
wage 급여

He was in a rage when he received his wage.
그는 급여를 받았을 때 분노했다.

자주 출제되는 단어

▸ **enraged** a 격분한
He was enraged by the wage.
그는 급여로 인해 격분했다.

rail n 난간

rail 난간
trail 오솔길

A girl is sitting on the rail of the trail.
한 소녀가 오솔길의 난간에 앉아있다.

자주 출제되는 단어

▸ **railroad** n 철도
There is a railroad at this trail.
이 오솔길에 철도가 있다.

R

random ⓝ 임의의

random 임의의
boredom 지루함

He picked a video tape at
random due to the boredom.
그는 지루함 때문에 비디오테이프를 임의로
골랐다.

range ⓝ 범위

range 범위
arrange 배열하다

He arranged books based on
different age ranges.
그는 연령대에 따라 책을 배열했다.

rapid ⓐ 빠른

rapid 빠른
rate 요금

The room rate of this hotel rises with a rapid rate.
이 호텔의 객실 요금은 빠른 속도로 오른다.

자주 출제되는 단어

▶ **rapidly** ⓐd 빠르게
The price rises rapidly.
가격은 빠르게 오른다.

rash ⓐ 성급한

rash 성급한
crash 충돌

He had a car crash, because
he is a rash driver.
그는 성급한 운전자여서 교통사고를 당했다.

ravenous a 굶주린

ravenous 굶주린
have 가지다

You have a ravenous appetite.
당신은 식욕이 왕성하다.

ravish v 황홀하게 하다

ravish 황홀하게 하다
lavish 호사스러운

He is ravished by a lavish life.
그는 호사스러운 삶에 황홀해한다.

raw a 날것의

raw 날것의
draw 그리다

He draws raw fish.
그는 날생선을 그린다.

자주 출제되는 단어

▶ **raw material** n 원재료
He likes to draw raw materials.
그는 원재료를 그리는 것을 좋아한다.

cooked
조리된

fish tank
어항

painter
화가

R

react ✔ 반응하다

react 반응하다
act 연기

Everyone reacts oddly after seeing his act.
모든 사람은 그의 연기를 본 후에 이상한 반응을 보인다.

자주 출제되는 단어

▶ **reaction** n 반응
an odd reaction
이상한 반응

swallow
삼키다

aghast
경악하는

receipt n 영수증

receipt 영수증
recipe 요리법

She signed the receipt for the recipe.
그녀는 요리법 영수증에 사인했다.

recently ad 최근에

recently 최근에
cent 센트

He just donated a cent recently.
그는 최근에 단지 1센트를 기부했다.

자주 출제되는 단어

▶ **recent** a 최근의
He has changed in recent days.
그는 최근에 변했다.

donation
기부

beggar
거지

400

reception 🔲 환영회

reception 환영회
concept 개념

The concept of a reception is to welcome people.
환영회의 개념은 사람들을 맞이하는 것이다.

자주 출제되는 단어
▶ **receptionist** 🔲 접수원
The receptionist doesn't look happy.
접수원은 행복해 보이지 않는다.

recession 🔲 침체

recession 침체
session 회의

They hold a session to discuss the economic recession.
그들은 경기 침체를 토론하기 위해 회의를 열었다.

자주 출제되는 단어
▶ **recess** 🔲 휴회하다
The session has recessed.
회의가 휴회되었다.

decline
감소하다

session
회의

frustrated
좌절한

R

401

reckon Ⅴ 생각하다

reckon 생각하다
reckless 무모한

I reckon this accident was caused by his reckless action.
나는 이 사고가 그의 무모한 행동으로 인한 것이라고 생각한다.

자주 출제되는 단어

▶ **reckoning** ⋒ 추측
Base on my reckoning,
he caused the accident.
내 추측에 따르면, 그는 사고를 일으켰다.

recognize Ⅴ 인정하다

recognize 인정하다
organize 조직하다

We do not recognize the union they organized.
우리는 그들이 조직한 단체를 인정하지 않는다.

자주 출제되는 단어

▶ **recognition** ⋒ 인정
the recognition of a new union
새로운 단체의 인정

labor union
노동조합

dyed hair
염색한 머리

game player
게임 플레이어

recommend ⓥ 추천하다

recommend 추천하다
commend 맡기다

They recommend**ed that I** commend **my son to her care.**
그들은 내 아들을 그녀의 보살핌에 맡길 것을 추천했다.

자주 출제되는 단어

▶ **recommendation** ⓝ 추천
to write a letter of
re**commend**ation
추천서를 쓰다.

reconcile ⓥ 화해시키다

reconcile 화해시키다
concise 간결한

They were reconcile**d by a** concise **agreement.**
그들은 간결한 합의에 의해 화해했다.

자주 출제되는 단어

▶ **reconciliation** ⓝ 화해
the reconciliation over
an agreement
계약에 대한 중재

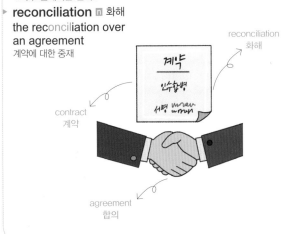

reconciliation
화해

contract
계약

agreement
합의

R

recover Ⅴ 되찾다

recover 되찾다
cover 가리다, 덮다

She recover**ed her necklace, which the cat** cover**ed.**
그녀는 고양이가 가리고 있던 목걸이를 되찾았다.

자주 출제되는 단어
▶ **recovery** ⋂ 회수
the recover**y of her necklace**
그녀의 목걸이의 회수

inactive
게으른

cushion
방석

pearl
진주

recreation ⋂ 오락

recreation 오락
create 창조하다

His recreation **is to** create **new stuff.**
그의 취미는 새로운 것을 만드는 것이다.

recruit Ⅴ 모집하다

recruit 모집하다
cruise 유람선

This cruise **ship needs to** recruit **a new crew.**
이 유람선은 새로운 선원을 모집할 필요가 있다.

자주 출제되는 단어
▶ **recruitment** ⋂ 모집
the recruit**ment of a new crew**
새로운 선원의 모집

404

reduce ☑ 줄이다

reduce 줄이다
produce 생산하다

They produced too much oil, so they reduced the price.
그들은 너무 많은 석유를 생산해서 가격을 내렸다.

자주 출제되는 단어

▶ **reduced** ⓐ 감소한
The price is reduced.
가격이 인하되었다.

▶ **reduction** ⋒ 감소
the reduction in price
가격의 인하

redundant ⓐ 여분의

redundant 여분의
abundant 풍부한

Abundant rain has made redundant growth of apples.
풍부한 비는 여분의 사과가 자라도록 했다.

자주 출제되는 단어

▶ **redundancy** ⋒ 여분
redundancy of apples
여분의 사과

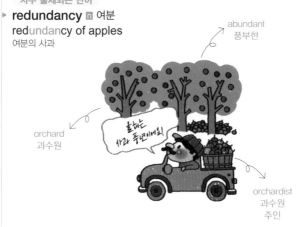

abundant
풍부한

orchard
과수원

올해는
사과 풍년이네요!

orchardist
과수원
주인

R

405

refer ☑ ~에게 돌리다

refer ~에게 돌리다
referee 심판

She referred their lose to the referee.
그녀는 그들의 패배를 심판 탓으로 돌렸다.

자주 출제되는 단어

▶ **reference** ⓝ 참고
Her statement is only
for reference.
그녀의 진술은 단지 참고용이다.

referee
심판

tennis
테니스

refine ☑ 정제하다

refine 정제하다
fine 양질의

This fine oil has been refined many times.
이 양질의 기름은 여러 번 정제되었다.

자주 출제되는 단어

▶ **refined** ⓐ 정제된
refined oil
정제된 기름

▶ **refinery** ⓝ 정유소
Her house is the refinery.
그녀의 집은 정유소이다.

ingredient
재료

machinate
모의하다

pot
냄비

reflect v 반영하다, 나타내다

reflect 반영하다, 나타내다
reflex 반사 신경

His reflexes reflect his health.
그의 반사 신경은 그의 건강을 나타낸다.

자주 출제되는 단어

- **reflection** n 반영
  the reflection of one's body condition
  사람의 신체 상태의 반영
- **reflective** a 반사적인
  reflective action
  반사적 행동

reform n 개혁

reform 개혁
inform 알리다

Someone informed us that a reform has been done.
누군가가 우리에게 개혁이 끝났다고 알려주었다.

refresh v 상쾌하게 하다

refresh 상쾌하게 하다
refreshment 간식

I need some refreshment to refresh myself.
내 기분을 상쾌하게 해줄 간식이 필요하다.

자주 출제되는 단어

- **refreshment** n 간식
  I need some refreshment to refresh myself.
  내 기분을 상쾌하게 해줄 간식이 필요하다.

refund ⓥ 환불하다

refund 환불하다
fund 기금

She got a refund from the fund.
그녀는 기금에서 환불받았다.

자주 출제되는 단어

▶ **refundable** ⓐ 환불할 수 있는
The money is refundable.
이 돈은 환불 가능하다.

refund
환불하다

tobacco dependency
담배 중독

regard ⓥ 간주하다

regard 간주하다
garden 정원

I regard this plant as the best in your garden.
나는 이 식물이 당신의 정원에서 최고라고 생각한다.

자주 출제되는 단어

▶ **regards** ⓝ 안부
**Please, give my regards to
your gardener.**
당신의 정원사에게 안부를 전해주세요.

gardener
정원사

garden
정원

register ⓥ 등록하다

register 등록하다
sister 언니, 누나, 여동생

His sister registered her son to go to kindergarten.
그의 여동생은 아들을 유치원에 다니도록 등록했다.

자주 출제되는 단어

▶ **registry** ⓝ 등록소
the registry for admission
입학처

▶ **registration** ⓝ 등록
the registration for admission
입학처

regret ⓥ 후회하다

regret 후회하다
greet 환영하다

I regret that I have to greet
this greedy man.
나는 이 탐욕스러운 남자를 환영해야 한다는
것을 유감스럽게 생각한다.

regular ⓐ 정기적인

regular 정기적인
singular 독특한

One of his regular customers has a singular look.
그의 단골손님 중 한 명은 독특한 외모를 지니고 있다.

자주 출제되는 단어

▶ **regulate** ⓥ 관리하다
to regulate his business
그의 사업을 관리하다

▶ **regularize** ⓥ 규칙화하다, 조직화하다
His business management
has been regularized.
그의 사업 관리는 조직화되었다.

▶ **regulation** ⓝ 규정
business regulations
사업 규정

▶ **regulator** ⓝ 관리자
the regulator of his business
그의 사업 관리자

rehearsal ⓝ 리허설

rehearsal 리허설
rehear 다시 듣다

He rehears her rehearsal tape again and again.
그는 그녀의 리허설 테이프를 반복해서 들었다.

자주 출제되는 단어

▶ **rehearse** ⓥ 연습하다
She must rehearse daily.
그녀는 매일 연습해야 한다.

rehearsal
리허설

head-sets
헤드셋

concentrated
집중한

reimburse ⓥ 배상하다

reimburse 배상하다
purse 지갑

I'll reimburse the damage to your purse.
당신의 지갑에 손상 입힌 것을 배상하겠다.

자주 출제되는 단어

▶ **reimbursement** ⓝ 배상
the reimbursement for the purse
지갑에 대한 배상

branded bag
명품 가방

puppy
강아지

urine
오줌

410

relate 🔲 연관되다

relate 연관되다
late 늦은

This accident relates to his rush for being late.
이 사고는 그가 늦어서 서두른 것과 연관이 있다.

자주 출제되는 단어
▶ **relative** 🔲 친척
He is one of my relatives.
그는 나의 친척 중 한 명이다.

▶ **relation** 🔲 관계
I have some relation with him.
나는 그와 약간의 관계가 있다.

▶ **relationship** 🔲 관계
My relationship with him is not close.
나와 그의 관계는 가깝지 않다.

relax 🔲 긴장을 풀다

relax 긴장을 풀다
ax 도끼

When he needs to relax, he cuts trees with his ax.
그는 긴장을 풀어야 할 때, 도끼로 나무를 벤다.

자주 출제되는 단어
▶ **relaxed** 🔲 편안한
He is relaxed.
그는 편안하다.

▶ **relaxation** 🔲 휴식
relaxation from work
직장으로부터의 휴식

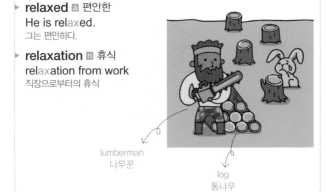

lumberman
나무꾼

log
통나무

R

411

relevant a 관련 있는

relevant 관련 있는
elevate 승진시키다, 높이다

His being elevated to the presidency isn't relevant to whether he is a moron or not.
그가 대통령직에 오르는 것은 그가 우둔한 사람인지 아닌지와 관련이 없다.

자주 출제되는 단어

▶ **irrelevant** a 관계가 없는
His title is irrelevant.
그의 직함은 관련이 없다.

elevator
엘레베이터

reliable a 신뢰할 만한

reliable 신뢰할 만한
liable ~하기 쉬운

He is liable to be a liar. He is not reliable.
그는 거짓말쟁이가 되기 쉽다. 그는 신뢰할 수 없다.

자주 출제되는 단어

▶ **reliability** n 신뢰성
No one should count on his reliability.
누구도 그를 신뢰해서는 안 된다.

lie
거짓말

곧방 가겠습니다.

customer service
고객 서비스

perfunctory
형식적인

reliance ⍰ 의존

reliance 의존
appliance 가전제품

He has a heavy reliance on modern appliances.
그는 현대 가전제품에 대한 의존도가 높다.

자주 출제되는 단어

▸ **rely** ⍰ 의존하다
He relies on modern technolgy to help him.
그는 그를 돕기 위해 현대 기술에 의존한다.

▸ **reliable** ⍰ 신뢰할 만한
Modern technolgy is not always reliable.
현대 기술이 항상 신뢰할 만한 것은 아니다.

relieve ⍰ 완화하다

relieve 완화하다
believe 믿다

I believe exercise can relieve his stress.
나는 운동이 그의 스트레스를 완화시킬 수 있다고 믿는다.

자주 출제되는 단어

▸ **relief** ⍰ 완화
Exercise gave him some relief.
운동은 그에게 약간의 완화감을 주었다.

▸ **relieved** ⍰ 안심한
He is relieved.
그는 안심했다.

indolent
나태한

couch
소파

작은 아령

dumbbell
아령

religion 📗 종교

religion 종교
region 지역

People in this region believe in the same religion.
이 지역의 사람들은 같은 종교를 믿는다.

자주 출제되는 단어

▶ **religious** 📘 독실한
They are very religious.
그들은 매우 독실하다.

▶ **religiously**
📗 독실하게, 종교적으로
They dance religiously.
그들은 종교적으로 춤을 췄다.

remedy 📗 치료

remedy 치료
comedy 코미디

Watching comedy is one kind of remedy.
코미디를 보는 것은 치료의 일종이다.

reminder 📗 독촉장

reminder 독촉장
hinder 방해하다

The reminder shouldn't hinder your business.
이 독촉장이 당신의 사업을 방해해서는 안 된다.

자주 출제되는 단어

▶ **remind** 📗 상기시키다
The bank reminded him to pay the debt.
은행은 그에게 빚 갚는 것을 상기시켰다.

414

remote a 먼 곳의

remote 먼 곳의
motel 모텔

He stays in a remote motel.
그는 멀리 떨어진 모텔에 머무른다.

자주 출제되는 단어

▶ **remote control** n 리모컨
He can't find a remote
control for the TV.
그는 TV 리모컨을 찾을 수 없다.

confused
혼란스러운

MOTEL

어떻게 켜지?

remote control
리모컨

renovate v 개조하다

renovate 개조하다
November 11월

This hotel will renovate this November.
이 호텔은 올 11월에 개조할 예정이다.

자주 출제되는 단어

▶ **renovation** n 개조
the renovation of a hotel
호텔의 개조

brand-new
새것의

HOTEL
HOTEL

shabby
허름한

R

rental n 임대

rental 임대
mental 정신의

The rental for this car is US$1,000? You must have a mental problem.
이 자동차의 임대료가 천 달러입니까?
당신은 정신적 문제를 갖고 있음에 틀림없습니다.

딴! $1,000

repair v 수리하다

repair 수리하다
pair 한 쌍

I'd like to have this pair of shoes repaired.
나는 이 신발 한 켤레를 수리하고 싶다.

자주 출제되는 단어

▶ **repairable** a 수리할 수 있는
Are they repairable?
그들은 수리할 수 있습니까?

▶ **irreparable** a 수리할 수 없는
They are irreparable.
그들은 수리할 수 없다.

repay v 갚다

repay 갚다
pay 지불하다

If you pay for me this time, I'll repay you next time.
이번에 대신 내주시면 다음번에 제가 갚겠습니다.

replace v 교체하다

replace 교체하다
place 위치

He had a high place in this company, but soon was replaced.
그는 회사에서 높은 자리를 차지했지만 곧 교체되었다.

자주 출제되는 단어

▶ **replacement** n 교체
the replacement of a position
자리의 교체

416

reporter 🔲 기자

reporter 기자
exporter 수출업자

This reporter is the writer of a report about an exporter.
이 기자는 수출업자에 관한 보고서를 작성하는 사람이다.

자주 출제되는 단어

▶ **report** 🔲 보고서
This is a report about an exporter.
이것은 수출업자에 관한 보고서이다.

represent 🔳 대표하다

represent 대표하다
present 참석한

Mr. Li is present. He represents the congress.
Li 의원이 참석했다. 그는 의회를 대표한다.

자주 출제되는 단어

▶ **representative** 🔲 대표
the congressional representative
의회 대표

chairman
의장

final verdict
최종 판결

congress
의회

R

417

repress ⅴ 억누르다

repress 억누르다
express 표현하다

She can't repress her desire to express her feeling.
그녀는 감정을 표출하고 싶은 욕구를 억누를 수 없다.

자주 출제되는 단어

▶ **repression** ⓝ 억제
the repression of her feelings
그녀의 감정 억제

▶ **repressive** ⓐ 억압적인
repressive environment
억압적인 환경

reproduce ⅴ 번식하다

reproduce 번식하다
produce 생산하다

The chicken reproduces, so eggs can be produced.
닭이 번식하기 때문에 달걀이 생산될 수 있다.

자주 출제되는 단어

▶ **reproduction** ⓝ 번식
the reproduction of chicken
닭의 번식

hen
암탉

brood
품다

egg
달걀

repulsive @ 불쾌한

repulsive 불쾌한
impulsive 충동적인

His impulsive behaviour is repulsive.
그의 충동적인 행동은 불쾌하다.

자주 출제되는 단어

▶ **repulsively** ad 불쾌하게
He behaves repulsively.
그는 불쾌하게 행동한다.

petrified
겁에 질린

reckless
무모한

mainframe
본체

reputation n 명성

reputation 명성
put 넣다

Being put in jail has ruined
his reputation.
감옥에 갇힌 것이 그의 명성을 망쳤다.

R

request n 요청

request 요청
question 질문

He was requested to ask a
question.
그는 질문 요청을 받았다.

require ⓥ 필요로 하다

require 필요로 하다
inquire 묻다

To inquire information from him required some tools.
그로부터 정보를 얻으려면 몇 가지 도구가 필요했다.

자주 출제되는 단어

▶ **requirement** ⓝ 필요조건
a requirement for an inquiry
취조를 위한 필요조건

requisite ⓐ 필요한

requisite 필요한
exquisite 정교한

This exquisite plate is requisite to her.
이 정교한 접시는 그녀에게 꼭 필요하다.

research ⓝ 연구

research 연구
search 수색하다

For his research in old coins, he searches in the sea.
그는 오래된 동전에 대한 연구를 위해 바다를 수색한다.

자주 출제되는 단어

▶ **researcher** ⓥ 연구원
He is an old coin researcher.
그는 오래된 동전 연구원이다.

resident n 주민

resident 주민
president 대통령

The president loves the residents of this village.
대통령은 이 마을의 주민들을 사랑한다.

자주 출제되는 단어

▶ **residence** n 거주지
He visited every
residence in this village.
그는 이 마을의 모든 거주지를 방문했다.

slogan
표어

사랑합니다!

resign v 사임하다

resign 사임하다
assign 맡기다

He resigned from the job that he was assigned to.
그는 자신이 맡은 일에서 사임하였다.

자주 출제되는 단어

▶ **resignation** n 사표
turn in a resignation
사표를 제출하다.

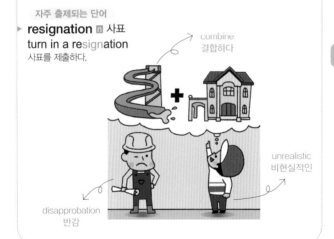

combine
결합하다

unrealistic
비현실적인

disapprobation
반감

R

421

resist Ⅴ 저항하다

resist 저항하다
sister 언니, 누나, 여동생

No one can resist his sister's charm.
아무도 그의 여동생의 매력에 저항할 수 없다.

자주 출제되는 단어

▶ **resistible** ⓐ 저항할 수 있는
Her charm is not resistible.
그녀의 매력은 저항할 수 없다.

▶ **irresistible** ⓐ 저항할 수 없는
Her charm is irresistible.
그녀의 매력은 저항할 수 없다.

resolve Ⅴ 결심하다

resolve 결심하다
solve 풀다

She resolved that she would solve this problem
one day.
그녀는 언젠가 이 문제를 해결하겠다고 결심했다.

자주 출제되는 단어

▶ **resolution** ⓝ 결심
New Year's resolution
새해 결심

resource ⓝ 방편

resource 방편
source 출처

I have no resource to find the
source of it.
나는 그 출처를 찾을 방편이 없다.

422

respect ⓝ 존경

respect 존경
expect 기대하다

He expects to be treated with respect from his students.
그는 그의 학생들에게 존경받기를 기대한다.

▶ **respectful** ⓐ 존경심을 보이는
His students are not respectful.
그의 학생들은 존경심이 없다.

▶ **respectable** ⓐ 존경할만한
a respectable teacher
존경할만한 선생님

response ⓝ 응답

response 응답
sponsor 후원자

Your sponsor will give you a response.
당신의 후원자가 응답을 줄 것이다.

▶ **respond** ⓥ 응답하다
Has he responded to you yet?
그가 아직 당신에게 응답하지 않았나요?

▶ **responsible** ⓐ 책임이 있는
Your sponsor is responsible to answer you.
당신의 후원자는 당신에게 대답할 책임이 있다.

▶ **responsibility** ⓝ 책임
It is his responsibility.
이것은 그의 책임이다.

R

restore ⓥ 복구하다

restore 복구하다
store 상점

This store has been restored after the fire accident.
이 상점은 화재 사고 후에 복구되었다.

자주 출제되는 단어

▸ **restoration** ⓝ 복구

the store's restoration
상점의 복구

cashier
계산원

restrain ⓥ 억제하다

restrain 억제하다
constrain 제지하다

Restrain yourself, or I'll have you constrained.
진정하세요, 그렇지 않으면 내가 당신을 제지할 것입니다.

자주 출제되는 단어

▸ **restraint** ⓝ 억제

It is not beyond restraint.
그것은 억제할 수 없는 것이 아니다.

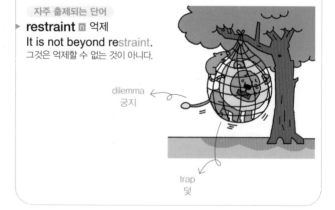

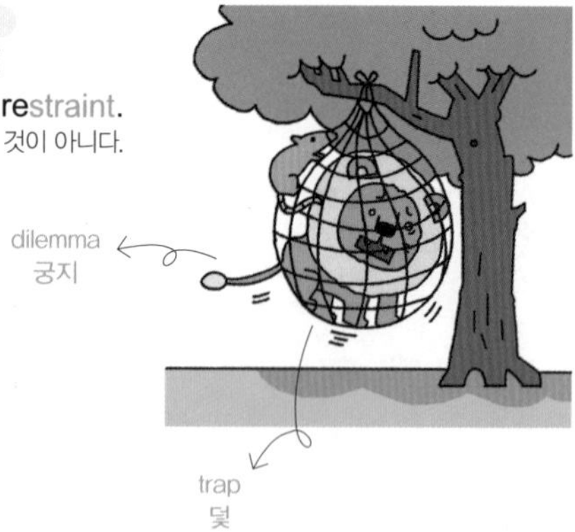
dilemma
궁지
trap
덫

restrict ⓥ 제한하다

restrict 제한하다
strict 엄격한

His strict father restricted him to home.
그의 엄격한 아버지는 그가 집에만 있도록 제한했다.

자주 출제되는 단어

▸ **restriction** ⓝ 제약
He lives with many restrictions.
그는 많은 제약을 받으며 살고 있다.

supervise
감독하다
trepidation
두려움, 공포

resume ⓥ 재개하다

resume 재개하다
assume 추측하다

I assume that he will resume his work very soon.
나는 그가 곧 자신의 일을 재개할 것이라고 추측한다.

자주 출제되는 단어

▸ **resumption** ⓝ 재개
the resumption of his work
그의 일의 재개

pillow
베개
insomnia
불면증
sheet
시트

R

resurge ⓥ 되살아나다

resurge 되살아나다
surge 파동

Business has resurged since the economic surge.
경제 파동 이후에 사업이 되살아났다.

자주 출제되는 단어
▶ **resurgent** ⓐ 되살아나는, 재개하는

The business is resurgent.
사업이 재개된다.

▶ **resurgence** ⓝ 재개
the business's resurgence
사업의 재개

retail ⓝ 소매

retail 소매
tailor 재단사

The tailor makes suits, and sells them at retail.
재단사는 정장을 만들어서 소매로 판다.

자주 출제되는 단어
▶ **retailer** ⓝ 소매상
This tailor is also a retailer.
이 재단사는 또한 소매상이다.

display
진열하다

tailor
재단사

suit
정장

retard ⓥ 지연시키다

retard 지연시키다
reward 상

He was retarded in receiving his reward, because he was in the restroom.
그는 화장실에 있었기 때문에, 상 받는 것이 지연되었다.

자주 출제되는 단어
▶ **retarded** ⓐ 어리석은
It is retarded to be late for the reward.
수상에 늦은 것은 어리석다.

announce
발표

retire ⓥ 은퇴하다

retire 은퇴하다
tire 타이어

He is retired from the tire business.
그는 타이어 사업에서 은퇴했다.

자주 출제되는 단어
▶ **retired** ⓐ 은퇴한
He is retired.
그는 은퇴했다.

▶ **retirement** ⓝ 은퇴
He is living in retirement.
그는 은퇴 생활을 하고 있다.

swing
흔들리다

tire
타이어

R

427

retrieve ⓥ 되찾아오다

retrieve 되찾아오다
tried 시도하다
Eve 이브

He tried to retrieve his wife, Eve.
그는 아내인 이브를 되찾으려 했다.

자주 출제되는 단어

▶ **retrieval** ⓝ 회복
the retrieval of a love
사랑의 회복

disappointed
실망한

anxious
불안한

revenge ⓝ 복수

revenge 복수
challenge 도전

This challenge has become revenge.
이 도전은 복수가 되었다.

revenue ⓝ 국세청

revenue 국세청
avenue 대로

The Department of Revenue is on this avenue.
국세청이 이 대로에 있다.

reverse 🄰 뒤집다

reverse 뒤집다
diverse 다양한

If we reverse this sentence, it will have a diverse meaning.
만약 우리가 이 문장을 뒤집는다면, 그것은 다양한 의미를 갖게 될 것이다.

revise 🅅 수정하다

revise 수정하다
advise 조언

I want to advise you to revise your letter.
저는 당신에게 편지를 수정하라고 조언하고 싶습니다.

revive 🅅 활기를 되찾다

revive 활기를 되찾다
survive 살아남다

He survived, and soon revived his energy.
그는 살아남았고, 곧 기운을 되찾았다.

revolve
🅅 ～을 중심으로 돌다

revolve ～을 중심으로 돌다
involve 관련되다

He is revolving in troubles, and I don't want to get involved.
그는 곤경에 처해 있고, 나는 관여하고 싶지 않다.

R

rhyme 🄽 운문

rhyme 운문
hymn 찬송가

The lyrics of this hymn rhyme.
이 찬송가의 가사는 운문이다.

429

rigor ❶ 엄격

rigor 엄격
right 옳은

Is it right to enforce a law with rigor?
법은 엄격하게 시행하는 것이 옳습니까?

rip ❚ 찢다

rip 찢다
script 대본

He ripped his script.
그는 그의 대본을 찢었다.

risk ❶ 위험

risk 위험
whisky 위스키

This bottle of whisky is at risk.
이 위스키 병은 위험에 처해 있다.

rival ❶ 경쟁자

trial 재판
rival 경쟁자

His rival attends his trial.
그의 경쟁자는 그의 재판에 참가한다.

rob ❚ 훔치다

rob 훔치다
robot 로봇

He robbed the dog's robot.
그는 개의 로봇을 훔쳤다.

rough ⓐ 힘든

rough 힘든
tough 강한

We need a tough guy to do this rough work.
우리는 이 힘든 일을 할 강인한 사람이 필요하다.

route ⓝ 경로

route 경로
routine 일과

To run on this route is his routine.
이 길로 달리는 것은 그의 일과이다.

routine ⓐ 일상적인

routine 일상적인
destine 예정해두다

It was destined that he chose not to take his routine route today.
그가 오늘 그의 일상적인 경로를 선택하지 않은 것은 운명이었다.

rude ⓐ 무례한

rude 무례한
crude 거친

He is crude and rude.
그는 거칠고 무례하다.

ruminate ⓥ 심사숙고하다

ruminate 심사숙고하다
eliminate 제거하다

He ruminates on how to eliminate the chance of failure.
그는 실패의 가능성을 제거하는 방법에 대해 심사숙고한다.

R

rumor ⓝ 소문

rumor 소문
tumor 종양

Rumor has it that she has a tumor in her body.
그녀의 몸에 종양이 있다는 소문이 있다.

run into 부딪히다

run into 부딪히다
runway 활주로

An airplane runs into a runner on the runway.
비행기가 활주로에서 달리는 사람과 부딪힌다.

rural ⓐ 시골의

rural 시골의
nature 자연

You will be closer to nature, if you live in a rural area.
당신이 시골 지역에 살고 있다면, 당신은 자연과 가까울 것이다.

rust ⓝ 녹

rust 녹
trust 믿다

I trust that there is a good car under the rust.
나는 녹슬었지만 좋은 차가 있다고 믿는다.

Chapter 17
Ss

n 명사
v 동사
a 형용사
ad 부사
art 관사
aux 조동사
int 감탄사
pron 대명사
prep 전치사
conj 접속사

salary ⓝ 월급
salary 월급
celery 셀러리

She spends a lot of her salary on celery.
그녀는 월급의 많은 부분을 셀러리에 쓴다.

saloon ⓝ 술집
saloon 술집
balloon 풍선

There are many balloons in her saloon.
그녀의 술집에는 많은 풍선들이 있다.

salute ⓥ 맞이하다

salute 맞이하다
salt 소금

They were saluted with salt.
그들은 소금 세례를 받았다.

자주 출제되는 단어

▶ **salutation** ⓝ 인사
They exchange salutations.
그들은 인사를 주고받는다.

salute
맞이하다

curly hair
곱슬머리

sane ⓐ 제정신의

sane 제정신의
crane 기중기

A sane person does not use a crane to move a toy.
제정신인 사람은 장난감을 옮기는 데에 기중기를 사용하지 않는다.

> 자주 출제되는 단어

▶ **sanity** ⓝ 온전한 정신
I question his sanity.
나는 그가 정신이 온전한지 의심한다.

▶ **insane** ⓐ 미친
He is insane.
그는 미쳤다.

satellite ⓝ 위성

satellite 위성
sat 앉다 / tell 말하다 / lite 저칼로리의

From satellite, you can tell that he sat there and drank lite beer.
당신은 그가 거기 앉아서 라이트 맥주를 마셨다는 것을 위성을 통해 말할 수 있다.

satisfied ⓐ 만족한

satisfied 만족한
sat 앉다 / is 있다

He is satisfied that he sat there with her yesterday.
그는 어제 그녀와 함께 앉아있었다는 것에 만족한다.

> 자주 출제되는 단어

▶ **satisfaction** ⓝ 만족
He smiles with satisfaction.
그는 만족스럽게 미소 지었다.

▶ **dissatisfied** ⓐ 불만스러운
He is dissatisfied that he didn't speak to her.
그는 그녀에게 말을 걸지 못한 것이 불만스럽다.

▶ **dissatisfaction** ⓝ 불만
He smiles despite his dissatisfaction.
그는 불만에도 불구하고 미소 지었다.

S

435

save ⓥ 구하다

save 구하다
pavement 포장도로

While on the new pavement, a bucket saved his life.
새로운 포장도로에 있을 때, 양동이가 그의 생명을 구했다.

scan ⓥ 자세히 살피다

scan 자세히 살피다
scandal 스캔들, 추문

This scan reveals a big scandal.
이 정밀 검사는 큰 스캔들을 폭로한다.

> 자주 출제되는 단어

▶ **scanner** ⓝ 스캐너
This scanner reveals a secret.
이 스캐너는 비밀을 밝혀낸다.

scandal ⓝ 스캔들

scandal 스캔들
sandal 샌들

This pair of sandals proves his scandal with another woman.
이 한 쌍의 샌들은 그의 다른 여자와의 스캔들을 증명한다.

scenario ⓝ 각본

scenario 각본
scene 장면

This scene doesn't go with the scenario.
이 장면은 각본과 일치하지 않는다.

schedule ⋒ 일정

schedule 일정
scheme 계획

He showed me a schedule
for a scheme.
그는 나에게 계획을 위한 일정을 보여주었다.

scheme ⋒ 계획

scheme 계획
schedule 일정

He showed me a schedule for a scheme.
그는 나에게 계획을 위한 일정을 보여주었다.

자주 출제되는 단어

▶ **schematic** ⓐ 도식으로 나타낸
a schematic schedule
도식으로 나타낸 일정

▶ **schematically** ⓐⓓ 개략적으로
The schedule explains schematically.
일정이 개략적으로 설명되어 있다.

science ⋒ 과학

science 과학
conscience 양심

It is hard to conduct this science experiment with a
good conscience.
이 과학 실험을 양심에 거리낌 없이 수행하기 어렵다.

자주 출제되는 단어

▶ **scientist** ⋒ 과학자
He is a good scientist.
그는 훌륭한 과학자이다.

▶ **scientific** ⓐ 과학적인
He has performed a lot of scientific researches.
그는 많은 과학적 연구를 수행했다.

S

scream v 비명을 지르다

scream 비명을 지르다
screen 화면

She screams at the screen
for a long time.
그녀는 오랫동안 화면에다 비명을 질렀다.

script n 대본

script 대본
rip 찢다

He ripped his script.
그는 자신의 대본을 찢어버렸다.

자주 출제되는 단어
▶ **scriptwriter** n 각본 작가
He is a scriptwriter.
그는 각본 작가이다.

scrap
조각

scrutiny n 정밀 검사

scrutiny 정밀 검사
scrub 문지르다

After scrubbing, the tiny diamond passed his
scrutiny.   particularity
세척 후에, 작은 다이아몬드는 그의 정밀 검사를 통과했다.   면밀

자주 출제되는 단어
▶ **scrutinize** v 면밀히 조사하다
to scrutinize every detail
모든 세부 사항을 면밀히 조사하다.

magnifier
돋보기

season ▣ 계절

season 계절
seafood 해산물
son 아들

His son cooks different seafood in different seasons.
그의 아들은 계절마다 다른 해산물을 요리한다.

자주 출제되는 단어

▶ **seasoning** ▣ 양념, 조미료
the seasoning for the seafood
해산물 요리의 양념

chef
요리사

seafood
해산물

seat belt ▣ 안전벨트

seat belt 안전벨트
seat 좌석

Every seat in this car has a seat belt.
이 차의 모든 좌석은 안전벨트가 있다.

S

secretary ▣ 비서

secretary 비서
secret 비밀

My secretary reveals many secrets about him.
내 비서는 그에 대해 많은 비밀을 폭로했다.

sedated ⓐ (약물 때문에) 진정된

sedated (약물 때문에) 진정된
date 데이트

He was sedated on a date with a lady.
그는 한 여성과의 데이트에서 진정되었다.

> 자주 출제되는 단어

▶ **sedative** ⓝ 진정제
He took the sedative
in the drink.
그는 음료 안에 진정제를 넣었다.

toast
건배하다

dizzy
어지러운

select ⓥ 선택하다

select 선택하다
elect 선출하다

He was selected as a candidate and elected as president.
그는 후보로 선택되어 대통령으로 선출되었다.

> 자주 출제되는 단어

▶ **selection** ⓝ 선택
He was many people's selection.
그는 많은 사람의 선택을 받았다.

seminar ⓝ 세미나

seminar 세미나
semester 학기

We have a small seminar this semester.
우리는 이번 학기에 작은 세미나가 있다.

sense ☑ 느끼다

sense 느끼다
send 보내다

I can sense that he is sending me a big present.
나는 그가 나에게 큰 선물을 보내고 있다는 것을 느낄 수 있다.

자주 출제되는 단어

▶ **sensory** ⓐ 감각의
sensory information
감각 정보

▶ **sensation** ⓝ 느낌, 감각
I have the sensation of a big present.
나는 큰 선물에 대한 감이 있다.

▶ **sensibility** ⓝ 민감한
sensibility to surprises
놀람에 대한 민감함

sensitive
ⓐ 감수성이 풍부한

sensitive 감수성이 풍부한
positive 긍정적인

He is a positive and sensitive man.
그는 긍정적이고 감수성이 풍부한 사람이다.

separate ☑ 떨어지다, 헤어지다

separate 떨어지다, 헤어지다
September 9월

They separated in September.
그들은 9월에 헤어졌다.

S

자주 출제되는 단어

▶ **separation** ⓝ 분리, 이별
The separation breaks their hearts.
이별은 그들의 가슴을 아프게 한다.

▶ **separately** ⓐⓓ 따로
They went away separately.
그들은 따로 떠나갔다.

sequence [n] 순서

sequence 순서
consequent ~의 결과로 일어나는

Consequent to entering the correct sequence, the safe opened.
올바른 순서를 입력하여 금고가 열렸다.

serial [a] 일련의

serial 일련의
material 재료

Each piece of material has a serial number on it.
각 재료에는 일련번호가 있다.

settle [v] 정착하다

settle 정착하다
little 작은

They settle down in a little house.
그들은 작은 집에 정착한다.

자주 출제되는 단어

▶ **settled** [a] 정착한
They are settled.
그들은 정착한다.

▶ **settlement** [n] 정착
They are happy with their settlement.
그들은 자신들의 정착에 행복하다.

chimney
굴뚝

satisfaction
만족

couple
부부

severe a 심각한

severe 심각한
seven 일곱

The seven dwarfs are under a severe situation.
일곱 난쟁이들은 심각한 상황에 처해 있다.

자주 출제되는 단어

▶ **severely** ad 심각하게
The story has gone severely wrong.
그 이야기는 심각하게 잘못되었다.

faint
기절

helpless
무력한

dwarf
난쟁이

sharp a 날카로운

sharp 날카로운
share 함께 쓰다

These two people share a pair of sharp scissors.
이 두 사람은 날카로운 가위를 함께 쓴다.

자주 출제되는 단어

▶ **sharpen** v 날카롭게 하다
They sharpen the scissors every day.
그들은 매일 가위를 날카롭게 한다.

▶ **sharpener** n 가는 기구
They use a sharpener for the scissors.
그들은 가위 가는 기구를 사용한다.

S

shield v 보호하다

shield 보호하다
windshield 방풍 유리

The windshield is to shield wind and rabbits!
이 방풍 유리는 바람과 토끼를 막기 위한 것이다!

443

shift n 교대 근무

shift 교대 근무
lift 들어 올리다

He needs to lift heavy things on the day shift.
그는 주간 근무에 무거운 물건들을 들어 올려야 한다.

shipment n 수송품

shipment 수송품
ship 배

Our entire shipment is on that ship.
우리의 모든 수송품은 저 배 위에 있다.

shoddy a 조잡한

shoddy 조잡한
odd 이상한

This is an odd and shoddy product.
이것은 이상하고 조잡한 제품이다.

> 자주 출제되는 단어

▶ **shoddily** ad 조잡하게
It is made shoddily.
이것은 조잡하게 만들어졌다.

flaw
결함

used
사용된

shore n 해안

shore 해안
shoe 신발

Someone left a shoe on the shore.
누군가 해안에 신발을 두고 갔다.

short ⓐ 부족한

short 부족한
shoe 신발

We are short of the shoes in your size.
우리는 당신의 치수에 맞는 신발이 부족합니다.

자주 출제되는 단어

▸ **shorten** ⓥ 줄이다
They have shortened the production of these shoes.
그들은 이 신발의 생산량을 줄였다.

▸ **shortage** ⓝ 부족
the shortage of these shoes
이 신발의 부족

▸ **shortcut** ⓝ 지름길
To borrow more money is the shortcut to the solution.
더 많은 돈을 빌리는 것은 해결책에 대한 지름길이다.

▸ **shorthand** ⓝ 속기
They learned shorthand for lack of computers.
그들은 컴퓨터의 부족으로 인해 속기를 배웠다.

shrink ⓥ 줄어들다

shrink 줄어들다
shrimp 새우

Who shrank these shrimps?
누가 이 새우들을 줄어들게 했습니까?

shut ⓥ 닫다

shut 닫다
shuttle 셔틀버스

The shuttle bus has shut the door.
셔틀버스가 문을 닫았다.

S

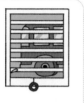

shuttle 🔟 셔틀버스

shuttle 셔틀버스
shutter 덧문

I can see the shuttle bus through the shutter.
나는 덧문을 통해 셔틀버스를 볼 수 있다.

sight 🔟 풍경

sight 풍경
light 빛

The sight of polar light is wonderful.
오로라의 풍경은 아주 멋지다.

▸ 자주 출제되는 단어

▸ **sightseeing** 🔟 관광
Go sightseeing in Iceland.
아이슬란드를 구경하러 가세요

sign 🔽 서명하다

sign 서명하다
consign 맡기다

This thing was consigned to you, please sign.
이것은 당신에게 맡겨진 것이니 서명해주시기 바랍니다.

▸ 자주 출제되는 단어

▸ **signature** 🔟 서명
Your signature is required.
당신의 서명이 필요하다.

▸ **signal** 🔟 신호
The way she signed was a signal that she was drunk.
그녀가 서명한 방식은 그녀가 술에 취해 있었다는 신호였다.

significant ⓐ 중요한

significant 중요한
sign 표지판

This sign is not significant.
이 표지판은 중요하지 않다.

자주 출제되는 단어

▶ **significance** ⓝ 중요성
the significance of this sign
이 표지판의 중요성

▶ **significantly** ⓐⓓ 중요하게
The sign is posted significantly.
표지판이 중요하게 게시되어 있다.

▶ **insignificant** ⓐ 중요하지 않은
This sign is insignificant.
그 표지판은 중요하지 않다.

silence ⓝ 침묵

silence 침묵
violence 폭력

She broke the silence when violence happened.
그녀는 폭력이 일어났을 때 침묵을 깼다.

자주 출제되는 단어

▶ **silent** ⓐ 침묵하는
No one should be silent
in this situation.
이 상황에서는 누구도 침묵해서는 안 된다.

S

silverware ⓝ 은그릇

silverware 은그릇
silver 은

Her silverware is made of real silver.
그녀의 은그릇은 순은으로 만들어졌다.

simple [a] 간단한

sample 샘플
simple 간단한

I need a simple sample of the product.
나는 그 제품의 간단한 샘플이 필요하다.

sincere [a] 진실된

sincere 진실된
cereal 시리얼
sin 죄악

It is a sin to put a bug on a sincere man's cereal.
진실된 사람의 시리얼에 벌레를 넣는 것은 죄악이다.

자주 출제되는 단어
▶ sincerely [ad] 진심으로
I apologize sincerely.
진심으로 사과드립니다.

singular [a] 독특한

singular 독특한
regular 정기적인

One of his regular customers has a singular look.
그의 단골손님 중 한 명은 독특한 외모를 지니고 있다.

size [n] 크기

size 크기
downsize 줄이다

The size of this company is too big; they need to downsize the staff.
이 회사의 규모는 너무 커서 직원들을 감원할 필요가 있다.

448

sketch V 스케치하다

sketch 스케치하다
fetch 가지고 오다

Go fetch that chicken. I need to sketch it.
그 닭을 가져와주세요. 저는 그것을 스케치해야 해요.

자주 출제되는 단어
▶ **sketchy** a 개략적인
a sketchy drawing
개략적인 그림

startled
놀란

skill n 기술

skill 기술
kill 죽이다

He has good skill in killing mosquitoes.
그는 모기를 죽이는 재주가 있다.

자주 출제되는 단어
▶ **skillful** a 숙련된
a skillful killer
숙련된 살인자

ninja
닌자

mosquito
모기

S

착한 애가
될게요.

sledge n 썰매

sledge 썰매
pledge 맹세하다

He gave Santa a pledge by his sledge.
그는 산타에게 그의 썰매로 맹세했다.

slogan [n] 구호

slogan 구호
gain 얻다

His slogan is "slow gains are better than no gains!"
그의 구호는 "증진이 없는 것보다 더딘 증진이 낫다!"이다.

sluggish [a] 느릿느릿한

sluggish 느릿느릿한
luggage 짐

James and his luggage are stuck in the sluggish traffic.
제임스와 그의 짐은 느릿느릿 움직이는 자동차들에 갇혀있다.

smooth [a] 순조로운

smooth 순조로운
soothe 달래다

After soothing the baby, the trip has become smooth.
아기를 달랜 후에, 여행은 순조로워졌다.

자주 출제되는 단어

▶ **smoothly** [ad] 순조롭게
This trip is going smoothly.
이 여행은 순조롭게 가고 있다.

snack [n] 과자

snack 과자
snake 뱀

The mom snake will bring back a snack.
엄마 뱀이 과자를 가져올 것이다.

snore 🔽 코를 골다

snore 코를 골다
sort 유형

He is a good person of some
sort, but he snores.
그는 좋은 사람이지만 코를 곤다.

soap 🔳 비누

soap 비누
soup 수프

He dropped the soap into the
soup.
그는 비누를 수프 안에 떨어뜨렸다.

soccer 🔳 축구

soccer 축구
sock 양말

A sock is flying in the soccer
game.
축구 경기에서 양말이 날아가고 있다.

social 🅰 사회적인

social 사회적인
racial 인종의

Racial issues are creating a social problem now.
인종 문제는 이제 사회적 문제를 일으키고 있다.

자주 출제되는 단어

▶ **socialize** 🔽 어울리다
People of different races should
socialize with each other.
다른 인종의 사람들은 서로 어울려야 한다.

▶ **society** 🔳 사회
to make this society better
이 사회를 더 낫게 만들기 위해

solar @ 태양의

<u>solar</u> 태양의
<u>polar</u> 극지의

Solar energy is rare in p<u>olar</u> areas.
태양 에너지는 극지방에서는 드물다.

solicit ⓥ 요청하다

so<u>licit</u> 요청하다
exp<u>licit</u> 명백한

She so<u>licit</u>ed an exp<u>licit</u> explanation.
그녀는 명백한 설명을 요청하고 있다.

solo ⓝ 독주

<u>solo</u> 독주
<u>polo</u> 폴로

The man in the p<u>olo</u> shirt is singing s<u>olo</u>.
폴로 셔츠를 입은 남자는 독주하고 있다.

자주 출제되는 단어

▶ soloist ⓝ 독주자
He is a soloist.
그는 독주자이다.

spotlight
스포트라이트

soloist
독주자

stage
무대

fan
팬

sorrow n 슬픔

sorrow 슬픔
sorry 유감스러운

I am so sorry for your sorrow.
당신의 슬픔에 대해 유감입니다.

자주 출제되는 단어

▶ sorrowful a 슬픈
This is a sorrowful accident.
이것은 슬픈 사고이다.

sorrowful
슬픈

ideal
이상적인

sort n 종류

sort 종류
resort 휴양지

This is the sort of resort I like.
이곳은 내가 좋아하는 종류의 휴양지이다.

source n 출처

source 출처
sour 신

Our sour tofu tastes good.
We should find the source of
it.
우리의 신 두부는 맛있다. 우리는 그것의 출처를
찾아야 한다.

S

souvenir n 기념품

souvenir 기념품
soup 수프

She bought a soup bowl as a
souvenir from a vendor.
그녀는 노점 상인으로부터 수프 그릇을 기념품
으로 샀다.

spacecraft ⓝ 우주선

spacecraft 우주선
craft 공예품

She found a spacecraft and
an aircraft when she was
making a craft.
그녀가 공예품을 만들고 있을 때, 그녀는 우주
선과 비행기를 발견했다.

special ⓐ 특별한

special 특별한
species 종류

This man is interested in a special species of cow.
이 남자는 특별한 종류의 소에 관심이 있다.

자주 출제되는 단어

▶ **specialist** ⓝ 전문가
He is a cow specialist.
그는 소 전문가이다.

▶ **specialize** ⓥ 전공하다
He specialized in cows.
그는 소를 전공했다.

specify ⓥ 지정하다

specify 지정하다
spectator 관중

These spectators specify the kind of show they
want.
이 관중들은 그들이 원하는 종류의 쇼를 지정한다.

자주 출제되는 단어

▶ **specific** ⓐ 구체적인
a specific request
구체적인 요청

▶ **specification** ⓝ 명세 사항
the request's specifications
요청의 명세 사항

454

spectacle n 장관

spectacle 장관
perspective 관점

What is your perspective on such a spectacle?
그러한 장관에 대한 당신의 관점은 어떠한가요?

speculate v 추측하다

speculate 추측하다
calculate 계산하다

He speculates that she calculated it wrong.
그는 그녀가 계산을 잘못했다고 추측한다.

자주 출제되는 단어

▶ **speculator** n 사색가
He is a speculator.
그는 사색가이다.

▶ **speculation** n 고찰, 추측
speculation about the wrong calculation
잘못된 계산에 대한 고찰

speed n 속도

speed 속도
speech 연설

He gave a speech at a very high speed.
그는 매우 빠른 속도로 연설을 했다.

자주 출제되는 단어

▶ **speedy** a 빠른
a speedy speech
빠른 연설

speedy speech
빠른 연설

spell Ⓥ 철자를 쓰다

spell 철자를 쓰다
impel 억지로 시키다

He was impelled to learn how to spell.
그는 철자 쓰는 법을 배워야 했다.

자주 출제되는 단어
▶ **spelling** Ⓝ 철자법
incorrect spelling
틀린 철자법

giddy
어지러운

bored
지루한

spice Ⓝ 양념

spice 양념
slice 조각

The dog took a very big slice of meat, and put spice on it.
그 개는 아주 큰 고기 한 조각을 가져가 양념을 뿌렸다.

자주 출제되는 단어
▶ **spicy** Ⓐ 양념을 넣은
a slice of spicy meat
양념을 넣은 고기 한 조각

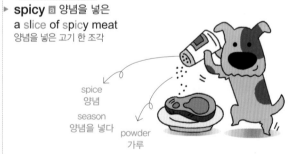

spice
양념

season
양념을 넣다

powder
가루

456

sponsor ⓝ 후원자

sponsor 후원자
response 응답

Your sponsor will give you a response.
당신의 후원자가 응답을 줄 것이다.

자주 출제되는 단어

▶ **sponsorship** ⓝ 후원
His sponsorship will be cancelled.
그의 후원은 취소될 것이다.

sponsor
후원자

worried
걱정하는

spouse ⓝ 배우자

spouse 배우자
pout 뿌루퉁하다

His spouse is always pouting.
그의 배우자는 항상 뿌루퉁하다.

spreadsheet
ⓝ 스프레드 시트

spreadsheet 스프레드 시트
spread 펼치다

She spreads the result on a spreadsheet.
그녀는 결과를 스프레드 시트에 표시한다.

S

stable ^a 안정된

stable 안정된
durable 내구성이 있는

This table is stable and durable.
이 탁자는 안정적이고 내구성이 있다.

pan
냄비

reach
뻗치다

stable
안정된

자주 출제되는 단어

▶ **stability** ⁿ 안정성
A table's stability is important for the elderly.
탁자의 안정성은 노인들에게 중요하다.

▶ **unstable** ^a 불안정한
An unstable table is dangerous.
불안정한 탁자는 위험하다.

stadium ⁿ 경기장

stadium 경기장
medium 중간의

This stadium is of medium size.
이 경기장은 중간 크기이다.

staff ⁿ 직원

staff 직원
affair 사건

Two of our staff are in a love affair.
우리 직원 두 명은 연애 중이다.

stagnant @ 침체된

stagnant 침체된
pregnant 임신한

She is pregnant in a stagnant economic season.
그녀는 불경기에 임신했다.

자주 출제되는 단어

▶ **stagnancy** @ 침체
He lost his job due to the
economic stagnancy.
그는 경기 침체로 직장을 잃었다.

pregnant
임신한

stain @ 얼룩

stain 얼룩
attain 획득하다

With a stain on your shirt, you will
not attain this job.
당신의 셔츠에 얼룩이 묻은 채로는, 이 일을 얻지 못할 것이다.

careless
부주의한

자주 출제되는 단어

▶ **stainless** @ 얼룩지지 않은
Your shirt needs to be stainless.
당신의 셔츠는 얼룩지지 않아야 한다.

interview
면접

S

standard @ 기준

standard 기준
stand 참다, 견디다

He will not stand anything
lower than his standard.
그는 자신의 기준보다 낮은 것은 견디지 못할
것이다.

459

startle Ⅴ 깜짝 놀라게 하다
startle 깜짝 놀라게 하다
starfish 불가사리

This starfish startled him.
이 불가사리는 그를 놀라게 했다.

starve Ⅴ 굶주리다

starve 굶주리다
stare 빤히 쳐다보다

He always stares at the chef when he starves.
그는 굶주릴 때마다 항상 주방장을 빤히 쳐다본다.

자주 출제되는 단어

▶ **starving** ⓐ 굶주린
He is starving all the time.
그는 항상 굶주려 있다.

▶ **starvation** ⓝ 굶주림
He is afraid of starvation.
그는 굶주림을 두려워한다.

statement ⓝ 성명
statement 성명
state 주

The state police mentioned to him a statement.
주립 경찰은 그에게 성명서를 보냈다.

state-of-the-art 최첨단의
state-of-the-art 최첨단의
art 예술

This state-of-the-art robot can value the arts.
이 최첨단 로봇은 예술을 감정할 수 있다.

stationery ⓝ 문구류

stationery 문구류
station 역

I bought some stationery
near the train station.
나는 기차역 근처에서 문구류를 샀다.

statistics ⓝ 통계

statistics 통계
state 정부

He is working on population statistics for the state.
그는 국가의 인구 통계를 조사하고 있다.

자주 출제되는 단어

▶ **statistical** ⓐ 통계적인
a statistical question
통계적인 문제

public
대중

steam ⓝ 증기

steam 증기
team 팀

This team took the steam train to the circus.
이 팀은 증기 기관차를 서커스에 가져갔다.

자주 출제되는 단어

▶ **steamy** ⓐ 찌는 듯한
The sky is steamy.
하늘이 찌는 듯하다.

▶ **steamer** ⓝ 증기선
They took both a steamer
and a steam train for the trip.
그들은 여행을 위해 증기선과 증기 기관차를 모두 탔다.

S

461

sterile @ 메마른

sterile 메마른
fertile 비옥한

She has made a sterile land fertile.
그녀는 메마른 땅을 비옥하게 만들었다.

자주 출제되는 단어

▶ **sterilize** ⑦ 메마르게 하다
A drought sterilized
the land.
가뭄이 땅을 메마르게 했다.

fence
울타리

fertilizer
비료

steward ⑦ 승무원

steward 승무원
stew 스튜

This steward loves to make stew.
이 승무원은 스튜 만드는 것을 좋아한다.

자주 출제되는 단어

▶ **stewardess** ⑦ 여자 승무원
The stewardess likes to help.
여자 승무원은 돕는 것을 좋아한다.

assistance
도움

도와드릴까요?

stir
젓다

stewardess
여자 승무원

stick Ⓥ 붙이다

<u>stick</u> 붙이다
<u>sick</u> 아픈

He sticks a label on the sick patient.
그는 아픈 환자에게 라벨을 붙였다.

cautious
조심스러운

자주 출제되는 단어

▶ **sticker** ⓝ 스티커
He put stickers on patients.
그는 환자에게 스티커를 붙였다.

fever
고열

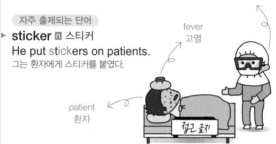

patient
환자

정근 료지

stimulate Ⓥ 자극하다

<u>stim</u>ulate 자극하다
ac<u>cumulate</u> 모으다

The fear of emptiness stimulated her to accumulate things.
공허함에 대한 두려움은 그녀가 물건들을 모으도록 자극했다.

자주 출제되는 단어

▶ **stimulation** ⓝ 자극
The fear is her stimulation to actions.
두려움은 그녀의 행동에 대한 자극이다.

S

miscellaneous
잡다한

block
막다

stock n 주식

stock 주식
sock 양말

The stock of that sock company is falling.
그 양말 회사의 주가는 하락하고 있다.

자주 출제되는 단어

▸ **stockbroker** n 증권 중개인

He is a stockbroker.
그는 증권 중개인이다.

unexpected
예상치 못한

stomachache n 복통

stomachache 복통
toothache 치통

He has a toothache and a stomachache at the same time.
그는 치통과 복통을 동시에 앓고 있다.

strength n 힘

strength 힘
length 길이

It takes strength to run the length of the race.
이 경주 거리를 달리려면 힘이 필요하다.

자주 출제되는 단어

▸ **strengthen** v 강화하다

to strengthen one's ability
능력을 강화하다

route
경로

stress 🔤 스트레스

stress 스트레스
distress 괴로움

The stress causes him much distress.
그 스트레스 때문에 그는 몹시 괴로워한다.

자주 출제되는 단어
▶ stressful 🔤 스트레스가 많은
His work is stressful.
그의 일은 스트레스가 많다.

stressful
스트레스가 많은

shirk
회피하다

학교 가기 싫어!

고장나는 사람이...

stretch 🔤 늘이다, 뻗다

stretch 늘이다
fetch 가지고 오다

He needs to stretch his arm
in order to fetch that chicken.
그는 닭을 잡기 위해 그의 팔을 뻗어야 한다.

strict 🔤 엄격한

strict 엄격한
district 지역

He is known as a strict father in this district.
그는 이 지역에서 엄격한 아버지로 알려져 있다.

자주 출제되는 단어
▶ strictly 🔤 엄격히
Strictly speaking, he is a
good father.
엄밀히 말하면, 그는 좋은 아버지이다.

S

465

strike ⓝ 파업

strike 파업
stroke (시계의) 치는 소리

They start the strike on the stroke of ten.
그들은 10시 정각에 파업을 시작한다.

자주 출제되는 단어

▶ **striker** ⓝ 파업 참가자
He is a frequent striker.
그는 잦은 파업 참가자이다.

raise
올리다,
인상하다

employer
고용주

stroke ⓝ 뇌졸중

stroke 뇌졸중
stroll 산책

It had a stroke while it was taking a stroll.
산책을 하다가 뇌졸중을 일으켰다.

studio ⓝ 스튜디오, 작업실

studio 스튜디오, 작업실
student 학생

The art student is painting in the studio.
미술과 학생이 작업실에서 그림을 그리고 있다.

stunt ⓝ 스턴트, 곡예

stunt 스턴트, 곡예
aunt 고모, 이모, (외)숙모

My aunt can do stunts.
나의 이모는 곡예를 할 수 있다.

자주 출제되는 단어

▶ **stunning** ⓐ 깜짝 놀랄만한, 굉장히 멋진

Her performances were stunning.
그녀의 공연은 굉장히 멋지다.

▶ **stunt woman** 스턴트우먼
She is a stunt woman.
그녀는 스턴트우먼이다.

style ⓝ 스타일, 모양

style 스타일, 모양
stole 훔쳤다(steal의 과거형)

The person who stole from me has good style.
나에게서 훔쳐간 사람은 좋은 스타일을 갖고 있다.

자주 출제되는 단어

▶ **stylish** ⓐ 멋진, 세련된
Her clothes are stylish.
그녀의 옷들은 멋지다.

▶ **stylishly** ⓐⓓ 멋지게, 세련되게
She dresses stylishly.
그녀는 세련되게 입는다.

stylish
멋진,
세련된

stripe
줄무늬

thief
도둑

S

467

submit ⓥ 제출하다

submit 제출하다
permit 허가

I submitted evidence, and requested a permit to dig.
나는 증거를 제출했고, 파내기 위한 허가를 요청했다.

자주 출제되는 단어
▶ **submission** ⓝ 제출
submission of evidence
증거의 제출

subordinate ⓝ 부하

subordinate 부하
coordinate 조정하다

You need to coordinate the work of your subordinates.
당신은 부하들의 일을 조정해야 할 필요가 있다.

subscribe ⓥ 구독하다

subscribe 구독하다
describe 설명하다

He described the magazine that he subscribed to.
그는 구독하고 있는 잡지를 설명했다.

자주 출제되는 단어
▶ **subscriber** ⓝ 구독자
He is a subscriber of the magazine.
그는 잡지의 구독자이다.

▶ **subscription** ⓝ 구독
the subscription to the magazine
잡지 구독

잡지 하나를
샀어요!

subsidiary ⓐ 부수적인, 종속적인

subsidiary 부수적인, 종속적인
subway 지하철

He rides subway to the subsidiary company out of town.
그는 지하철을 타고 마을 밖의 자회사에 간다.

자주 출제되는 단어

▶ **subsidiary company** 자회사
He works for a subsidiary company.
그는 자회사에서 일한다.

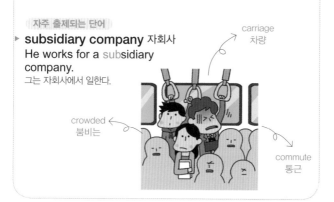

carriage
차량

crowded
붐비는

commute
통근

substance ⓝ 물질

substance 물질
distance 거리

You need to keep your distance from harmful substances.
당신은 해로운 물질로부터 거리를 두어야 한다.

subtitle ⓝ 부제

subtitle 부제
title 제목

Who changed the subtitle of the movie title from "Shrink" to "Shrimp?"
누가 영화 제목의 부제를 "정신과 의사"에서 "새우"로 바꿨는가?

S

subtract Ⅴ 빼다

subtract 빼다
contract 계약

Based on the contract, he needs to know how to subtract.
계약에 따라 그는 뺄셈하는 법을 알아야 한다.

자주 출제되는 단어

▶ subtraction ⋒ 뺄셈
Subtraction is difficult for him.
뺄셈은 그에게 어렵다.

suburb ⋒ 교외

suburb 교외
urban 도시의

They moved from an urban area to the suburbs.
그들은 도시권에서 교외로 옮겼다.

subway ⋒ 지하철

subway 지하철
away 떠나

He managed to run away in the subway.
그는 가까스로 지하철로 도망갔다.

sue Ⅴ 고소하다

sue 고소하다
due 때문에

He was sued due to his laziness.
그는 게으름 때문에 고소당했다.

sufficient @ 충분한

sufficient 충분한
efficient 효율적인

Due to his efficient work, we have sufficient wood.
그의 효율적인 업무 덕분에 우리는 충분한 목재를 갖고 있다.

자주 출제되는 단어
▶ **sufficiently** 📧 충분히
We stored sufficiently
with wood.
우리는 목재를 충분히 저장했다.

suggest ♥ 제안하다, 추천하다

suggest 제안하다, 추천하다
digest 소화하다

I suggest that you peel it in order to digest it easily.
나는 당신이 그것을 쉽게 소화하기 위해 껍질을 벗기는 것을 추천한다.

자주 출제되는 단어
▶ **suggestion** 📧 제안
a suggestion for good health
건강을 위한 제안

delighted
아주 기뻐하는

enjoy
즐기다

pineapple
파인애플

S

suicide 📧 자살

suicide 자살
coincide 동시에 일어나다

His suicide coincides with
hers.
그의 자살은 그녀와 함께 일어난다.

suite n 스위트룸

suite 스위트룸
suit 양복

He left his suit in the suite.
그는 스위트룸에 양복을 두고 갔다.

summary n 요약

summary 요약
Mary Mary(사람 이름)

Mary gave me a summary about her summer vacation.
Mary는 그녀의 여름휴가에 대한 요약을 내게 들려주었다.

자주 출제되는 단어

▶ summarize v 요약하다
to summarize her vacation
그녀의 휴가를 요약하다

chat
담소를 나누다

superior a 상위의

superior 상위의
inferior 하위의

His rank is superior to Tom's, but inferior to John's.
그의 지위는 Tom보다는 높지만, John보다는 낮다.

자주 출제되는 단어

▶ superiority n 우월
feeling of superiority
우월감

John

class
계층

Tom

supervise <u>v</u> 감독하다

super<u>vise</u> 감독하다
de<u>vise</u> 고안하다

He super<u>vise</u>d me as we de<u>vise</u>d the new machine.
그는 우리가 새 기계를 고안해낼 때 나를 감독했다.

자주 출제되는 단어

▶ **supervisor** <u>n</u> 감독관
He is my super<u>vis</u>or.
그는 나의 감독관이다.

▶ **supervision** <u>n</u> 감독
I work under his super<u>vision</u>.
나는 그의 감독하에 일한다.

supplier <u>n</u> 공급자

<u>suppl</u>ier 공급자
<u>supp</u>er 저녁 식사

She is the <u>suppl</u>ier of this <u>supp</u>er.
그녀는 이 저녁 식사의 공급자이다.

자주 출제되는 단어

▶ **supply** <u>v</u> 제공하다
She su<u>ppl</u>ies the food for
their su<u>pp</u>er.
그녀는 그들의 저녁 식사를 위해
음식을 제공한다.

announce
알리다

supplier
공급자

feast
잔치

S

suppose Ⓥ 생각하다, 추측하다

suppose 생각하다, 추측하다
compose 작곡하다

I suppose that you can compose a song for me.
나는 네가 나를 위해 노래를 작곡할 수 있다고 생각한다.

자주 출제되는 단어

▶ **supposed** ⓐ ~이라고 여겨진
되어있는

You are supposed to be a good musician.
당신은 훌륭한 음악가가 될 것입니다.

▶ **supposedly** ⓐⓓ 아마도, 추측건대
Supposedly, it was a rumor.
아마도 이것은 소문이었다.

suppress Ⓥ 진압하다

suppress 진압하다
impress 감명을 주다

We are impressed that the mob was suppressed so fast.
우리는 폭도들이 매우 빨리 진압되었다는 것에 감명받았다.

자주 출제되는 단어

▶ **suppression** ⓝ 진압
This suppression of the mob was impressive.
폭도들을 진압하는 것은 인상적이었다.

flee
달아나다

cannons
대포

mob
폭도

surf ⓥ 서핑하다, 파도타기 하다

surf 서핑하다, 파도타기 하다
sure 확신하는

I am not sure he knows how to surf.
나는 그가 서핑하는 법을 알고 있는지 확신할 수 없다.

자주 출제되는 단어
▶ **surfing** ⓝ 서핑, 파도타기
He likes surfing.
그는 서핑을 좋아한다.

surfer
서퍼,
파도타기 하는 사람

surgery ⓝ 수술

surgery 수술
surge 파도

He needed surgery after being hit by a big surge.
그는 큰 파도에 맞은 후에 수술을 해야 했다.

자주 출제되는 단어
▶ **surgeon** ⓝ 외과의사
This person needs a surgeon.
이 사람은 외과의사가 필요하다.

▶ **surgical** ⓐ 외과의
He needs surgical treatment.
그는 외과 치료가 필요하다.

S

surplus ⓝ 과잉, 잉여

surplus 과잉, 잉여
plus 더하기, ~뿐만 아니라

The surplus of food, plus a sleeping bear, surprised us.
넘치는 음식들뿐만 아니라 자고 있는 곰은 우리를 놀라게 했다.

475

surprise ⓥ 놀라게 하다

surprise 놀라게 하다
comprise ~로 구성되다

I am surprised that this enterprise comprises many doctors.
나는 이 기업이 많은 의사들로 이루어져 있다는 것에 놀랐다.

자주 출제되는 단어
▶ **surprised** ⓐ 놀란
I am surprised by the news.
나는 그 소식에 깜짝 놀랐다.

▶ **surprising** ⓐ 놀라운
It is a surprising news.
그것은 놀라운 소식이다.

surrender ⓥ 항복하다

surrender 항복하다
surround 둘러싸다

He surrendered after being surrounded by his enemies.
그는 적에게 포위당한 후 항복했다.

surround ⓥ 둘러싸다

surround 둘러싸다
round 원형의

Many flowers surround the round building.
많은 꽃들이 원형 건물 주위를 둘러싸고 있다.

자주 출제되는 단어
▶ **surrounding** ⓝ 환경
The surroundings of this building are pretty.
이 건물의 환경은 아름답다.

476

survive ☑ 살아남다

sur<u>vive</u> 살아남다
re<u>vive</u> 활기를 되찾다

He survived, and soon revived his energy.
그는 살아남았고, 곧 기운을 되찾았다.

proficient
능숙한

자주 출제되는 단어

▶ **survivor** ⋒ 생존자
He is a sur<u>vivor</u>.
그는 생존자이다.

helpless
무력한

suspect ☑ 의심하다

su<u>spect</u> 의심하다
in<u>spect</u> 조사하다, 검사하다

I suspect that someone will inspect the kitchen soon.
나는 누군가가 곧 부엌을 검사할 것이라고 의심한다.

suspend ☑ 정직시키다

sus<u>pend</u> 정직시키다
ex<u>pend</u> 지출하다

He was suspended for expending company money on costumes.
그는 회사 공금을 의상에 지출한 혐의로 정직되었다.

S

자주 출제되는 단어

▶ **suspense** ⋒ 미결정인 상태, 불안정
Whether he can get his job back is in sus<u>pense</u>.
그가 일자리를 되찾을 수 있을지
여부는 불확실하다.

477

sustain Ⅴ 지탱하다, 견디다

sustain 지탱하다, 견디다
captain 선장

The captain is only one sustaining the pole from falling.
선장은 기둥이 넘어지는 것을 지탱하고 있는 유일한 사람이다.

자주 출제되는 단어

▶ **sustainable** ⓐ 지탱할 수 있는, 견딜 수 있는

He is a man with sustainable strength.
그는 견딜 수 있는 체력을 지닌 사람이다.

telescope
망원경

sustain Ⅴ 지속하다

sustain 지속하다
stain 얼룩

This stain will sustain forever.
이 얼룩은 영원히 지속될 것이다.

자주 출제되는 단어

▶ **sustainable** ⓐ 지속 가능한
sustainable stain
지속되는 얼룩

▶ **sustainability** ⓝ 지속 가능성
sustainability of a stain
얼룩의 지속 가능성

weep
울다

stain
얼룩

sweat v 땀을 흘리다

sweat 땀을 흘리다
sweater 스웨터

He sweats a lot with a sweater on.
그는 스웨터를 입으면 땀을 많이 흘린다.

자주 출제되는 단어

▶ **sweater** n 스웨터
He sweats a lot with a sweater on.
그는 스웨터를 입으면 땀을 많이 흘린다.

▶ **sweaty** a 땀투성이의
He is sweaty.
그는 땀투성이다.

swell v (강물 등이) 불어나다

swell (강물 등이) 불어나다
dwell 거주하다

The river he dwells next to is swelling.
그가 거주하는 옆의 강이 불어나고 있다.

distressed
괴로워하는

자주 출제되는 단어

▶ **swelling** n 부기
He has a swelling on his head.
그는 머리에 부기가 있다.

flood
홍수

S

switch n 스위치

switch 스위치
watch 시계

Where is the switch? I can't find my watch.
스위치가 어디 있습니까? 제 시계를 찾을 수가 없습니다.

479

symbol ⓝ 상징

symbol 상징
bowl 그릇

The symbol of this Chinese restaurant is a bowl.
이 중국 음식점의 상징은 그릇이다.

자주 출제되는 단어

▶ **symbolic** ⓐ 상징하는
The bowl is symbolic of this restaurant.
그릇은 이 식당의 상징이다.

style
스타일

lantern
연등

symphony ⓝ 교향곡

symphony 교향곡
phone 전화

He was conducting a symphony when his phone rang.
그는 전화가 울릴 때 교향곡을 연주하고 있었다.

자주 출제되는 단어

▶ **symphony orchestra**
교향악단

He is the conductor of this symphony orchestra.
그는 이 교향악단의 지휘자이다.

ring
울리다

out of control
통제할 수 없는

Chapter 18
Tt

n 명사
v 동사
a 형용사
ad 부사
art 관사
aux 조동사
int 감탄사
pron 대명사
prep 전치사
conj 접속사

tactic ⋓ 전술

tactic 전술
practice 연습

His tactic requires a lot of practice.
그의 전술은 많은 연습이 필요하다.

tailpipe ⋓ 배기관

tailpipe 배기관
tail 꼬리

The tailpipe of his car is not on the tail of the car.
그의 자동차의 배기관은 차량 후미에 있지 않다.

take off 이륙하다

take off 이륙하다
take 앉다

Please take your seat. The plane is ready to take off.
자리에 앉아주십시오. 비행기가 이륙할 준비가 되었습니다.

tardy ⓐ 느린, 지체된

tardy 느린, 지체된
target 목표

In order to reach the target, you can never be tardy.
목표에 도달하기 위해, 당신은 지체할 수 없다.

target <u>n</u> 목표

target 목표
budget 예산

Once we reach the target, we can have a bigger budget.
일단 목표에 도달하면, 우리는 더 큰 예산을 확보할 수 있다.

tariff <u>n</u> 관세

tariff 관세
sheriff 보안관

The sheriff believes the tariff on cars should be lower.
보안관은 차량에 대한 관세가 낮춰져야 한다고 믿는다.

task <u>n</u> 과업

task 과업
ask 요청하다

He asked for more tasks.
그는 더 많은 과업을 요청했다.

taste <u>v</u> 맛보다

taste 맛보다
haste 서두름

You can't taste good food if you are in haste.
만약 당신이 서두른다면 좋은 음식을 맛볼 수 없다.

자주 출제되는 단어

▶ **tasty** <u>a</u> 맛있는
The food is tasty.
그 음식은 맛있다.

▶ **tasteless** <u>a</u> 맛없는
The food is not tasteless.
그 음식은 맛없지 않다.

tax 🔟 세금

tax 세금
taxi 택시

He has to take a taxi to pay the tax.
그는 세금을 내려면 택시를 타야 한다.

자주 출제되는 단어

▸ **taxable** 🅰 과세 대상이 되는
Salaries are taxable.
급여는 과세 대상이다.

▸ **taxation** 🔟 과세
taxation on personal income
개인 소득에 대한 과세

tease 🆅 괴롭히다

tease 괴롭히다
release 긴장을 풀다

I'll feel released when you stop teasing.
나는 네가 괴롭히는 것을 그만두면 긴장이 풀릴 것이다.

---

technique 🔟 기술

technique 기술
unique 독특한

The technique he knows is very unique.
그가 알고 있는 기술은 매우 독특하다.

자주 출제되는 단어

▸ **technician** 🔟 기술자
He is an excellent technician.
그는 뛰어난 기술자이다.

▸ **technology** 🔟 기술
knowledge about technology
기술에 대한 지식

484

tempt Ⅴ 유혹하다

tempt 유혹하다
attempt 시도하다

He attempt**ed to** tempt **him with money.**
그는 돈으로 그를 유혹하는 것을 시도했다.

자주 출제되는 단어

▶ **tempting** ⓐ 매력적인
Money is a tempt**ing thing.**
돈은 매력적인 것이다.

▶ **temptation** ⓝ 유혹
**He tried not to give in to
the** tempt**ation.**
그는 유혹에 굴복하지 않으려고 애썼다.

flishing pole
낚싯대

tempt
유혹하다

blindly
맹목적으로

tenant ⓝ 세입자

tenant 세입자
lieutenant 중위

One of his ten tenant**s is a
lieu**tenant**.**
그의 열 명의 세입자 중 한 명은 중위이다.

tendency ⓝ 경향

tendency 경향
tender 간병인

Many patient's tender**s have
a** tendency **to be unhappy.**
많은 환자의 간병인들은 불행해지는 경향이 있다.

T

tense ⓐ 긴장한

<u>tense</u> 긴장한
<u>intense</u> 열렬한

His intense welcome makes her tense.
그의 열렬한 환영은 그녀를 긴장시켰다.

자주 출제되는 단어
▶ **tension** ⓝ 긴장감
the tension in the room
방안의 긴장감

porch
현관

tentative ⓐ 잠정적인

<u>tent</u>ative 잠정적인
<u>tent</u> 텐트

Living in a tent is a tentative plan.
텐트에서 사는 것은 잠정적인 계획이다.

자주 출제되는 단어
▶ **tentatively** ⓐⓓ 잠정적으로
to live in a tent tentatively
잠정적으로 텐트에서 살다.

tent
텐트

alligator
악어

campfire
모닥불

terminate ⓥ 해고하다

ter<u>minate</u> 해고하다
discri<u>minate</u> 차별하다

He was terminated, because he discriminates against ugly animals.
그는 못생긴 동물들을 차별함으로 인해 해고당했다.

자주 출제되는 단어

▶ termination ⓝ 종료, 해고
termination of a job
직장의 해고

theater ⓝ 영화관

th<u>eater</u> 영화관
<u>eater</u> 식인종

The theater is playing a movie named "Man Eater" now.
영화관은 "식인종"이라는 제목의 영화를 상영하고 있다.

theme ⓝ 주제

<u>the</u>me 주제
<u>the</u> 그
<u>me</u> 나

The theme of the movie is new to me.
그 영화의 주제는 나에게 생소하다.

theory ⓝ 이론

the<u>ory</u> 이론
gl<u>ory</u> 영광

There is a theory that all glory is fleeting.
모든 영광은 덧없다는 이론이 있다.

T

487

therapy 📗 치료

therapy 치료
there 그곳

He is having therapy there. He doesn't look happy.
그는 그곳에서 치료를 받고 있다. 그는 행복하지 않아 보인다.

▶ **therapist 📗 치료사**
The therapist is treating him.
치료사가 그를 치료하고 있다.

therapist
치료사

aching
아픈

thick 📗 두꺼운

thick 두꺼운
sick 아픈

It got sick after someone hit it with a thick dictionary.
누군가가 그것을 두꺼운 사전으로 때려서 그것은 병이 났다.

▶ **thicken 📗 두꺼워지다**
The dictionary thickens each year.
사전은 매년 두꺼워지고 있다.

▶ **thickness 📗 두께**
the thickness of the dictionary
사전의 두께

shock
충격적인

thrift 🔤 절약

thrift 절약
gift 선물

My friend buys gifts at the thrift shop.
내 친구는 중고품 가게에서 선물을 산다.

stuffed animal
봉제 동물 인형

자주 출제되는 단어
▶ **thrifty** 🔤 검소한
He is a thrifty person.
그는 검소한 사람이다.

gift
선물

ribbon
리본

thrill 🔤 떨리게 하다, 흥분시키다

thrill 떨리게 하다, 흥분시키다
drill 구멍을 뚫다

The new dentist was thrilled to drill.
새로운 치과의사는 구멍을 뚫는 것에 떨려 했다.

자주 출제되는 단어
▶ **thriller** 🔤 스릴러
The driller is a thriller to him.
구멍 뚫는 사람은 그에게 스릴러이다.

▶ **thrilling** 🔤 흥분되는, 떨리게 하는
a thrilling experience
떨리는 경험

dentist
치과의사

dental chair
치과 의자

T

thrive Ⅴ 번창하다

thrive 번창하다
strive 노력하다

She strives to make the business thrive.
그녀는 사업을 번창시키려고 노력한다.

자주 출제되는 단어

▶ thriving ⓐ 번창하는
Her business is thriving.
그녀의 사업은 번창하고 있다.

COW
소

thumb ⓝ 엄지손가락

thumb 엄지손가락
numb 마비된

His thumb went numb.
그의 엄지손가락은 마비되었다.

time-out ⓝ (경기) 일시 중지

time-out (경기) 일시 중지
time 시간

She is running out of time.
She wishes for a time-out.
그녀는 시간이 부족하다. 그녀는 경기를 일시
중지하길 원한다.

timetable ⓝ 시간표

timetable 시간표
time 시간

Check the timetable for the
plane's departure time.
비행기가 출발하는 시간표를 확인하십시오.

toast ⓥ (~을 위해) 건배하다

<u>toast</u> (~을 위해) 건배하다
<u>b</u>oast 뽐내다, 자랑하다

He toasts the man who boasts.
그는 뽐내는 사람에게 건배한다.

자주 출제되는 단어

▶ **toaster** ⓝ 건배하는 사람
a toaster with wit
재치 있는 건배하는 사람

toast
(~을 위해) 건배하다

mock
놀라다

brag
자랑하다

tolerate ⓥ 용인하다

<u>tolerate</u> 용인하다
<u>moderate</u> 적당한

Moderate quality is not tolerated by my boss.
적당한 품질은 내 상사에게 용인되지 않는다.

tongue ⓝ 혀

<u>tongue</u> 혀
<u>argue</u> 논쟁하다

When he argues, you can see how long his tongue is.
그가 논쟁할 때, 당신은 그의 혀가 얼마나 긴지 볼 수 있다.

T

topic ⓝ 주제

<u>topic</u> 주제
<u>top</u> 맨 위

We need to move this topic to the top of the list.
우리는 이 주제를 목록의 맨 위로 옮겨야 한다.

자주 출제되는 단어
▶ **topical** ⓐ 화제의
a topical discussion
화제의 토론

participant
참가자

discussion
토론

touchdown 착륙

<u>touchdown</u> 착륙
<u>down</u> 아래로

**Please sit down. The plane
is ready to touchdown.**
앉아 주십시오. 비행기가 착륙할 준비가 되었습니다.

tough ⓐ 강한

<u>tough</u> 강한
<u>rough</u> 힘든

We need a tough guy to do this rough work.
우리는 이 힘든 일을 할 강인한 사람이 필요하다.

자주 출제되는 단어
▶ **toughness** ⓝ 강함
the toughness of the body
신체의 강함

tournament
n 선수권 대회

tournament 선수권 대회
turn 돌다

Nana made a wrong turn in the tournament.
나나는 선수권 대회에서 방향을 잘못 돌았다.

tractor **n** 트랙터

tractor 트랙터
contractor 계약자

She is the contractor for the loan of this tractor.
그녀는 이 트랙터 대여의 계약자이다.

trade **n** 거래

trade 거래
grade 학년

He learned how to trade in the first grade.
그는 일학년 때 거래하는 법을 배웠다.

자주 출제되는 단어

▶ **trading** **n** 거래
to learn trading
거래를 배우다.

▶ **trader** **n** 상인
He will become a trader.
그는 상인이 될 것이다.

▶ **trademark** **n** 상표
He designed a trademark.
그는 상표를 디자인했다.

line up
줄을 서다

T

tradition ⓝ 전통

<u>tradition</u> 전통
<u>addition</u> 추가

The addition of a lion makes this tradition better.
사자를 추가하는 것은 그 전통을 더 낫게 만든다.

자주 출제되는 단어
▶ **traditional** ⓐ 전통적인
a traditional dance
전통 무용

frightened
겁먹은

roar
으르렁거리다

---

trail ⓝ 오솔길

<u>trail</u> 오솔길
<u>rail</u> 난간

A girl is sitting on the rail of the trail.
한 소녀가 오솔길의 난간에 앉아있다.

자주 출제되는 단어
▶ **trailer** ⓝ 트레일러
Her grandma lives in a trailer.
그녀의 할머니는 트레일러에 사신다.

trailer
트레일러

rail
난간

railway
철도

tranquil @ 평온한

tranquil 평온한
transfer 옮기다

After transferring to a newplace, they lived a tranquil life.
그들은 새로운 곳으로 옮긴 뒤 평온한 삶을 살았다.

자주 출제되는 단어

▶ **tranquilizer** ⋂ 신경 안정제
They don't need tranquilizers anymore.
그들은 더 이상 신경 안정제를 필요로 하지 않는다.

▶ **tranquility** ⋂ 평온
She found tranquility in her new life.
그녀는 새로운 삶에서 평온을 찾았다.

transaction ⋂ 거래, 업무

transaction 거래, 업무
translation 번역

Language translation is the main transaction of this firm.
언어 번역은 이 회사의 주된 업무이다.

transform Ⅴ 변형시키다

transform 변형시키다
transfuse 수혈하다

Having been transfused with bad blood, he transformed.
나쁜 피를 수혈받은 그는 변했다.

자주 출제되는 단어

▶ **transformation** ⋂ 변화
the transformation of a person
한 사람의 변화

T

transfuse Ⓥ 수혈하다

transfuse 수혈하다
transform 변형시키다

Having been transfused with bad blood, he transformed.
나쁜 피를 수혈받은 그는 변했다.

자주 출제되는 단어
▶ **transfusion** Ⓝ 수혈
blood transfusion
수혈

transit Ⓝ 수송

transit 수송
train 기차

These products were damaged in transit via train.
이 제품들은 기차로 수송 중에 손상되었다.

translate Ⓥ 번역하다

translate 번역하다
transmit 전송하다

Can someone translate this message transmitted by radio?
누가 라디오로 전송된 이 메시지를 번역할 수 있습니까?

자주 출제되는 단어
▶ **translator** Ⓝ 번역가
We need a translator.
우리는 번역가가 필요하다.

▶ **translation** Ⓝ 번역
the translation of a foreign language
외국어 번역

transport ⓥ 수송하다

transport 수송하다
sport 스포츠

These sports cars are ready for transport.
이 스포츠카들은 수송 준비가 되었다.

자주 출제되는 단어

▶ **transportation** ⓝ 수송
the transportation of
sports cars
스포츠카의 수송

trap ⓝ 덫

trap 덫
wrap 포장하다

He wraps the trap in a gift box.
그는 선물 상자에 덫을 포장했다.

자주 출제되는 단어

▶ **trapped** ⓐ 덫에 걸린
His fingers are trapped.
그의 손가락은 덫에 걸렸다.

trauma ⓝ 트라우마

trauma 트라우마
drama 드라마

**This drama is about a boy
suffering from trauma.**
이 드라마는 트라우마를 겪는 한 소년에 관한
내용이다.

T

treat ⓥ 치료하다

treat 치료하다
eat 먹다

He doesn't know how to treat eating disorders.
그는 섭식장애를 어떻게 치료하는지 모른다.

자주 출제되는 단어

▶ **treatment** ⓝ 치료
He needs an effective treatment.
그는 효과적인 치료가 필요하다.

▶ **treatable** ⓐ 치료할 수 있는
a treatable disease
치료할 수 있는 병

trend ⓝ 유행

trend 유행
tend (~하는) 경향이 있다.

He tends to dress according to the trend.
그는 유행에 따라 옷을 입는 경향이 있다.

자주 출제되는 단어

▶ **trendy** ⓐ 유행의
He is a trendy old man.
그는 세련된 노인이다.

tribe ⓝ 부족

tribe 부족
distribute 나눠주다

He distributes cell phones to the people from the tribe.
그는 부족 사람들에게 핸드폰을 나눠준다.

trick 🔟 계략

trick 계략
prick 찌르다

A trick made her prick her finger.
계략은 그녀로 하여금 손가락을 찔리게 했다.

자주 출제되는 단어
▶ **tricky** 🅰 교묘한
This is a tricky situation.
이것은 교묘한 상황이다.

triumph 🔟 대성공

triumph 대성공
trumpet 트럼펫

His trumpet concert was a triumph.
그의 트럼펫 연주회는 대성공이었다.

자주 출제되는 단어
▶ **triumphant** 🅰 대성공한
a triumphant concert
대성공한 연주회

trophy 🔟 트로피

trophy 트로피
tropical 열대의

His bananas won a trophy as the best tropical fruit.
그의 바나나는 최고의 열대 과일로서 트로피를 수상했다.

tropical @ 열대의

tropical 열대의
typical 전형적인

This is not a typical outfit for tropical weather.
이것은 열대 기후의 전형적인 복장이 아니다.

자주 출제되는 단어
▸ Tropic of Cancer 북회귀선
He lives close to the Tropic of Cancer.
그는 북회귀선 근처에 살고 있다.

fan
선풍기

troubleshooting
n 문제 해결

troubleshooting 문제 해결
shoot 쏘다

Troubleshooting doesn't mean to shoot all the troubles.
Troubleshooting은 모든 문제를 쏜다는 뜻이 아니다.

tumor n 종양

tumor 종양
rumor 소문

Rumor has it that she has a tumor in her body.
그녀의 몸에 종양이 있다는 소문이 있다.

tune n 곡조

tune 곡조
tuna 참치

This tune is about a happy tuna.
이 곡조는 행복한 참치에 관한 것이다.

Chapter 19
Uu

n 명사
v 동사
a 형용사
ad 부사
art 관사
aux 조동사
int 감탄사
pron 대명사
prep 전치사
conj 접속사

umpire [n] 심판

umpire 심판
expire 만료되다

The work contract with the umpire has expired.
심판과의 근로 계약이 만료되었다.

unanimous [a] 만장일치의

unanimous 만장일치의
animal 동물

They are unanimous in protecting animal's rights.
그들은 동물의 권리를 보호하는 데 있어서 만장일치이다.

자주 출제되는 단어

▶ unanimously [ad] 만장일치로
to agree unanimously
만장일치로 동의하다

undertake [v] 맡다

undertake 맡다
take 데리고 가다

I can undertake the leadership to take the students on a fieldtrip.
나는 학생들을 현장학습에 데려가기 위해 지도자를 맡을 수 있다.

union 🔟 조합

union 조합
unique 독특한

This union is unique.
이 조합은 독특하다.

자주 출제되는 단어
▶ **unionist** 🔟 노동 조합원
to be a unionist
노동 조합원이 되다.

unit 🔟 부대

unit 부대
it 그것

It is one member of our unit.
그것은 우리 부대의 일원이다.

unique ⓐ 독특한

unique 독특한
technique 기술

The technique he knows is very unique.
그가 알고 있는 기술은 매우 독특하다.

U

urban ⓐ 도시의

urban 도시의
ban 금지하다

Smoking is banned in urban areas.
도시에서는 흡연이 금지되어 있다.

usher 🅝 안내원

usher 안내원
us 우리
her 그녀

The usher led us to the seats at her wedding.
그녀의 결혼식에서 안내원이 우리를 자리로 안내해주었다.

usury 🅝 고리대금업

usury 고리대금업
fury 분노

Usury creates fury.
고리대금업은 분노를 일으킨다.

자주 출제되는 단어

▸ usurer 🅝 고리대금업자
He is a usurer.
그는 고리대금업자이다.

▸ usurious 🅐 고리대금의
usurious loan
고리채

utility 🅐 다용도의

utility 다용도의
hostility 적의

He seems to have hostility to this utility pole.
그는 이 전봇대에 적의를 갖고 있는 것 같다.

자주 출제되는 단어

▸ utilize 🅥 이용하다, 사용하다
This pole is utilized for posting notices.
이 기둥은 공고문을 게시하는데 사용된다.

Chapter 20
Vv

n 명사
v 동사
a 형용사
ad 부사
art 관사
aux 조동사
int 감탄사
pron 대명사
prep 전치사
conj 접속사

Vv | vacant ~ voyage

Check List   1☐ 2☐ 3☐ 4☐ 5☐

vacant ⓐ 비어 있는

<u>vacant</u> 비어 있는
<u>vaca</u>tion 휴가

The owner of the vacant **seat is on** vacation.
비어 있는 좌석의 주인은 휴가 중이다.

자주 출제되는 단어

▶ **vacancy** ⓝ 공석
the vacancy of a seat
자리의 공석

spider web
거미줄

vague ⓐ 모호한

<u>vague</u> 모호한
<u>vogue</u> 유행

He has vague **ideas about what is in** vogue.
그는 무엇이 유행인지에 관해 모호한 생각을 갖고 있다.

자주 출제되는 단어

▶ **vaguely** ⓐⓓ 모호하게
He vaguely understands style.
그는 모호하게 스타일을 이해한다.

hip-hop
힙합

vain a 헛된

v<u>ain</u> 헛된
r<u>ain</u> 비

His effort is in vain in the rain.
그의 노력은 빗속에서 허사가 되었다.

valid a 유효한

val<u>id</u> 유효한
<u>ID</u> 신분증

Is this a valid ID?
이것은 유효한 신분증입니까?

자주 출제되는 단어

▶ invalid a 무효한
I believe this ID is invalid.
나는 이 신분증이 무효하다고 믿는다.

mask
마스크

rope
가운

value n 가치

<u>value</u> 가치
<u>evalu</u>ate 평가하다

A person's value can't be evaluated by money.
사람의 가치는 돈으로 평가할 수 없다.

V

507

vary ⓥ 다양하게 하다

vary 다양하게 하다
Mary Mary(사람 이름)

Mary varies her hair style all the time.
Mary는 그녀의 머리 스타일을 항상 다양하게 바꾼다.

자주 출제되는 단어
▶ **various** ⓐ 다양한
She owns various wigs.
그녀는 다양한 가발을 소유하고 있다.

▶ **variety** ⓝ 다양성
She has a variety of wigs.
그녀는 다양한 가발을 소유하고 있다.

▶ **variation** ⓝ 차이
There are variations between each wig.
각각의 가발은 차이가 있다.

vast ⓐ 광대한

vast 광대한
vase 꽃병

The vase takes a vast space
in his room.
그 꽃병은 그의 방에서 넓은 공간을 차지한다.

vegetable ⓝ 야채

vegetable 야채
table 식탁

The vegetables on the table will be his dinner.
식탁 위에 있는 야채들은 그의 저녁 식사가 될 것이다.

자주 출제되는 단어
▶ **vegetarian** ⓐ 채식주의자
He is not a vegetarian.
그는 채식주의자가 아니다.

vend ☑ 팔다

vend 팔다
lend 빌려주다

The bank lends him money because he wants to
vend ice cream.
은행은 그가 아이스크림을 판매하기 원하기 때문에 그에게 돈을 빌려준다.

자주 출제되는 단어

▶ **vendor** ⋒ 노점상
ice cream vendor
아이스크림 노점상

▶ **vending machine** 자판기
He owns this vending machine.
그는 이 자판기를 소유하고 있다.

ventilate ☑ 환기하다

ventilate 환기하다
prevent 막다

They didn't ventilate the room to prevent such an
event.
그들은 그러한 사건을 막기 위해 방을 환기시키지 않았다.

자주 출제되는 단어

▶ **ventilation** ⋒ 환기
Each room needs good
ventilation.
각 방은 환기가 잘 되어야 한다.

▶ **ventilator** ⋒ 환풍기
A ventilator is useful for
ventilation.
환풍기는 환기에 유용하다.

venture
☑ 모험하다, 감행하다

venture 모험하다, 감행하다
adventure 모험

They ventured everything on
an adventure to space.
그들은 우주로 모험하는 것을 감행했다.

verbal ⓐ 구두의

verbal 구두의
herbal 약초의

He made a verbal report on his herbal studies.
그는 자신의 약초 연구에 대해 구두로 보고했다.

자주 출제되는 단어
▶ **verbally** ⓐⓓ 구두로
He reports verbally on his studies.
그는 자신의 연구에 대해 구두로 보고한다.

▶ **verb** ⓝ 동사
"Grow" is his favorite verb.
"성장하다"는 그가 가장 좋아하는 동사이다.

verdict ⓝ 판결

verdict 판결
predict 예상하다

Can you predict the verdict?
당신은 판결을 예상할 수 있습니까?

verify ⓥ 확인하다, 입증하다

verify 확인하다, 입증하다
very 매우

It is very easy to verify his writing.
그의 필체를 확인하는 것은 매우 쉽다.

자주 출제되는 단어
▶ **verification** ⓝ 확인, 입증
the verification of his writing
그의 필체에 대한 확인

vertical 🅐 수직의

vertical 수직의
critical 위급한

This vertical car is in a critical
situation.
이 일자로 선 차는 위급한 상황에 처해 있다.

vest 🅝 조끼

vest 조끼
west 서쪽

His life vest is heading west
with the truck.
그의 구명조끼는 트럭과 함께 서쪽으로 향하고
있다.

view 🅝 견해

view 견해
few 적은

I have few ideas and views
that I would like to share.
나는 나누고 싶은 생각과 견해가 별로 없다.

via 🅟🅡🅔🅟 통하여

via 통하여
visa 비자

She got her travel visa via
post.
그녀는 우편으로 여행 비자를 얻었다.

511

vigil ⓝ 불침번

vigil 불침번
vigor 기력

You need good vigor for the vigil.
불침번을 하려면 기력이 좋아야 한다.

자주 출제되는 단어
- **vigilant** ⓐ 경계하고 있는
He is a vigilant person.
그는 경계를 게을리하지 않는 사람이다.
- **vigilance** ⓝ 경계
to watch with vigilance
경계하며 지켜보다.

vigor ⓝ 기력

vigor 기력
vigil 불침번

You need good vigor for the vigil.
불침번을 하려면 기력이 좋아야 한다.

자주 출제되는 단어
- **vigorous** ⓐ 활기찬
He is a vigorous guard.
그는 활기찬 경비병이다.
- **vigorously** ⓐⓓ 활기차게
He guards vigorously.
그는 활기차게 경비한다.

knight
기사

chivalry
기사도 정신

violate Ⓥ 방해하다, 침해하다

violate 방해하다. 침해하다
violin 바이올린

Playing the violin late at night violates his neighbors' peace.
밤늦게 바이올린을 연주하는 것은 그의 이웃의 평화를 방해한다.

자주 출제되는 단어

▶ violation Ⓝ 침해
It's a violation of the rights of his neighbors.
그것은 그의 이웃들의 권리에 대한 침해이다.

▶ violator Ⓝ 방해자
He is a constant violator.
그는 상습적인 방해자이다.

virus Ⓝ 바이러스

virus 바이러스
environment 환경

There must be many viruses in such an environment.
그러한 환경에는 많은 바이러스가 반드시 존재할 것이다.

vital ⓐ 필수적인

vital 필수적인
vitamin 비타민

Some vitamins are vital to our body.
몇몇 비타민은 우리 몸에 필수적이다.

자주 출제되는 단어

▶ vitality Ⓝ 활력
the vitality of the body
신체의 활력

vitamin 🔳 비타민

vitamin 비타민
vital 필수적인

Some vitamins are vital to our body.
몇몇 비타민은 우리 몸에 필수적이다.

vivid 🅰 생생한

vivid 생생한
Vivian Vivian(사람 이름)

This is a vivid picture of Vivian.
이것은 Vivian의 생생한 그림이다.

자주 출제되는 단어
▶ **vividly** 🆎 생생하게
This picture was vividly drawn.
이 그림은 생생하게 그려져 있다.

curl
곱슬머리

smile
미소

volcano 🔳 화산

volcano 화산
volunteer 자원하다

He volunteered to take the picture of the volcano.
그는 자원해서 화산 사진을 찍었다.

volunteer V 자원하다

volunteer 자원하다
volcano 화산

He volunteered to take the picture of the volcano.
그는 자원해서 화산 사진을 찍었다.

자주 출제되는 단어

▶ **voluntary** a 자발적인
He is a voluntary worker.
그는 자원 봉사자이다.

▶ **voluntarily** ad 자발적으로
He helps voluntarily.
그는 자발적으로 돕는다.

vote V 투표하다

vote 투표하다
note 쪽지

He passed me a note before I voted.
그는 내가 투표하기 전에 쪽지를 넘겨줬다.

자주 출제되는 단어

▶ **voter** n 투표자, 유권자
I am a legal voter.
나는 합법적인 유권자이다.

bribe
뇌물

voter
투표자, 유권자

V

vouch Ⅴ 보증하다

vouch 보증하다
voucher 상품권

I can vouch that no one touched those vouchers.
나는 아무도 그 상품권들을 만지지 않았음을 보증할 수 있다.

자주 출제되는 단어
▶ **voucher** n 상품권
meal voucher
식권

Gift
Vouchers

voucher
식권

fierce dog
사나운 개

voyage Ⅴ 여행하다

voyage 여행하다
age 나이

He voyaged alone to the desert at age seventeen.
그는 17살 때 사막을 혼자 여행했다.

Chapter 21
Ww

n 명사

v 동사

a 형용사

ad 부사

art 관사

aux 조동사

int 감탄사

pron 대명사

prep 전치사

conj 접속사

wade Ⓥ 걸어서 건너다

wade 걸어서 건너다
water 물

She made him wade in the water to get her shoe.
그녀는 신발을 가져 오기 위해 그에게 물속을 걸어서 건너게 했다.

wage ⓝ 급여

wage 급여
rage 분노

He was in a rage when he received his wage.
그는 급여를 받았을 때 분노했다.

waive Ⓥ 포기하다

waive 포기하다
wave 손을 흔들다

The man who waves has waived his chance to be saved.
손을 흔드는 사람은 구조 받을 기회를 포기했다.

자주 출제되는 단어

▶ waiver ⓝ 포기
the waiver of his rights
그의 권리의 포기

war ⓝ 전쟁

war 전쟁
bar 술집

She ran a bar during the war time.
그녀는 전쟁 기간 동안 술집을 운영했다.

자주 출제되는 단어

▶ warrior ⓝ 전사
Many warriors visited her bar.
많은 전사들이 그녀의 술집을 방문했다.

warehouse ⓝ 창고

warehouse 창고
aware 알고 있는

He is aware that something hides in the warehouse.
그는 무언가가 창고에 숨어 있다는 것을 알고 있다.

warn ⓥ 경고하다

warn 경고하다
earn 벌다

He warned him not to earn money the wrong way.
그는 그에게 돈을 잘못된 방법으로 벌지 말라고 경고했다.

warranty ⓝ 보증

warranty 보증
guarantee 보장하다

I guarantee that they are under warranty.
나는 그것들이 보증된다는 것을 보장한다.

W

519

weather n 날씨

weather 날씨
leather 가죽

Her father gathers leather for bad weather.
그녀의 아버지는 악천후에 대비하기 위해 가죽을 수집한다.

weight n 체중

weight 체중
eight 여덟

How much weight have you lost? Eight grams?
체중을 얼마나 줄였습니까? 8그램 정도입니 까?

weld v 용접하다

weld 용접하다
wild 황야

He welded his car in the wild.
그는 황야에서 그의 차를 용접했다.

자주 출제되는 단어

▶ welder n 용접공
He is not a good welder.
그는 훌륭한 용접공이 아니다.

wharf n 부두

wharf 부두
what 무엇

What is on that wharf?
저 부두에는 무엇이 있습니까?

whether
con ~이든 아니든

whether ~이든 아니든
weather 날씨 / he 그

Whether the weather is good
or bad, he still has to work.
날씨가 좋든 나쁘건 간에, 그는 여전히 일을 해야
한다.

whole **a** 전부의, 통째의

whole 전부의 통째의
whale 고래

He sells the whole whale.
그는 통째로 고래를 판다.

자주 출제되는 단어

▶ **wholesome** **a** 건강에 좋은
The whale eats
wholesome food from
the sea.
고래는 바다에서 건강에 좋은
음식을 먹는다.

whale
고래

wholesale **a** 도매의

wholesale 도매의
whole 전체의

In this wholesale store, a
whole whale is on sale.
이 도매상에서는 고래 한 마리를 판매 중이다.

wide [a] 넓은

wide 넓은
hide 숨기다

This room is not wide enough to hide an elephant.
이 방은 코끼리를 숨길 만큼 넓지 않다.

자주 출제되는 단어

▸ **widen** [v] 넓히다
This room needs to be widened.
이 방은 확장해야 한다.

stuck
갇힌

will [aux] ~일 것이다

will ~일 것이다
ill 아픈

Because he is ill, he will not come to work.
그는 아프기 때문에 출근하지 않을 것이다.

자주 출제되는 단어

▸ **willing** [a] 원하는
He is willing to stay at home.
그는 집에 머물기를 원한다.

▸ **unwilling** [a] 원하지 않는
He is unwilling to work.
그는 일하기를 원하지 않는다.

학교 가기 싫어!

ill
아픈

교장이라는 사람이...

reluctant
꺼리는

win Ⓥ 이기다

win 이기다
wine 와인

He participates in and wins every wine contest.
그는 모든 와인 대회에 참가하고 우승한다.

자주 출제되는 단어
▸ **winner** Ⓝ 우승자
He is the winner.
그는 우승자이다.

winner
우승자

drunk
취한

wit Ⓝ 재치 있는 사람

wit 재치 있는 사람
witness 목격자

This witness is a wit.
이 목격자는 재치 있는 사람이다.

withdraw Ⓥ 인출하다

withdraw 인출하다
with ~와 함께

He withdraws money with a mask on.
그는 마스크를 쓴 채 돈을 인출한다.

W

wonder n 경이, 불가사의

wonder 경이, 불가사의
ponder 곰곰이 생각하다

She pondered whether she had found the eighth wonder.
그녀는 자신이 여덟 번째 불가사의를 찾은 것인지 곰곰이 생각했다.

자주 출제되는 단어
▶ wonderland n 동화의 나라
She has found a wonderland.
그녀는 동화의 나라를 찾았다.

worth a 가치가 있는

worth 가치가 있는
north 북쪽

The North Pole is worth a visit.
북극은 방문할만한 가치가 있다.

wrap v 포장하다

wrap 포장하다
trap 덫

He wraps the trap in a gift box.
그는 선물 상자에 덫을 포장했다.